초보자도 따라만 하면 매출이 오른다!

한 권으로 끝내는 인스타그램 & 라이브커머스 실전 가이드

저자 이순영

재노북스

한 권으로 끝내는 인스타그램 & 라이브커머스 실전 가이드
초보자도 따라만 하면 매출이 오른다!

ⓒ 이순영, 2025

초판 1쇄 인쇄 2025년 6월 13일
초판 1쇄 발행 2025년 6월 23일
작가 **이순영**

출판사 **재노북스**
기획편집 **윤서아**   디자인 **윤서아, 박예지**
콘텐츠사업 및 마케팅 **이시은, 임지수, 장지은**
작가컨설팅 **윤서아**

출판등록 2022년 4월 6일 제2023-000076호
주소 서울특별시 금천구 가산디지털1로 205-27 에이원빌딩 705호
대표전화 0507-1381-0245   팩스 050-4095-0245
이메일 dasolthebest@naver.com
블로그 zeno_books@naver.com

ISBN 979-11-94868-11-8(13320) 28,900원

· 이 책은 저작권법에 의하여 보호를 받는 저작물이므로 무단 전재와 복제를 금합니다.
· 재노북스(zenobooks.co.kr)는 독자 여러분의 책에 관한 아이디어와 원고 투고를 기다리고 있습니다.
· 책 출간을 원하는 아이디어가 있으신 분은 재노북스 홈페이지 '원고투고'란으로 개요와 연락처 등을 보내주세요.

누구나 시작할 수 있다.
완벽하지 않아도 괜찮다.
중요한 건 꾸준히 시도하는 것이다.

추천사

우리는 온라인에서 만났다. 제주 사람임에도, 한 번도 얼굴을 본 적 없던 이들이었다. 아무것도 준비되지 않은 땅에서, 단 하나 가능성 하나만 믿고 시작했다. 우리는 끝없이 부딪히고, 끝없이 배웠다. 수없이 포기할 기회가 있었지만, 그럴수록 더 단단히 버텼다. 그리고 마침내, 우리가 찾은 답은 '라이브커머스'였다. 변화는 책상 위 이론에서 오지 않는다. 현실 속에서 넘어지고 깨지며, 몸으로 찾아낸 것이다. 이 책은 그 치열한 과정의 기록이다. 지금 시대를 진짜 살아가고 싶다면, 버티는 것이 아니라 팔아야 한다. 모든 사람은 팔아야 산다. 이제는 제품만이 아니라, 자신을 팔고, 꿈을 팔고, 생존을 팔아야 한다. 나는 이 여정을 만든 사람의 한 사람으로서, 이 책은 오늘을 버티는 사람에게 내일을 여는 무기가 될 것이다. 이 책은 선택이 아니라, 생존이다.

— 연화민서, 작가

이 책은 평범한 한 주부였던 작가가 SNS와 라이브커머스라는 생소한 분야를 접하고 처절히 공부하면서 강사의 자리에 서기까지의 과정에서 얻은 것들을 적은 책입니다. 디지털 시대 변화하는 시장에서 혼자 무엇부터 시작해야 할지 막막한 분들에게 초보자의 입장에서 쉽게 접근할 수 있도록 도움을 줄 것입니다.

— 이은영, 프리커머스퐁낭아래협동조합

"마케팅 강의나 책은 많지만, 초보자의 눈높이에서 인스타그램과 라이브커머스를 함께 다루는 가이드는 드물었습니다. 이 책은 복잡한 이론 대신 실전 경험을 녹여, 막연했던 디지털 마케팅의 길을 현실로 안내해줍니다. 특히 '고객과 신뢰를 쌓는 방법'에 대한 조언이 깊이 와닿았습니다. 초보 창업자에게 꼭 필요한 책입니다."

— 김수현, 스타트업 마케팅 매니저

추천사

"콘텐츠 기획을 하면서 라이브커머스 시장에 관심은 있었지만 어떻게 접근해야 할지 감이 오지 않았습니다. 그런데 이 책은 인스타그램을 통한 브랜드 스토리 구축부터 쇼핑라이브 세팅, 실전 판매 전략까지 꼼꼼히 안내해줍니다. 기술이 아니라 '진정성'을 강조하는 관점이 특히 인상 깊었습니다. 변화하는 시장에 뛰어들고 싶은 분들에게 추천합니다."

— 박채린, 디지털 콘텐츠 디렉터

"혼자서 SNS 브랜딩과 라이브커머스를 준비하는 것은 막막했지만, 이 책을 통해 정확한 로드맵을 그릴 수 있었습니다. 네이버 쇼핑라이브 준비부터 실제 매출을 만드는 세부 전략까지 구체적으로 안내해주어 큰 도움이 되었습니다. 작은 브랜드라도 성장할 수 있다는 믿음을 주는 책입니다."

— 정지훈, 스마트스토어 운영자

"단순히 상품을 판매하는 것이 아니라, 브랜드를 만들어가는 방법을 알려주는 책입니다. 인스타그램에서 신뢰를 쌓고, 라이브커머스를 통해 고객과 직접 연결하는 과정이 너무 실질적으로 잘 풀어져 있습니다. 특히 초보 셀러들이 겪는 시행착오를 최소화할 수 있도록 친절하게 정리되어 있어, 실전 경험이 부족한 분들에게 강력히 추천합니다."

— 윤아름, 라이브커머스 MD

"디지털 시대에 브랜드를 세우는 일은 더 이상 거창하지 않아도 됩니다. 이 책은 스마트폰 하나로 시작해, 작은 브랜드를 키우는 가장 현실적인 전략을 담고 있습니다. 특히 SNS와 커머스를 하나의 흐름으로 연결하는 방식이 매우 인상적이었습니다. 디지털 창업을 꿈꾸는 모든 이들에게 꼭 필요한 실전서입니다."

— 백성민, 디지털 마케팅 컨설턴트

프롤로그

지금, 당신에게 필요한 변화

당신이 이 책을 펼친 이유는 분명하다.

"라이브커머스를 시작하고 싶은데 어디서부터 시작해야 할지 막막하다."
"스마트폰 하나로 정말 제품 판매가 가능할까?"
"SNS를 통해 내 가게와 브랜드를 효과적으로 알리고 싶지만 방법을 모르겠다."

처음부터 쉬운 일은 없다. 나 역시 비슷한 고민과 막연한 두려움 속에서 시작했다. 변화는 필요했지만 어디서부터 어떻게 시작해야 할지 몰라 방황했다. 그런 내게 방향을 제시한 것은 디지털 전환과 라이브커머스였다.

라이브커머스, 단순한 판매를 넘어 소통의 장으로

처음에는 단지 SNS로 가게를 홍보하려 했다. 하지만 곧 깨달았다. 디지털 세상에서는 개인의 브랜드와 진정성 있는 스토리텔링이 얼마나 중요한지 말이다. 라이브커머스는 단순히 물건을 판매하는 방식이 아니었다. 고객과 실시간으로 소통하며 신뢰를 쌓고, 제품을 직접 소개하면서 즉각적인 반응을 확인할 수 있는 강력한 비즈니스 모델이었다. 이 경험은 전통적인 마케팅 방식과 비교할 수 없을 만큼 강렬했다.

나는 라이브커머스를 통해 새로운 기회를 잡았다. 꾸준한 SNS 활동과 고객과의 진심 어린 소통을 통해 나만의 브랜드를 구축했다. 이를 기반으로 안정적인 온라인 판매 모델을 만들었고, 결국 디지털 강사라는 새로운 길까지 열 수 있었다.

소상공인과 개인 창업자를 위한 실전 가이드

많은 책들이 대기업과 유명 브랜드의 화려한 성공 사례만을 강조하지만, 이 책은 다르다. 이 책은 개인 창업자와 소상공인, 그리고 라이브커머스를 처음 접하는 이들을 위해 현실적이고 즉시

프롤로그

적용 가능한 실전 전략을 제시한다. SNS 기초 활용부터 매력적인 콘텐츠 제작법, 신뢰를 구축하는 소통 전략, 플랫폼별 라이브커머스 진행 방법, 그리고 매출 증대를 위한 사후 관리까지 명확한 단계별로 구성되어 있다. 모든 내용은 내가 직접 경험하고 검증한 실용적인 조언과 전략이다.

이 책을 통해 당신도 라이브커머스를 시작할 수 있다. 스마트폰 하나로 고객과 실시간으로 소통하며, 꾸준한 운영을 통해 진정성 있는 브랜드를 만들어갈 수 있다. 시작은 어렵고 막막하게 느껴질 수 있지만, 첫걸음만 내딛으면 예상보다 훨씬 쉽고 즐거운 세상이 펼쳐진다.

라이브커머스는 단순한 판매 채널이 아니다. 고객과 진심을 나누며 자신이 원하는 방식으로 성장하고, 나만의 브랜드를 구축할 수 있는 기회다.

이제 당신 차례다. 라이브커머스를 통해 새로운 변화와 성장을 만들어 나가라.

목차

추천사 4
[프롤로그] 지금, 당신에게 필요한 변화 6

Part 1 | 온라인 마케팅과 라이브커머스의 이해 11

1장. 지금 왜 라이브커머스인가? 12
1. 라이브커머스 시장 현황과 기회 12
2. 초보자도 쉽게 도전할 수 있는 이유 13
3. 혼자 시작이 어려울 때 해법 15

2장. 온라인 마케팅, 무엇이 다른가? 16
1. 발품 영업에서 고객이 찾아오는 마케팅으로 전환 16
2. 영업과 마케팅의 핵심 차이점 17
3. 온라인 마케팅의 세 가지 기본 원칙 19

Part 2 | 매출로 연결되는 인스타그램 마케팅 전략 23

3장. 인스타그램, 반드시 활용해야 하는 이유 24
1. 인스타그램의 비즈니스적 가치와 효과 24
2. 성공 사례 벤치마킹하기 26
3. 비즈니스 계정 필수 설정법 31

4장. 고객을 끌어당기는 프로필과 콘텐츠 만들기 37
1. 최신 인스타그램 완벽 가이드 (2025 최신 사용법) 37
2. 인스타그램 알고리즘, 제대로 알아야 활용한다 44
3. 첫인상으로 팔로워를 끌어들이는 프로필 전략 47
4. 고객이 반응하는 콘텐츠 제작 전략 60

5장. 실패하지 않는 인스타그램 운영 노하우 82
1. 인스타그램 콘텐츠 제대로 올리는 법 83
2. 성장하는 계정 vs 실패하는 계정 (2025년 최신 분석) 111
3. 아담 모세리가 강조한 인스타그램의 방향성 115
4. 지속 가능한 인스타그램 계정 관리법 120
5. 꼭 알아야 할 실전 활용 팁 & 추천 도구 121

Part 3 | 라이브커머스 완전 정복하기 127

6장. 라이브커머스 기초부터 플랫폼 선택까지 128

1. 라이브커머스 개념과 중요성 128
2. 라이브커머스, 어디에서 할 수 있을까? 132
3. 플랫폼별 수수료 비교와 선택 기준 134
4. 라이브커머스 시작을 위한 필수 장비 및 준비사항 137

7장. 인스타그램 라이브 완벽 활용법 139

1. 인스타그램 라이브 기초 세팅법과 필수 체크리스트 139
2. 라이브 룸스를 활용한 방송 확장법 150
3. 팔로워가 구매하는 라이브 진행 팁과 사례 156
4. 인스타그램 라이브로 수익 창출하기 157

8장. 네이버 쇼핑라이브 실전 전략 163

1. 스마트스토어 개설과 상품 등록 방법 163
2. 네이버 쇼핑라이브 진행을 위한 필수 조건 196
3. 네이버쇼핑라이브 방송 세팅과 예고페이지 활용 200
4. 라이브 방송의 완성도를 높이는 리허설 기능 활용법 220
5. 네이버 쇼핑라이브 실전 노하우 225
6. 협업을 활용한 성공 전략 및 사례 분석 233

Part 4 | 매출 극대화를 위한 사후관리법 241

9장. 라이브커머스 매출을 극대화하는 방송 운영 전략 242

1. 성공하는 큐시트 작성 방법과 예시 242
2. 효과적인 방송 멘트 관리법 245
3. 매출을 만드는 라이브 진행법 250
4. 네이버 프리즘을 활용한 고품질 라이브 방송 만들기 258

10장. 방송 후에도 매출은 계속된다 265

1. 다시보기와 하이라이트로 추가 매출 올리기 265
2. 짧고 강력한 숏클립 제작법과 플랫폼별 활용법 267
3. 라이브 방송 후 주문관리와 고객 피드백 관리 방법 270
4. 성과 분석과 다음 방송을 위한 인사이트 도출 방법 272

[부록] 라이브커머스 운영정책 & 문제해결 Q & A 276
[에필로그] 새로운 시작, 이제 당신 차례다 278

Part 1

온라인 마케팅과
라이브커머스의 이해

1장.

지금 왜 라이브커머스인가?

1. 라이브커머스 시장 현황과 기회

왜, 라이브커머스인가?

처음에는 '라이브커머스'라는 단어가 낯설었다. 그저 한때 지나가는 유행일지도 모른다고 생각했다. 하지만, 온라인에서 제품을 판매하는 사람들 사이에서 라이브커머스는 더 이상 '트렌드'가 아니라, 온라인 판매의 핵심 전략으로 자리 잡고 있었다.

라이브커머스는 단순히 상품을 소개하는 것이 아니다. 실시간 소통을 통해 고객의 반응을 즉각적으로 확인하고, 고객이 궁금해하는 점을 바로 해결해 주며, 현장감 있는 쇼핑 경험을 제공하는 쌍방향 커머스다. 화면 너머의 고객과 '대화'하고 '신뢰'를 쌓으며, 상품의 가치를 눈앞에서 직접 전달할 수 있는 강력한 마케팅 도구다.

이제 라이브커머스는 단순한 판매 방식이 아니라, 브랜드와 고객이 함께 경험을 공유하는 새로운 문화로 자리 잡았다. 디지털과 소통, 그리고 쇼핑이 하나로 연결되는 이 흐름에 올라타지 못하면, 비즈니스 기회를 놓칠 수밖에 없다.

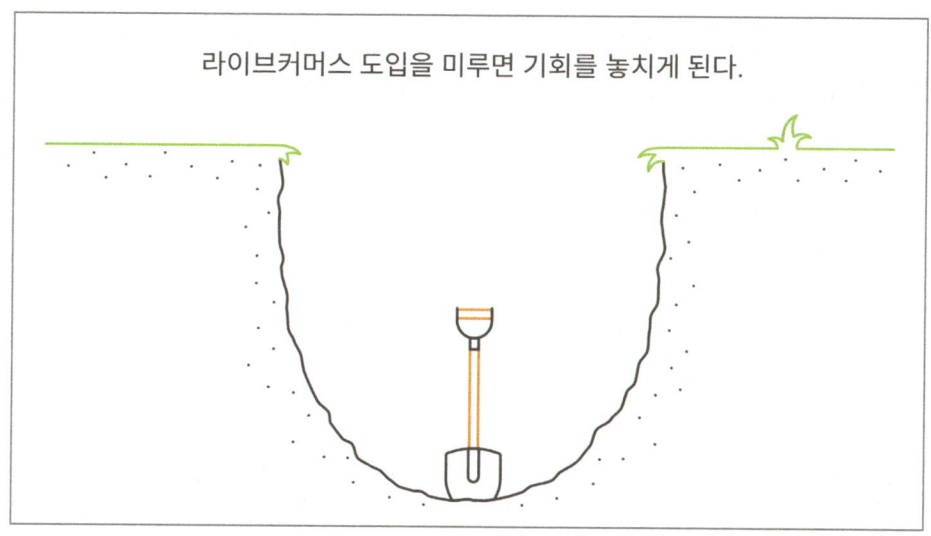

라이브커머스, 선점해야 할 시장

SNS 마케팅 강사로 활동하며, 오프라인에서 자영업을 운영하는 사장님들에게 늘 강조하는 것이 있다. "이제는 골목 상권을 넘어, 온라인에서 먼저 자리 잡아야 한다."

스마트폰 하나로 누구나 온라인 매장을 열 수 있는 시대다. 그런데도 여전히 '나는 가게에서 손님 맞는 게 편해'라며 온라인 진입을 미루는 사장님들이 많다. 하지만 이미 많은 가게들은 SNS와 라이브커머스를 통해 오프라인 매장보다 더 많은 매출을 만들어내고 있다.

어제까지 한산하던 가게가, 라이브커머스를 통해 단 하루 만에 '핫플'로 등극하는 일도 더 이상 낯설지 않다. 이제는 발품을 팔아 찾아오는 고객보다, 온라인에서 나를 먼저 발견하고 찾아오는 고객이 더 많은 시대다. 라이브커머스를 '언젠가 해야지'라고 미루면, 이미 기회를 잡은 경쟁자들과의 격차는 더욱 벌어질 것이다.

2. 초보자도 쉽게 도전할 수 있는 이유

라이브커머스, 평범한 사람도 충분히 가능하다

나는 특별한 기술이나 배경 없이, 남편과 함께 평범한 자영업을 운영하던 주부였다. 하지만 라이브커머스를 시작하면서 인생이 바뀌었다. 네이버 스마트스토어에 상품을 등록하고, 라이브 방송을 직접 진행해보는 과정에서 실수도 하고, 말도 꼬이고, 고객의 날카로운 질문에 당황도 했지만, 그 경험 하나하나가 결국 나를 '라이브커머스 전문가'로 성장시켰다.

그렇게 터득한 실전 노하우는 나만의 자산이 되었고, 그 경험을 나누기 위해 강의까지 하게 되었다. 특별한 경력이 없어도, 방송 경험이 없어도, 진짜 내 상품을 사랑하고, 고객과 진심으로 소통하려는 마음만 있다면 누구나 라이브커머스를 시작할 수 있다.

혼자 하면 막막하다? 함께하면 할 수 있다

혼자서는 무엇을 어떻게 시작해야 할지 막막할 수 있다. 하지만 인스타그램에는 이미 라이브커머스를 함께 공부하고 성장하는 커뮤니티가 활발히 운영 중이다. 나 역시 인스타그램에서 만난 인친들과 서로 응원하며, 함께 라이브 연습을 하고, 서로의 상품을 소개하는 방송도 진행해왔다.

실제로 내가 좋아서 구매한 상품을 라이브로 소개하면서, 진짜 고객의 시선으로 리뷰를 남기고, 내 경험을 진정성 있게 전달한 것이 시작이었다. 그런 진솔한 리뷰와 라이브 방송은 나에게도, 판매자에게도, 시청자에게도 모두 의미 있는 경험이 되었다. SNS를 통해 서로의 상품을 소개하고, 공동 방송을 기획하고, 리뷰를 나누는 상생 마케팅은 혼자서는 어려웠던 라이브커머스를 쉽게 시작할 수 있는 가장 좋은 방법이다.

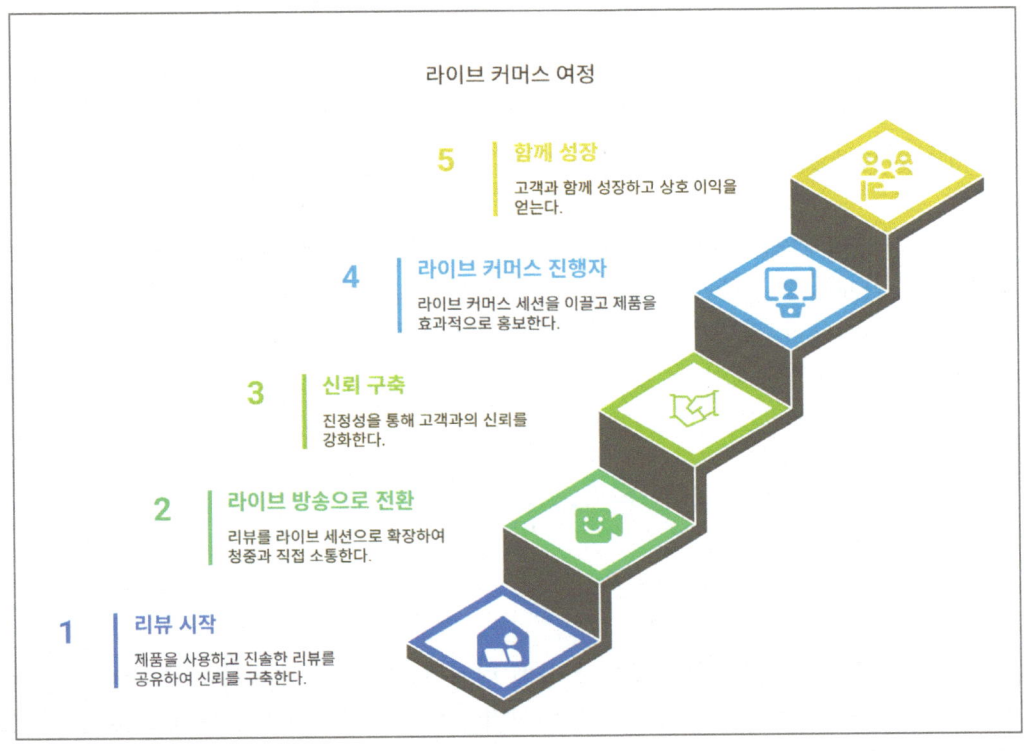

3. 혼자 시작이 어려울 때 해법

인스타그램에서 함께하는 힘

라이브커머스를 시작하고 싶지만 혼자 준비하기 어려운 분들에게 꼭 드리고 싶은 조언이 있다. "처음부터 완벽할 필요 없다. 함께하면 된다."

처음엔 나도 라이브커머스라는 말조차 생소했다. 하지만 인스타그램에서 자영업자들과 소통하며 자연스럽게 그들의 상품을 구매하고, 실제 사용해본 후 진솔한 리뷰를 남기기 시작했다. 그렇게 리뷰가 쌓이자 판매자들이 직접 라이브 진행을 제안해왔고, 내가 직접 소개하는 라이브 방송까지 이어졌다. 그 과정에서 '나 혼자 잘하는 것보다, 서로를 돕고 함께 성장하는 방식이 훨씬 더 효과적이다'라는 것을 깨달았다.

리뷰에서 라이브로, 자연스러운 연결

처음엔 단순히 리뷰를 남기는 것이 전부였다. 하지만 그 진솔한 리뷰가 신뢰를 만들었고, 리뷰에서 끝나는 것이 아니라 리뷰+라이브 방송으로 자연스럽게 이어졌다. 내가 직접 경험한 제품이니 더 자신 있게 소개할 수 있었고, 고객도 나를 믿고 구매할 수 있었다.

그렇게 쌓인 경험은 단순한 리뷰어를 넘어, 라이브커머스 진행자라는 새로운 기회를 열어주었다. 결국, 내가 경험한 라이브커머스는 단순한 판매 도구가 아니라, 나의 진짜 경험과 신뢰를 고객과 공유하고, 함께 성장하는 플랫폼이 되었다.

전문가가 아니어도 괜찮다

처음부터 완벽할 필요 없다. 실수해도 괜찮다. 화면에 상품이 제대로 안 나와도, 말이 꼬여도, 진짜 중요한 건 고객과 진심으로 소통하는 것이다.

라이브커머스는 완벽한 방송이 아니라, 진짜 사람이 하는 진짜 이야기다. 그 진정성이 고객에게 전달되는 순간, 매출은 자연스럽게 따라온다.

그래서, 지금 당장 시작하자

누구나 시작할 수 있다. 완벽하지 않아도 괜찮다. 중요한 건 꾸준히 시도하는 것이다. SNS 마케팅도, 라이브커머스도, 결국 중요한 건 한 발 먼저 시작하는 용기다. 내 상품과 브랜드를 알릴 더 넓은 세상, 바로 라이브커머스에서 찾아야 한다.

2장.

온라인 마케팅, 무엇이 다른가?

1. 발품 영업에서 고객이 찾아오는 마케팅으로 전환

결혼 후 전업주부로 지내던 어느 날, 한 아동도서 방문판매 사원이 집을 찾아왔다. 예고 없이 찾아온 방문판매는 조금 부담스러웠지만, 첫 아이를 키우고 있던 중이라 유아 교육에 대한 호기심이 생겨 문을 열었다. 그 사원은 체계적인 단계별 교재와 놀이 교구가 우리 아이의 발달에 얼마나 중요한지 열정적으로 설명했다. 그 설명에 자연스레 마음이 끌려 책을 구입하기 위해 직접 회사까지 찾아갔는데, 그 자리에서 뜻밖의 제안을 받았다.

"영업사원으로 일 해보지 않겠냐"는 제안이었다. 일도 하면서 아이 교재비도 벌 수 있다는 말에 남편과 상의도 없이 덜컥 그 제안을 받아들였다. 그렇게 나는 방문판매 영업사원이 되었다.

영업이라는 게 생각보다 쉬운 일이 아니었다. 아이가 있을 법한 집을 무작정 찾아다니며 방문판매를 시도했다. 기저귀나 아이 옷이 널린 빨래줄을 보고는 초인종을 눌렀다. 문이 열리기를 기다리며, 어떻게 해야 할지 마음을 다잡았다. 문이 열리면 반갑게 인사를 건네고, 교육 교재를 소개하며 아이 교육의 중요성을 강조했다. 영업이라는 게 무엇인지도 모른 채 뛰어든 탓에, 매 순간이 쉽지 않았다.

운 좋게 제품을 구매해주는 고객도 있었지만, 대부분은 문전박대를 받았다. 그럼에도 불구하고 고객을 직접 만나 육아 이야기를 나누고 정보를 공유하는 시간은 즐거웠다. 이 덕분에 몇 년간 꾸준히 이 일을 이어갈 수 있었다. 그때는 미처 깨닫지 못했지만, 이제 와서 돌이켜보면, 매일 발로 뛰며 제품을 소개하고 설득하며 관계를 맺는 이 방식은 '내가 멈추면 매출도 멈춘다'는 구조였다.

전통적 영업의 한계는 바로 이러한 점이었다. 온라인 시대가 열리면서 자연스럽게 마케팅이라는 개념을 접하게 되었고, 중요한 깨달음을 얻었다. 이제는 내가 고객을 찾아가는 것이 아니라, 고객이 나를 먼저 찾아오도록 해야 한다. 바로 이 지점에서 영업과 마케팅의 결정적 차이를 몸소 깨닫게 되었다.

2. 영업과 마케팅의 핵심 차이점

영업과 마케팅의 차이는 명확하다. 영업(Sales)은 직접 고객을 찾아가 제품을 소개하고, 설득하여 판매하는 과정이다. 마케팅(Marketing)은 고객이 제품을 필요로 하도록 만들고, 스스로 찾아와 구매하게 만드는 과정이다.

과거에는 하루 종일 발품을 팔아 직접 설명하고 설득해야 겨우 한두 명의 고객을 만날 수 있었다. 반면, 마케팅을 제대로 활용하면 한 번 올린 콘텐츠가 시간이 지나도 꾸준히 고객을 끌어들이는 역할을 한다.

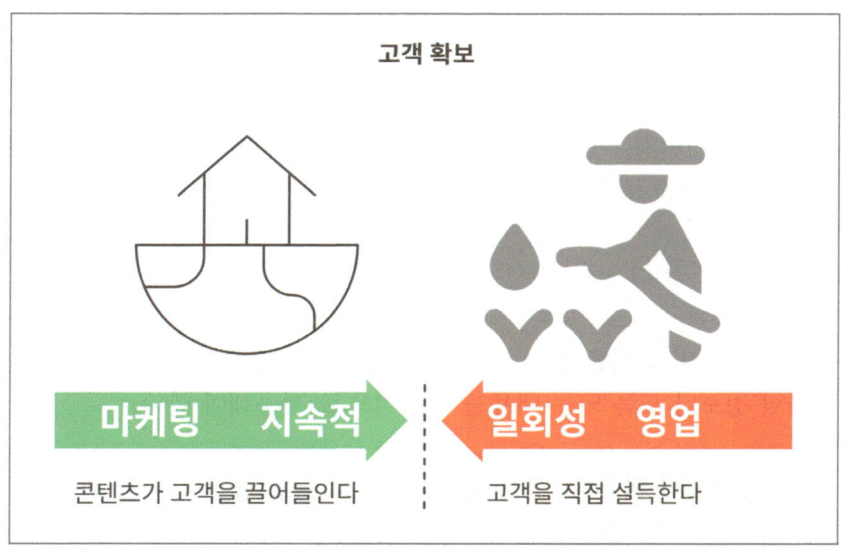

'물은 스스로 흐르지 않는다'는 말처럼, 고객도 마찬가지다. 영업과 마케팅의 차이는 물길에 비유하면 쉽게 이해할 수 있다. 저수지에서 우리 집 연못으로 물을 옮기는 상황을 떠올려 보자.

영업은 물수레로 직접 물을 길어 나르는 방식이다. 시간이 걸리고 체력 소모도 크지만, 직접 움직여야만 연못에 물이 채워진다. 반면, 마케팅은 저수지에서 우리 집 연못까지 수로를 만들어 놓고, 물이 자연스럽게 흘러들어오게 만드는 방식이다.

여기서 '물'은 '고객'을 의미한다. 즉, 영업은 단기적인 노력으로 당장의 고객을 확보하는 과정이라면, 마케팅은 고객이 지속적으로 찾아오게 만드는 장기적인 시스템을 구축하는 과정이다.

이처럼 마케팅의 역할은 단순한 광고를 넘어서, 고객이 자발적으로 찾아오도록 만드는 환경을 조성하는 데 있다. 실제로 경영학의 아버지라 불리는 피터 드러커(Peter F. Drucker)는 "마케팅의 목적은 영업을 불필요하게 만드는 것이다(The aim of marketing is to make selling superfluous)"라고 강조한 바 있다. 이는 마케팅이 효과적으로 작동할 경우, 영업의 부담을 줄이고 더 나아가 없어질 수도 있다는 뜻이다.

실무 현장에서도 마케팅은 고객 유입을 위한 시스템과 구조를 설계하고, 영업은 이 가운데 발생한 잠재 고객을 대상으로 최종 전환(컨버전)을 유도하는 역할을 수행한다. 결국 두 영역은 서로를 보완하며, 브랜드 성장을 이끄는 핵심 축이 된다.

그렇다면 이 수로, 즉 마케팅 시스템은 어떻게 만들어야 할까? 효과적인 마케팅 전략을 위해 다음 세 가지 과정이 필요하다.

(1) 수로 설계: 마케팅 전략 수립

누구를 타겟으로 할 것인지, 어떤 메시지를 전달할 것인지, 어떤 채널(SNS, 블로그, 라이브커머스 등)을 활용할 것인지 구체적으로 설계해야 한다.

(2) 물 흐름 유지: 브랜드 신뢰 구축 및 지속적인 콘텐츠 제공

고객과 꾸준히 소통하며 신뢰를 쌓는 과정이 중요하다. 단순히 광고만 하는 것이 아니라, 고객이 실제로 궁금해할 정보나 도움 되는 내용을 지속적으로 제공해야 한다.

예를 들어, 제품 소개보다 활용법, 사용 후기, 문제 해결 팁 등 고객이 진짜 알고 싶어 하는 정보 중심의 콘텐츠를 꾸준히 발행해야 한다.

(3) 유지 보수: 지속적인 분석과 개선

고객 반응을 꾸준히 분석하고, 어떤 콘텐츠가 효과적인지 점검하면서 전략을 계속 보완해야 한다. 고객의 관심사와 시장 흐름은 늘 변하기 때문에, 마케팅 전략도 유연하게 대응해야 한다.

이렇게 마케팅 전략이 제대로 자리 잡으면, 단순히 발로 뛰는 영업을 하지 않아도 자연스럽게 고객이 찾아오는 '수로 마케팅 시스템'이 완성된다.

구분	영업 (Sales)	마케팅 (Marketing)
접근 방식	직접 찾아가서 설명	고객이 스스로 찾아오게 유도
고객 확보	한 번 한 번 직접 설득	콘텐츠가 지속적으로 고객을 유입함
소요 시간	즉각적인 결과(하지만 지속성 부족)	시간이 걸리지만 장기적으로 안정적임
핵심 전략	밀접한 관계 형성과 설득력	콘텐츠 제작과 신뢰 구축
활동 범위	오프라인, 1:1 중심	온라인/SNS 중심
지속 가능성	내가 멈추면 매출도 멈춤	내가 쉬어도 콘텐츠가 대신 일함

위 표는 영업과 마케팅의 접근 방식, 전략, 지속 가능성의 차이를 한눈에 보여준다. 특히 마케팅은 콘텐츠가 대신 일하는 구조임을 알 수 있다.

예를 들어, 방문판매 시절에는 "당신 아이에게 이 책이 꼭 필요합니다"라고 직접 설명해야 했다면, 마케팅 시대에는 "이 책이 왜 필요한지 스스로 깨닫게 만드는 과정"이 더 중요하다.

특히 SNS가 본격적으로 자리 잡으면서 고객을 무작정 찾아다닐 필요 없이, 관심 있는 사람들이 내 콘텐츠를 보고 먼저 문의하고, 구매까지 이어지는 흐름을 만들 수 있게 되었다.

결국, 영업은 내가 직접 움직여야 성과가 나는 구조라면, 마케팅은 내가 잠시 쉬고 있어도 콘텐츠가 대신 일하며 고객을 데려오는 구조다.

3. 온라인 마케팅의 세 가지 기본 원칙

과거에는 발품을 팔아 고객을 찾아다니며 제품을 설명하고 설득해야 했다. 하지만 이제는 고객이 먼저 찾아오도록 만드는 전략적 마케팅이 필요하다. 온라인 마케팅은 단순히 제품 사진을 올리고 "좋아요 눌러주세요"라고 말하는 수준을 넘어선다. 고객이 자연스럽게 관심을 갖고, 스스로 찾아오게 만드는 방법, 그 핵심 원칙 세 가지를 소개한다.

(1) 고객이 먼저 찾고 싶게 만들어라

고객은 광고보다 실제로 도움이 되는 정보를 더 신뢰한다. 상품 자랑만 하는 콘텐츠는 외면받기 쉽지만, 고객이 궁금해하는 유용한 정보를 꾸준히 제공하면 신뢰와 관심이 자연스럽게 쌓인다.

예시
- 아동 도서 판매자: "연령별 추천 도서", "독서 습관 만드는 방법"
- 디저트 판매자: "홈카페 디저트 레시피", "보관 꿀팁" 등

이처럼 정보 제공형 콘텐츠는 고객이 검색하는 순간 브랜드와 자연스럽게 연결되도록 도와준다. 광고처럼 보이지 않으면서도 "이 계정, 유용한 정보가 많네"라는 인식을 심어주는 것, 그것이 바로 온라인 콘텐츠의 힘이다.

(2) 나만의 스토리를 담아라

고객은 제품 자체보다, 제품을 만든 사람의 진심 어린 이야기에 더 끌린다. 왜 이 제품을 만들게 되었는지, 어떤 철학과 가치를 담았는지를 보여주는 스토리텔링 콘텐츠는 브랜드에 대한 신뢰를 높이고, 정서적 연결을 만든다.

예시
- 아동 도서 판매자: 아이 교육 고민에서 출발한 창업 이야기
- 수제 디저트 판매자: 엄마의 손맛을 이어받은 브랜드 스토리

제품에 담긴 진심과 철학까지 함께 전달되면 고객은 단순한 구매자가 아닌 브랜드의 팬이 된다. '이야기'는 고객과 브랜드를 연결하는 가장 강력한 접착제다.

(3) 다양한 채널과 포맷으로 꾸준히 보여라

한두 번의 반짝 노출로는 고객 기억에 오래 남기 어렵다. SNS, 블로그, 유튜브, 라이브커머스 등 다양한 채널을 활용해 지속적이고 일관된 방식으로 콘텐츠를 노출하는 것이 중요하다. 또한 각 채널의 특성에 맞게 콘텐츠 포맷을 맞춤형으로 변환하는 전략이 필요하다.

예시
- 인스타그램: 감각적인 카드뉴스, 릴스
- 블로그: 상세한 사용 후기, 리뷰

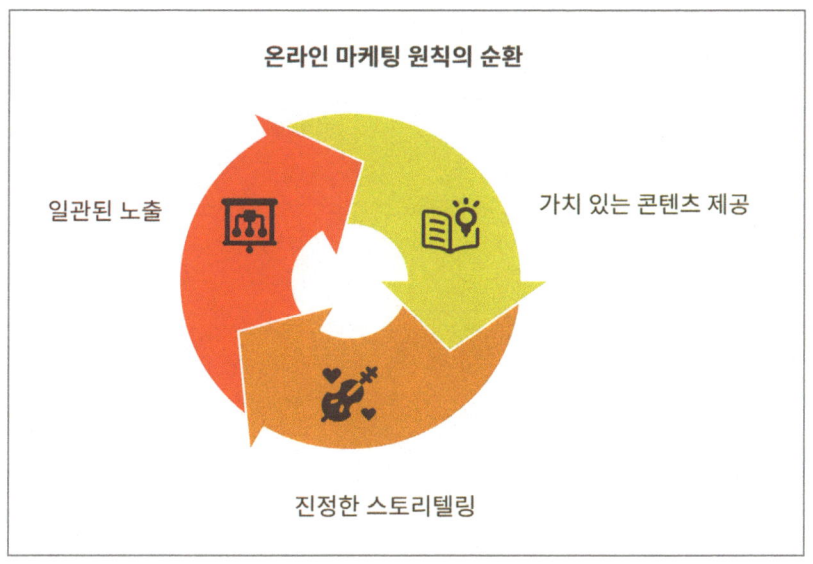

- 유튜브: 브랜드 스토리를 담은 영상
- 라이브커머스: 실시간 소통과 체험형 방송

이처럼 다양한 접점에서 브랜드를 지속적으로 보여주면, 고객이 어떤 경로에서 접하든 일관된 이미지와 신뢰를 형성할 수 있다. 고객의 일상 속에 자연스럽게 스며드는 반복 노출, 그것이 진짜 마케팅의 핵심이다.

이 세 가지 원칙을 제대로 실행하면, 발로 뛰는 영업 없이도 고객이 먼저 나를 찾는 진짜 '온라인 마케팅'이 완성된다. 지속 가능한 마케팅은 한 번의 히트보다, 일상의 반복에서 시작된다.

이처럼 온라인 마케팅은 발로 뛰는 영업이 아닌, 고객이 먼저 찾아오게 만드는 콘텐츠 중심의 전략이다. 정보를 주고, 이야기를 전하고, 꾸준히 보여주는 것. 이 세 가지 원칙이 자리 잡을 때, 우리는 비로소 고객의 일상 속에 브랜드를 심을 수 있다.

그렇다면 이 마케팅 전략을 가장 효과적으로 실현할 수 있는 플랫폼은 어디일까?

바로 지금, 모바일 시대의 대표 채널이자 브랜드 마케팅의 핵심 축으로 자리 잡은 인스타그램이다.

3장에서는 인스타그램이 왜 지금 우리에게 '선택'이 아닌 '필수'인지, 그리고 어떻게 전략적으로 활용해야 실제 매출로 연결되는지 본격적으로 살펴본다.

Part 2

매출로 연결되는
인스타그램 마케팅 전략

3장.

인스타그램, 반드시 활용해야 하는 이유

1. 인스타그램의 비즈니스적 가치와 효과

SNS 전성시대, 인스타그램은 더 이상 선택이 아닌 필수다. 지금도 이미 수많은 사람들이 인스타그램을 사용하고 있다. 그러나 중요한 것은 단순히 사용하는 것이 아니라, 전략적으로 활용하는 것이다.

SNS 마케팅은 단순한 유행이 아니라, 이제는 비즈니스 성공을 위한 필수 전략이 되었다. 특히 인스타그램은 브랜드를 구축하고, 고객과 소통하며, 더 넓은 시장으로 나아가는 데 강력한 힘을 발휘한다.

SNS 마케팅에서 가장 중요한 것은 타겟 고객을 정확하게 설정하는 것이다. "모든 사람을 대상으로 하면 결국 아무도 끌어들이지 못한다"는 말처럼, 누구에게 무엇을, 어떤 방식으로 보여줄지 명확해야 한다.

현대 사회에서 스마트폰은 단순한 기기를 넘어, 삶의 일부가 되었다. 정보 검색, 쇼핑, 소통, 소비까지 모두 스마트폰으로 이루어진다. 그 중심에 바로 인스타그램이 있다.

아래는 앱/리테일 분석 서비스 와이즈앱-리테일 굿즈에서 제공한 데이터를 기반으로, 2020년부터 2024년까지 주요 SNS 앱의 사용자 수 변화와 성별 사용자 비중을 비교한 자료다. 특히 인스타그램은 지속적인 성장세를 유지하고 있으며, 남녀 모두 고르게 사용하는 플랫폼이라는 점에서 타겟 마케팅에 유리한 기반을 갖추고 있다.

주요 SNS 앱 사용자 수 변화 & 성별 비율

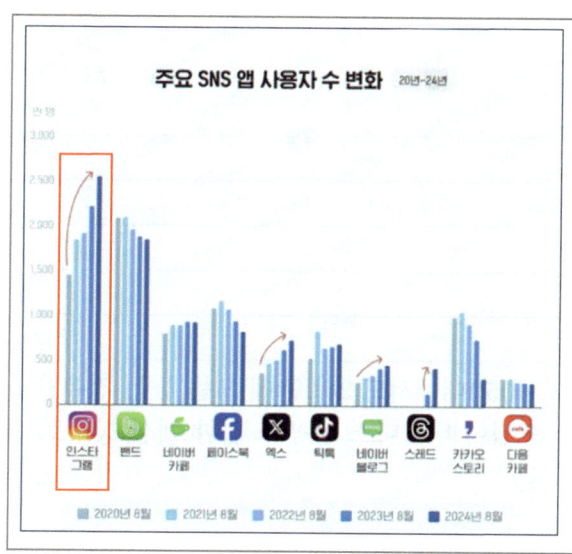

플랫폼별 특징을 감안할 때, 인스타그램은 시각적 콘텐츠를 기반으로 감성적 연결과 소통을 강화하는 데 특화되어 있다. 이 특성은 개인 브랜딩, 제품 홍보, 서비스 마케팅에 유리한 환경을 조성한다.

아래는 2024년 8월 기준, SNS 앱의 세대별 사용자 수와 사용 시간 순위를 비교한 자료다. 연령층별로 선호하는 플랫폼은 다를 수 있지만, 인스타그램은 전 세대에 걸쳐 높은 순위를 유지하고 있다는 점에서 플랫폼 파워와 확장성을 동시에 입증하고 있다.

SNS 앱 세대별 사용자 순위와 사용 시간 순위를 보면, 인스타그램의 강력함이 데이터로도 증명된다.

- 사용자 수: 전 연령대에서 상위권에 위치
- 성별 비율: 남녀 모두에서 균등한 사용률
- 사용 시간: 하루 평균 2시간 이상 사용
- 비즈니스 활용도: 브랜드 홍보, 제품 판매, 고객과의 실시간 소통 모두 가능

SNS 앱 세대별 사용자 순위 & 사용시간 순위

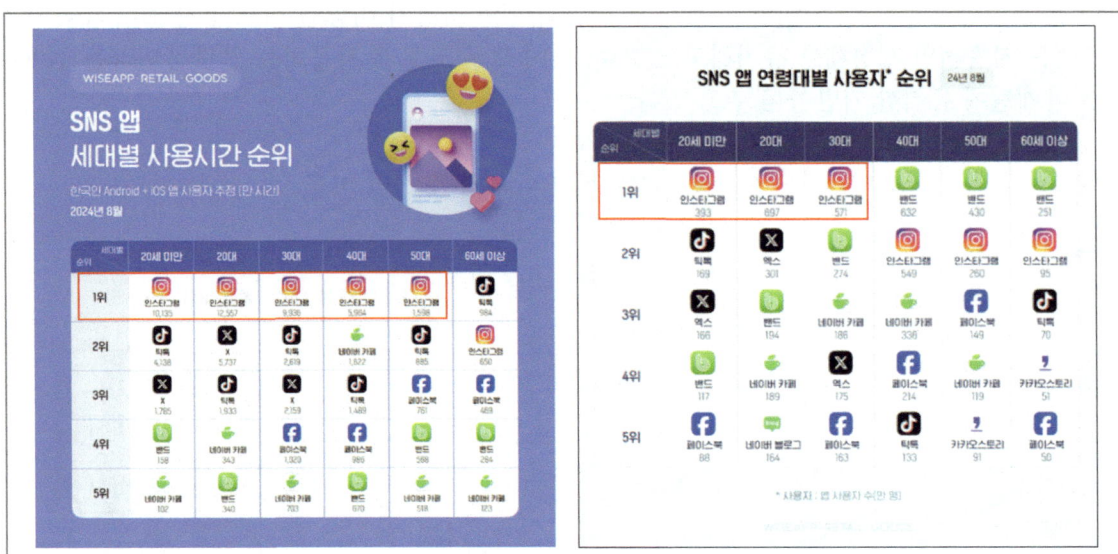

특히 2030대에서는 압도적으로 1위를 차지하고, 4050대에서도 2위 안에 드는 높은 점유율을 보이고 있다. 이제 인스타그램은 단순한 플랫폼을 넘어 비즈니스 성공을 위한 핵심 창구로 자리매김하고 있다.

인스타그램으로 할 수 있는 것들:

- 나만의 브랜드 구축: 개인 브랜딩 강화
- 제품 및 서비스 홍보: 비즈니스 마케팅 채널로 활용
- 네트워킹: 유사 업종, 잠재 고객과의 자연스러운 연결
- 트렌드 리딩: 최신 유행과 고객 반응을 즉각적으로 파악

과거 전단지를 돌리고 발로 뛰는 영업에서 벗어나, 이제는 고객이 먼저 찾아오는 시대가 되었다. 이 흐름의 중심에 인스타그램이 있다.

2. 성공 사례 벤치마킹하기

SNS에서 성공하는 방법, 혼자 고민하지 않아도 된다. 잘하고 있는 사람들을 '벤치마킹'하는 것, 그것이 가장 빠른 길이다.

오프라인 가게를 열 때도 인기 가게를 방문해 어떤 메뉴가 인기인지, 고객이 어떤 점에 반응하

는지를 살피는 과정이 필수다. 온라인도 마찬가지다. 내가 가려는 길을 이미 성공적으로 걸어가고 있는 계정들을 분석하고, 그 전략을 내 것으로 재해석하는 과정이 반드시 필요하다.

벤치마킹 4단계 전략

1단계: 나와 비슷한 업종, 유사한 타겟층을 가진 인기 계정 찾기

벤치마킹의 핵심은 '누가 잘하고 있는가'를 정확히 찾는 것이다. 인스타그램 키워드 검색 기능은 내 업종과 유사한 타겟을 공략 중인 계정을 분석할 수 있는 강력한 도구다.

아래의 이미지 예시처럼 과정을 따라가며 벤치마킹 계정을 찾아보자.

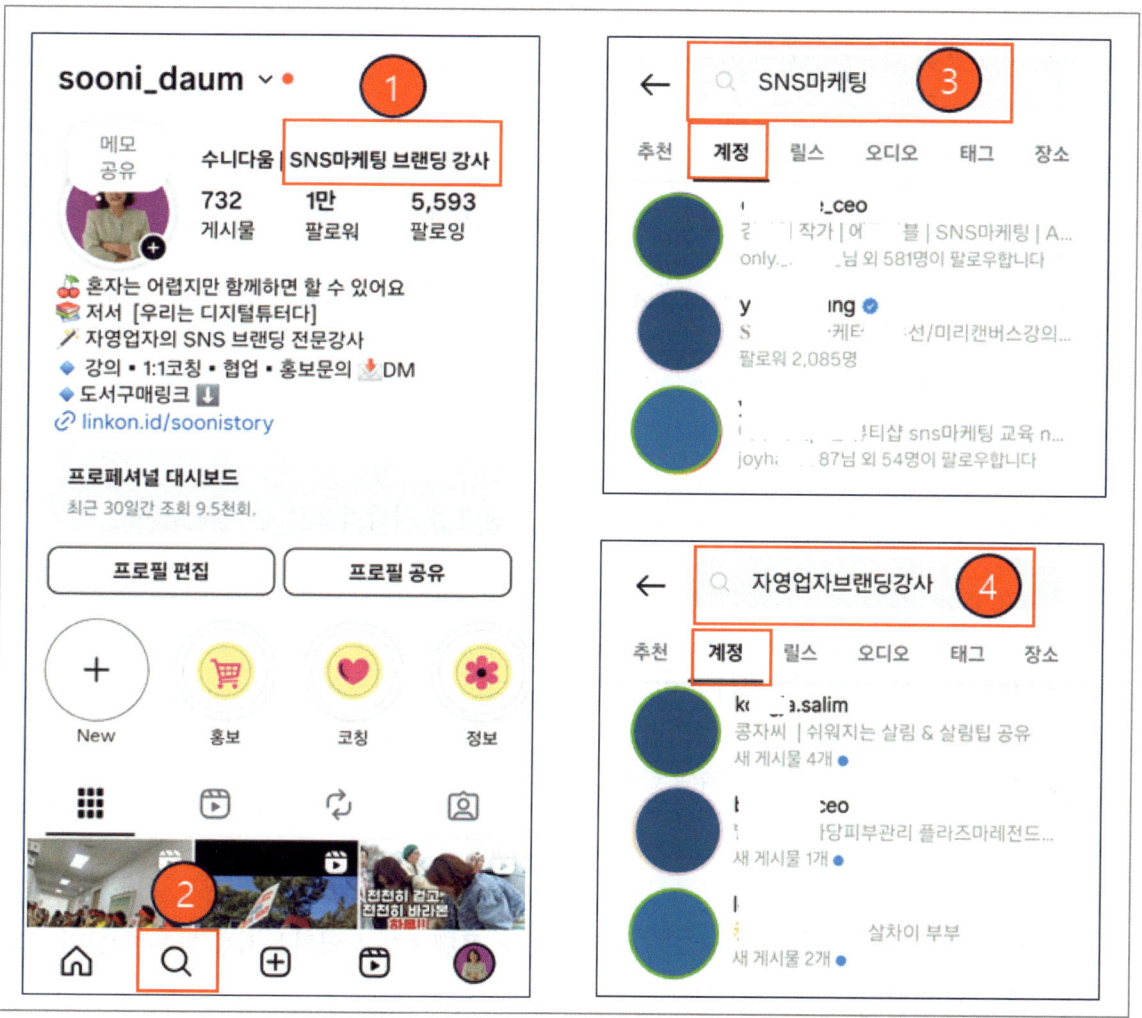

① 내 프로필의 핵심 키워드 확인

다른 사람들이 나를 검색할 때 어떤 키워드로 연결될 수 있는지, 내 프로필에 입력된 문구부터 점검해본다.
(예: 인스타그램코치, SNS마케팅, 1:1코칭)

② 인스타그램 검색창으로 이동

하단 메뉴에서 돋보기 아이콘(검색)을 눌러 검색 탭으로 진입한다.

③ 핵심 키워드 입력

내가 참고하려는 업종 또는 콘텐츠 주제에 해당하는 대표 단어를 검색창에 입력한다.
(예: SNS마케팅, 인스타그램코칭, 브랜딩강사, 디지털튜터)

④ 구체 키워드로 검색 범위 좁히기

검색 키워드를 더 세분화하거나 업종 특화 표현 또는 역할 중심 키워드로 바꿔 입력하면, 보다 정확한 벤치마킹 대상 계정을 찾을 수 있다.
(예: SNS마케팅강사, 인스타그램1:1코칭, 자영업자브랜딩코치, 디지털튜터강의, 콘텐츠기획전문가)

2단계: 프로필과 게시물 스타일 분석

벤치마킹 계정을 찾았다면, 이제 그 계정의 브랜딩 전략을 시각적으로 분석해 보자.

① 프로필 소개 문구

어떤 직업, 전문성, 가치를 표현하고 있는지 살펴본다.
(예: "SNS마케팅 브랜딩 강사", "자영업자 코칭", "1:1 코칭 전문")
→ 브랜드 포지셔닝이 드러나는 핵심 문장을 체크한다.

② 하이라이트 구성

하이라이트 아이콘과 제목은 브랜드가 어떤 주제로 콘텐츠를 운영하는지를 한눈에 보여준다.
(예: 홍보, 코칭, 릴스모음, 후기 등)

→ 주제 분류와 디자인 스타일에서 콘텐츠 흐름과 전문성을 파악할 수 있다.

☞ 실제 계정 화면을 통해 분석 포인트를 시각적으로 확인해 보자.

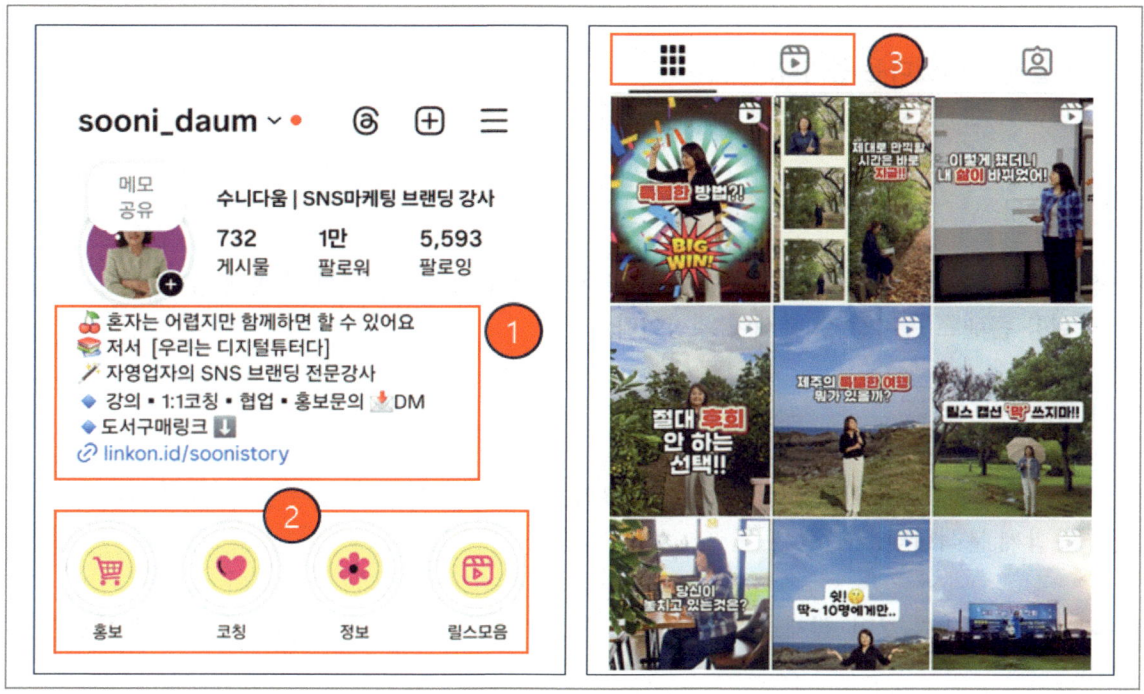

③ 피드 디자인 및 콘텐츠 포맷 분석

전체 피드에서 어떤 유형의 콘텐츠가 반복되고 있는지를 본다. 릴스, 카드뉴스, 사진, 현장 콘텐츠 등 콘텐츠 포맷의 다양성과 일관성을 함께 분석한다.
→ 컬러 톤, 자막 스타일, 말투 등을 통해 브랜드 이미지의 감도를 확인할 수 있다.

잘 만든 프로필과 피드는 고객에게 신뢰를 주는 첫인상이다. 벤치마킹 계정의 시각적 전략은, 나만의 브랜딩을 설계하는 데 큰 힌트가 된다.

3단계: 인기 콘텐츠 집중 분석

벤치마킹 계정에서 좋아요, 댓글, 저장이 많은 게시물을 집중적으로 살펴보자. 이러한 콘텐츠에는 공통적으로 반응을 유도하는 요소가 있다.

① 좋아요 수

많은 사용자가 공감하거나 반응한 콘텐츠다.
→ 주제, 톤, 비주얼 포인트를 함께 관찰한다.

② 댓글 수

소통을 이끌어냈다는 증거다.
→ 질문형 캡션, 공감 유도 문장 등과의 연결성 확인.

③ 저장 수

정보, 체크리스트, 꿀팁 콘텐츠처럼 반복 조회 가치가 있는 콘텐츠에서 높게 나타난다.
→ 실용 콘텐츠는 저장 수 분석이 핵심이다.

④ 본문 내용(캡션)

글의 길이, 구성, 말투 등을 살펴보고, 체크리스트, 이모지, 줄바꿈 등을 활용해 가독성 높인 전략도 함께 분석한다.

☞해당 이미지를 보면, 실제로 어떤 콘텐츠 요소가 높은 반응을 이끌었는지 한눈에 확인할 수 있다.

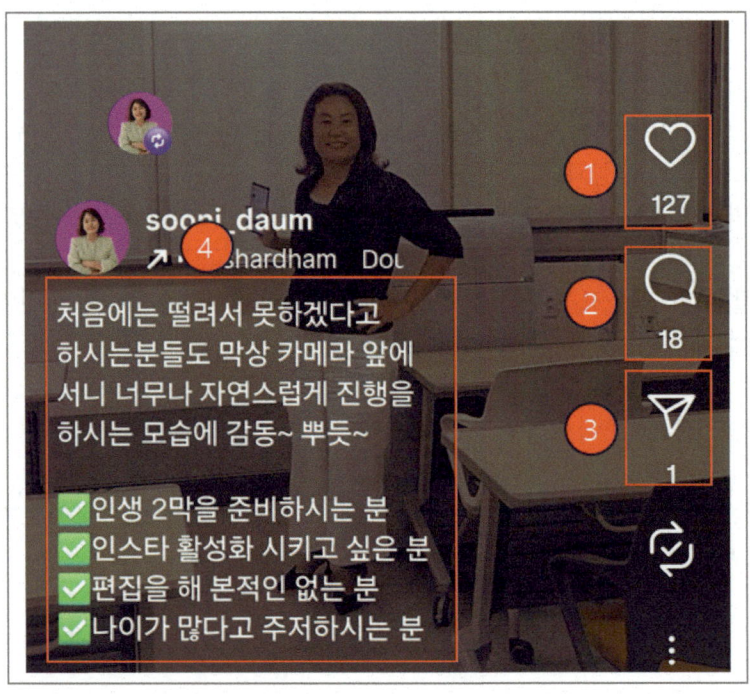

4단계: 나만의 방식으로 재구성

벤치마킹한 요소를 그대로 따라 하는 것이 목적이 아니다. 내 브랜드만의 개성과 방향성을 더해 '나답게' 재구성하는 것이 진짜 핵심이다.

① 어떤 키워드로 말할 것인가
② 어떤 말투와 시선으로 전달할 것인가
③ 어떤 경험을 기반으로 메시지를 전할 것인가

이 모든 요소에 나의 경험, 스토리, 브랜드 철학이 담길 때, 비로소 콘텐츠에 차별성과 생명력이 생긴다. 벤치마킹은 '카피(copy)'가 아니다. 이미 입증된 성공 전략에서 인사이트를 얻고, 거기에 나만의 색깔을 입혀 '브랜딩'으로 연결하는 과정이다.

성공한 계정을 따라가는 것이 끝이 아니라, 그 속에서 나만의 방향을 찾아가는 것이 진짜 브랜딩이다. 벤치마킹은 모방이 아닌, 나만의 전략을 위한 출발점이다.

3. 비즈니스 계정 필수 설정법

비즈니스 계정은 단순한 SNS 운영을 넘어, 브랜드의 성과를 측정하고 마케팅 효과를 극대화할 수 있도록 도와주는 강력한 도구다. 단순한 개인 계정에서 벗어나, 체계적으로 브랜드를 운영하고 싶다면 비즈니스 계정 전환이 필수적이다.

(1) 비즈니스 계정의 주요 기능

인스타그램 비즈니스 계정으로 전환하면 아래와 같은 프로페셔널 도구를 사용할 수 있다.

① 프로페셔널 대시보드 바로가기

내 프로필 상단에서 [프로페셔널 대시보드] 버튼을 눌러 최근 30일간의 성과를 한눈에 확인할 수 있다.
(예: 조회수, 반응, 팔로워 증가 등)

② 계정 인사이트 상세 보기

[인사이트] 항목에서는 내 게시물에 대한 구체적인 성과 분석이 가능하다.

조회수, 반응(좋아요, 댓글, 저장 등), 새 팔로워, 공유 콘텐츠 수
이런 데이터를 기반으로 어떤 콘텐츠가 효과적인지 전략을 세울 수 있다.

③ 비즈니스 도구 및 관리 기능

프로페셔널 대시보드 내에서 광고, 파트너십, 아이디어, 정산 등 다양한 브랜드 운영 도구를 확인할 수 있다. 특히, 광고 도구와 모범 사례는 콘텐츠 확장 전략에 유용하다.

④ 팁 및 리소스 제공

인스타그램이 직접 제공하는 유용한 성장 리소스를 확인할 수 있다. 인기 상승 오디오, 콘텐츠 아이디어, 기타 마케팅 팁 등 초보자도 이 기능을 통해 최신 트렌드에 맞춘 콘텐츠를 기획할 수 있다.

(2) 비즈니스 계정 전환 방법

인스타그램에서 비즈니스 도구를 활용하려면, 먼저 개인 계정을 프로페셔널 계정으로 전환해야 한다. 프로페셔널 계정은 비즈니스 계정과 크리에이터 계정으로 나뉘며, 마케팅이나 판매 목적이라면 비즈니스 계정 선택을 권장한다.

전환 절차는 아래와 같다.

① 인스타그램 앱에서 내 프로필 화면으로 이동
② 오른쪽 상단의 삼선(≡) 메뉴 클릭
③ '설정 및 개인정보' 선택
④ '계정' 메뉴로 이동
⑤ '계정 유형 전환' 선택
⑥ '프로페셔널 계정으로 전환' 클릭
⑦ 계정 유형 선택 (비즈니스 / 크리에이터 중 택 1)
⑧ 업종에 맞는 카테고리 선택
⑨ 비즈니스 정보 입력 (이메일, 전화번호, 웹사이트 등)
⑩ 페이스북 페이지 연결 (선택 사항이며, 반드시 연결할 필요는 없음)
⑪ 설정 완료 후 프로필 상단의 '프로페셔널 대시보드'에서 기능 확인 가능

※ 비즈니스 계정 전환 시 유의사항

① 공개 계정으로 자동 전환됨

개인 계정에서 프로페셔널 계정(비즈니스/크리에이터)으로 전환하면, 계정이 자동으로 공개 계정으로 바뀐다. 비공개 계정으로 운영하려면 다시 개인 계정으로 전환해야 한다.

② 연락처 버튼은 직접 입력해야 표시됨

비즈니스 계정이라고 해서 자동으로 '연락처' 또는 '문의하기' 버튼이 생기지는 않는다. 프로필 편집 → 공개 비즈니스 정보 → 연락처 옵션에서 전화번호, 이메일, 또는 주소 중 하나 이상을 입력해야 버튼이 활성화된다.

③ 페이스북 페이지 연결은 선택사항

광고나 메타 비즈니스 기능을 활용할 경우 연결이 유리하지만, 연결하지 않아도 계정 전환 및 운영은 가능하다.

④ 언제든 개인 계정으로 되돌릴 수 있음

설정 → 계정 → 계정 유형 전환을 통해 언제든지 다시 개인 계정으로 전환할 수 있으며, 전환 시 인사이트, 광고, 쇼핑 기능은 함께 비활성화된다.

⑤ 메뉴 명칭은 앱 버전에 따라 다를 수 있음

일부 기기나 버전에서는 '계정 유형 및 도구', '계정 유형 전환' 등으로 표시될 수 있으므로, 비슷한 메뉴를 참고해 설정에 접근하면 된다.

비즈니스 계정 전환은 단순한 설정 변경이 아니라, 브랜드 운영을 위한 전략적 준비 단계라 할 수 있다.

비즈니스 계정으로 전환하면?

비즈니스 계정으로 전환하면 프로필 상단에 [프로페셔널 대시보드]가 표시된다. 이 대시보드를 통해 최근 게시물의 도달률, 팔로워 증가율, 피드 및 스토리 반응 등 다양한 인사이트를 분석할 수 있다. 또한 광고 및 프로모션 설정 기능이 활성화되어, 콘텐츠 노출을 늘리고 브랜드 홍보를 효과적으로 진행할 수 있다.

(3) 비즈니스 계정을 활용한 마케팅 전략

비즈니스 계정으로 전환했으면, 이제는 그 기능을 어떻게 활용할 것인지가 더욱 중요하다. 인스타그램은 단순한 사진 공유 앱을 넘어, 콘텐츠 퍼포먼스 분석과 광고 타겟팅, 고객과의 연결까지 가능한 강력한 마케팅 도구다.

아래 이미지는 인스타그램 비즈니스 계정의 인사이트 화면이다. 이 화면을 통해 어떤 데이터를 확인하고, 어떻게 마케팅 전략에 적용할 수 있는지 살펴보자.

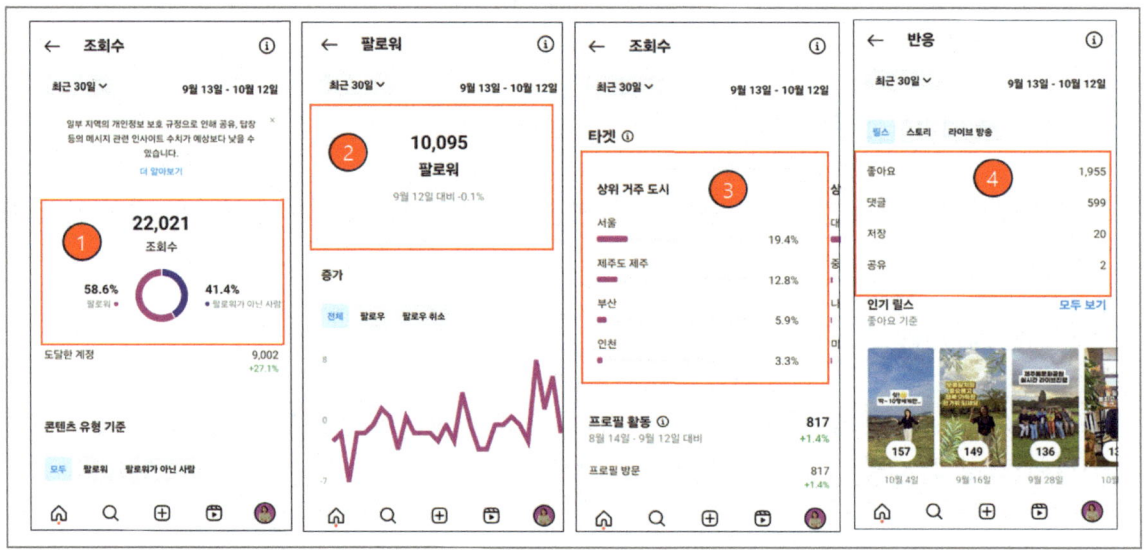

1) 인사이트를 분석하여 콘텐츠 전략 개선

프로페셔널 대시보드에서 제공되는 인사이트를 통해 어떤 콘텐츠가 더 높은 도달률과 반응을 보였는지 확인할 수 있다. 팔로워가 가장 활발하게 활동하는 시간대에 맞춰 콘텐츠를 게시하고, 좋아요·댓글·저장 등 반응이 좋은 콘텐츠 유형을 중심으로 전략을 세운다.

① 조회수와 도달률

전체 조회수와 비팔로워 유입 비율을 확인할 수 있으며, 해시태그, 탐색 탭, 외부 유입의 성과도 분석할 수 있다.

② 팔로워 수 변화 추이

팔로워가 증가하거나 감소한 시점을 확인하고, 그 원인을 분석하여 어떤 콘텐츠가 반응을 끌어냈는지 파악할 수 있다.

③ 거주지 기반 타겟 정보

팔로워의 주요 거주 지역을 확인하여 로컬 타겟 마케팅 전략에 활용할 수 있다.

④ 반응(좋아요/댓글/저장/공유)

콘텐츠별로 어떤 반응이 많았는지 확인함으로써, 반응률이 높은 콘텐츠를 중심으로 재기획할 수 있다.

2) 비즈니스 계정 활용 전략 요약

① 인사이트 분석을 통한 콘텐츠 전략 개선

- 도달률과 반응이 좋은 콘텐츠 유형 파악
- 팔로워가 가장 활발한 시간대에 맞춰 콘텐츠 업로드
- 반복적으로 성과가 높은 포맷 중심으로 운영

② 인스타그램 광고 활용

- 연령, 지역, 성별, 관심사 등 세분화된 타겟팅 가능
- 소규모 예산으로도 브랜드 인지도 및 전환률 향상 가능
- 프로모션 도구를 통해 클릭 유도, 웹사이트 유입, DM 상담 등 유도 가능

③ 연락처 및 CTA(Call to Action) 기능 활용

- 프로필에 연락처를 추가해 고객 접근성을 높임
- [더 알아보기], [문의하기], [구매하기] 등 CTA 버튼으로 행동 유도
- 예약, 상담, 결제 등 외부 연결도 가능

비즈니스 계정 전환은 단순한 프로필 설정 변경이 아니다. 이제는 단순히 SNS에 콘텐츠를 올리는 것을 넘어서, 전략적으로 데이터를 분석하고 고객과 연결하며 브랜드를 성장시키는 실전 마케팅 도구로 활용해야 한다. 단순한 SNS 사용자가 아닌, 전략적인 브랜드 오너로 거듭나자.

이제 비즈니스 계정의 구조와 활용법을 이해했다면, 본격적으로 콘텐츠를 어떻게 구성하고 운영할지에 대해 살펴보자. 전략 없는 콘텐츠는 금세 잊히고, 전략이 담긴 콘텐츠는 팔린다.

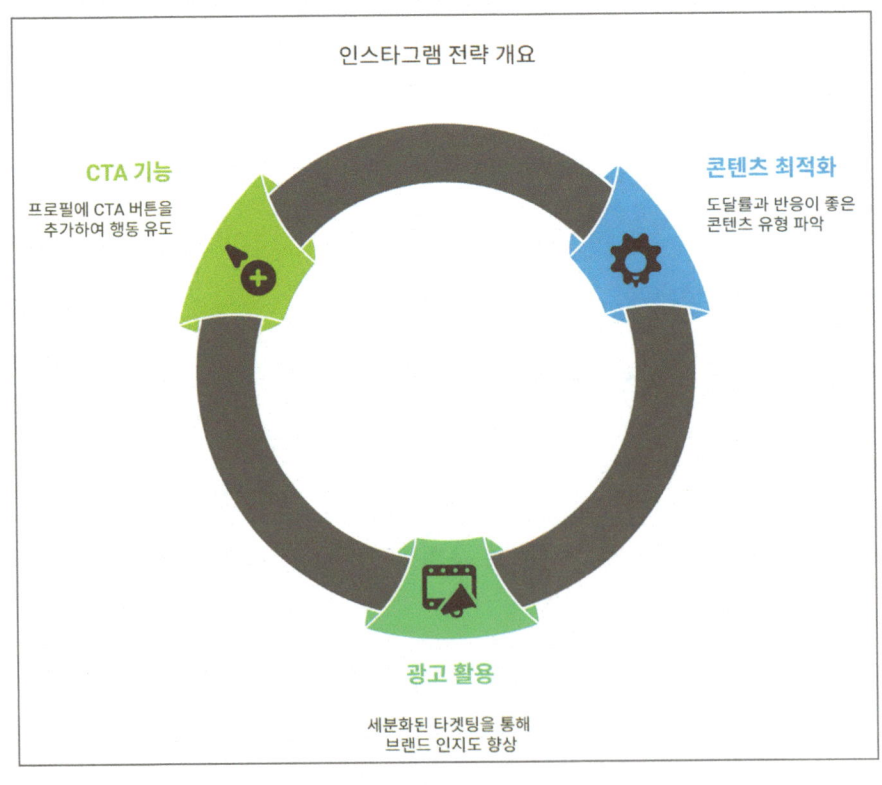

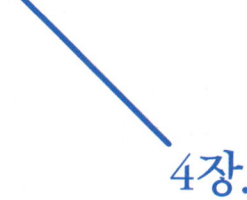

4장.

고객을 끌어당기는 프로필과 콘텐츠 만들기

1. 최신 인스타그램 완벽 가이드 (2025 최신 사용법)

2010년, 사진 공유 플랫폼으로 탄생한 인스타그램은 출시 초기부터 사용자들의 뜨거운 반응을 얻었다. 이후 사진 중심의 SNS에서 벗어나, 검색, 쇼핑, 소통, 라이브커머스까지 아우르는 올인원 비즈니스 플랫폼으로 빠르게 진화했다.

특히 2025년 인스타그램 마케팅의 핵심은 세 가지로 정리된다.

- 검색 친화적 콘텐츠 강화
- 스토리텔링 기반 정보 제공
- DM 기반 관계 마케팅 활성화

과거에는 예쁜 사진만 잘 올려도 팔로워가 늘었지만, 이제는 고객이 검색하는 키워드가 프로필, 게시물 캡션, 하이라이트 제목에 자연스럽게 녹아있어야 노출 기회가 늘어난다.

예시
"제주 감귤 선물세트" 키워드를 검색했을 때, 단순 해시태그만이 아니라 프로필 소개, 게시물 제목, 스토리 하이라이트에서도 이 키워드가 등장해야 검색 상위에 노출된다.

이제 단순 제품 홍보는 효과가 약하다. 브랜드의 진정성 있는 스토리와 고객과의 DM 소통을 통해 신뢰를 쌓고, 관계를 이어가는 전략이 핵심이다. 이런 흐름을 이해하고 인스타그램을 시작해야 2025년형 성공적인 계정을 만들 수 있다.

인스타그램 계정, 이렇게 시작하자

인스타그램은 단순한 SNS가 아니다. 온라인에서 내 브랜드를 구축하고 고객과 소통하는 강력한 마케팅 도구다. 오프라인 가게를 열 때 입지를 정하고, 인테리어를 하고, 홍보 전략을 짜는 것처럼, 인스타그램도 체계적으로 준비해야 성공한다.

(1) 인스타그램 계정 만들기

인스타그램 계정을 개설하는 과정은 간단하지만, 브랜드 계정을 준비하는 경우 몇 가지 체크할 사항이 있다.

1) 인스타그램 가입하기

앱스토어(iOS) 또는 구글 플레이스토어(Android)에서 인스타그램을 검색해 설치한다. 설치 후 앱을 실행하면 다음과 같은 화면이 나타난다.

① 이메일 주소 또는 전화번호로 가입하기

앱 첫 화면에서 [이메일 주소 또는 전화번호로 가입하기]를 클릭해 계정 생성 절차를 시작한다.

② 휴대폰 번호로 가입

전화번호를 입력하고 인증을 진행한다. 이때 '국외 발신'이라는 이름으로 문자 인증번호가 전송되니 스팸함도 꼭 확인해야 한다.

③ 이메일로 가입

이메일 주소로 가입하면 입력한 이메일로 인증번호가 전송되며, 주로 브랜드 운영 계정에 적합하다.

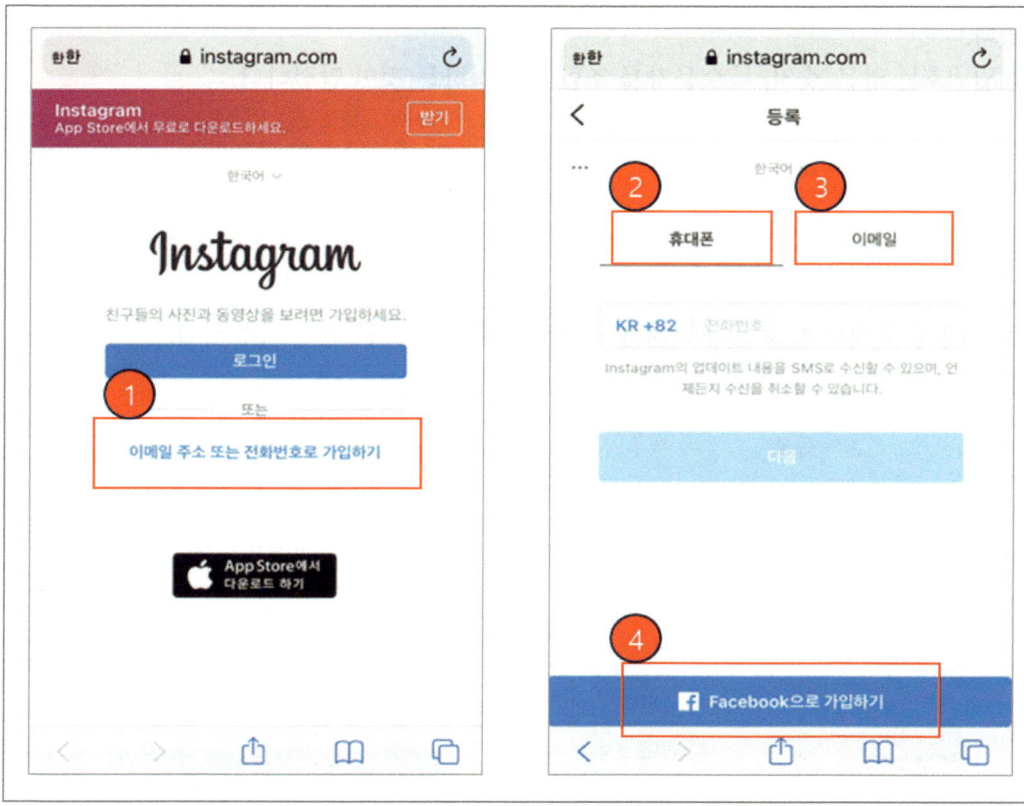

④ Facebook으로 가입하기

　페이스북 계정을 연동해 가입할 수도 있다. 이메일, 휴대폰, 페이스북 중 하나를 선택해 가입하면 계정 생성이 완료된다. 브랜드 계정을 운영할 계획이라면 개인 계정과 분리하는 것이 좋다. 인증 코드 입력후 [다음] 클릭한다.

2) 사용자 이름(아이디)

　인스타그램에서 사용할 이름과 비밀번호를 입력한다. 사용자 이름은 브랜드 운영을 고려해 브랜드명 또는 핵심 키워드가 포함되도록 설정하는 것이 바람직하다. 해당 이미지는 이름과 비밀번호를 입력하고, 자동 생성된 사용자 이름을 확인하는 화면이다.

① 이름 및 비밀번호 입력

- 성명과 로그인용 비밀번호를 입력하는 단계이다.
- 입력한 이름은 인스타그램 화면상에서 표시되며, 친구 추천 및 검색 노출에 영향을 줄 수

있다.
- 비밀번호는 영문, 숫자, 특수문자를 조합해 설정하는 것이 안전하다.

② 사용자 이름 자동 생성

- 아직 사용자 이름(아이디)을 직접 설정하지 않았다면, 인스타그램이 임의로 자동 생성해 보여준다.
- 계정 생성 후에도 프로필 편집에서 사용자 이름은 언제든 변경 가능하다.

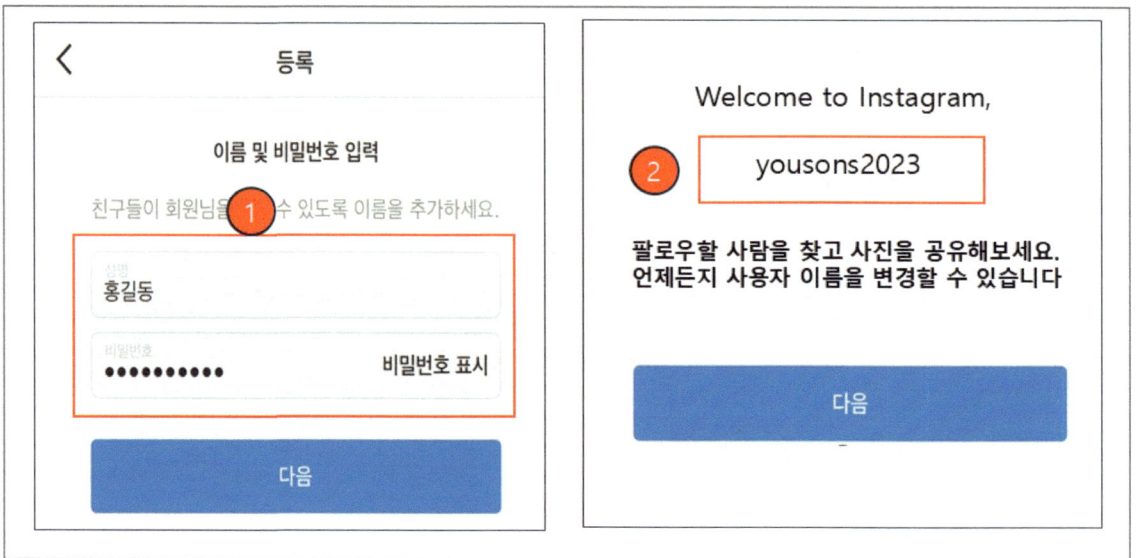

3) 연락처 동기화, 친구 추천받기 기능

회원가입 후 나오는 [연락처 동기화], [페이스북 추천받기], [친구에게 팔로우 초대 보내기] 등의 옵션은 브랜드 계정을 운영할 경우 [건너뛰기] 하는 것이 좋다. 그 이유는 지인이나 가족, 친구 등 개인적인 네트워크보다 브랜드에 관심 있는 타깃 고객을 유입하는 것이 더 효과적이기 때문이다.

단, 1인 기업 또는 인플루언서처럼 개인 브랜딩 목적의 계정이라면 초기 노출과 팔로워 확보를 위한 전략적 활용도 가능하다. 해당 이미지는 연락처 및 친구 추천 관련 화면이다.

① 페이스북 친구 찾기

페이스북과 연동되어 있을 경우, 친구 목록을 불러와 추천하는 기능이다. 브랜드 계정 운영자는 [건너뛰기]를 선택해 개인 네트워크 노출을 피하는 것이 바람직하다.

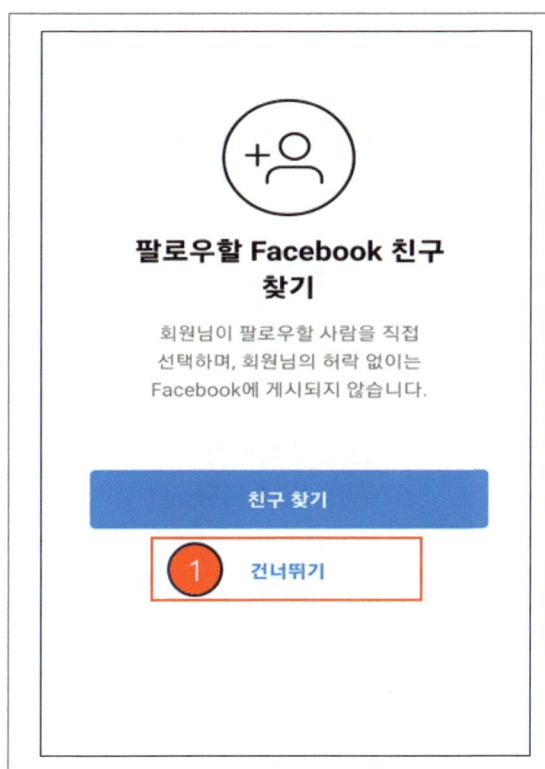 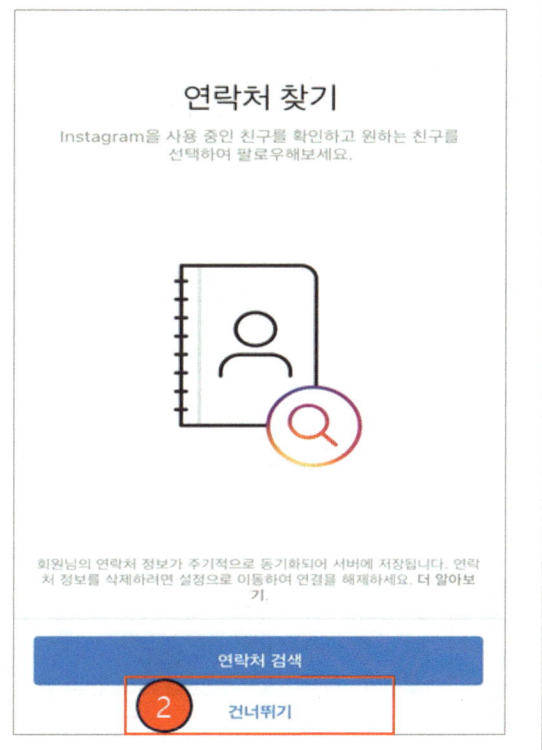

② 연락처 찾기

　휴대폰 연락처에 저장된 사람들 중 인스타그램 사용자를 자동으로 불러오는 기능이다. 브랜드 계정은 이 기능도 [건너뛰기] 하는 것을 권장한다. 필요한 경우, 추후 설정 메뉴에서 다시 동기화할 수 있다.

4) 프로필 설정

　프로필 사진은 브랜드의 첫인상을 전달하는 중요한 요소이다. 브랜드 계정이라면 로고, 개인 브랜드라면 신뢰감을 줄 수 있는 명확한 본인 사진을 선택하는 것이 좋다. 사진이 준비되지 않았다면 [건너뛰기] 후 계정 생성 이후 언제든 변경이 가능하다.

① 사진 추가

　[사진 추가] 버튼을 누르면 휴대폰 앨범에서 사진을 선택하거나 새로 촬영할 수 있다. 사진을 선택하지 않으면 [건너뛰기]를 눌러 다음 단계로 넘어갈 수 있다.

② 사진 등록 완료

선택한 프로필 사진이 등록되며, 추후에 언제든지 [프로필 편집]을 통해 변경이 가능하다.

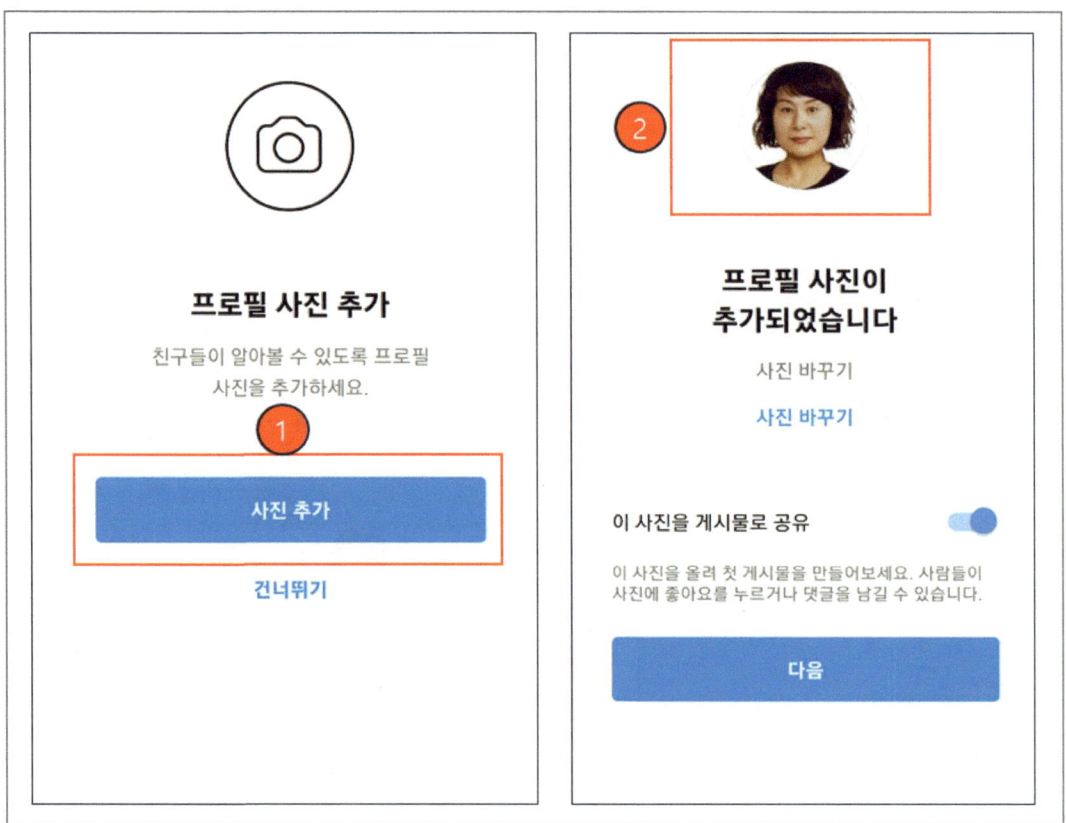

프로필 사진 설정이 완료되면, 다음 화면에서는 [사람 찾아보기] 기능이 나타난다. 이 기능은 인스타그램이 사용자의 관심사와 초기 설정을 바탕으로 추천 계정을 자동으로 보여주는 기능이다. 하지만 브랜드 계정 운영을 목적으로 할 경우, 불필요한 계정을 무분별하게 팔로우하게 될 수 있으므로, 이 단계에서는 [다음] 버튼을 눌러 건너뛰는 것이 좋다. 나중에 언제든 원하는 사람을 팔로우할 수 있으므로, 초기에 불필요한 팔로잉을 줄이는 것이 계정 관리에 더 유리하다.

마지막으로 인스타그램에서 알림을 보내겠다는 메시지 창이 나타난다. 알림이 필요하다면 [허용], 필요하지 않다면 [허용 안 함]을 선택하면 회원가입이 완료된다.

아래 화면과 같이 'Instagram에 오신 것을 환영합니다'라는 문구와 함께 나의 계정이 탄생했다. 오프라인 가게에 비유하자면, 이제 막 매장을 임대하거나 구매했지만 아직 내부는 비어 있는 빈 점포와 같다.

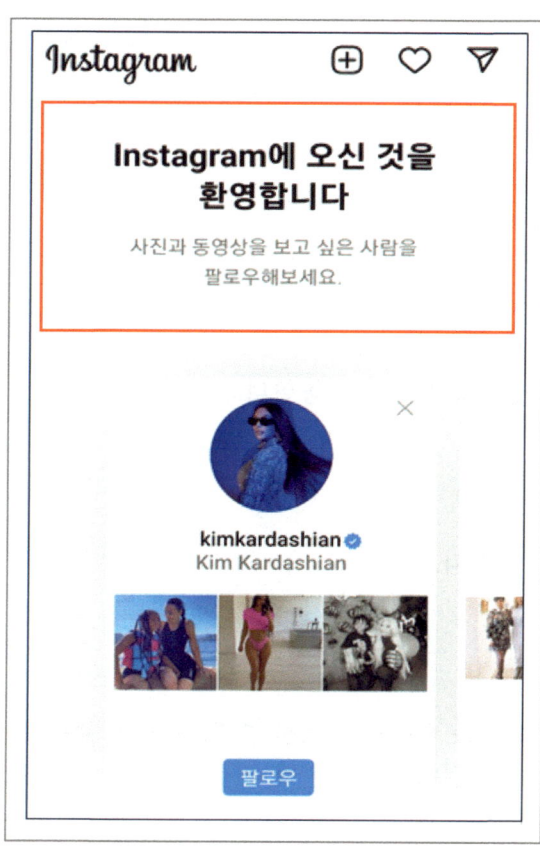

이제 이 매장은 내 손길 하나하나로 채워질 것이고, 곧 나의 콘텐츠로 가득 찰 것이다. 그런데, 여기서 한 가지 놓치면 안 되는 점이 있다. 오프라인 매장을 열었을 때도 가장 먼저 챙기는 것이 [보안]이다. 열심히 쌓아올린 내 가게에서 누군가가 몰래 소중한 것들을 가져간다면, 그 상실감은 마치 내 일부를 잃은 것만큼이나, 아니 전부를 잃은 것만큼이나 클 것이다.

온라인 매장인 인스타그램도 마찬가지다. 내 브랜드와 고객 신뢰를 안전하게 지키려면, 계정을 개설하는 순간부터 반드시 [2단계 인증]을 설정해야 한다.

(2) 2단계 인증 설정하기

인스타그램 계정을 운영할 때 가장 중요한 것 중 하나는 보안이다. 안전한 운영을 위해 2단계 인증을 설정하는 것은 필수적이다. SNS 계정이 해킹당하면 브랜드 이미지에도 큰 타격을 줄 수 있으므로, 비밀번호 외에 추가 인증 수단을 등록해 보안을 강화할 수 있다.

해당 이미지는 2단계 인증을 설정하는 전체 흐름을 순서대로 보여준다.

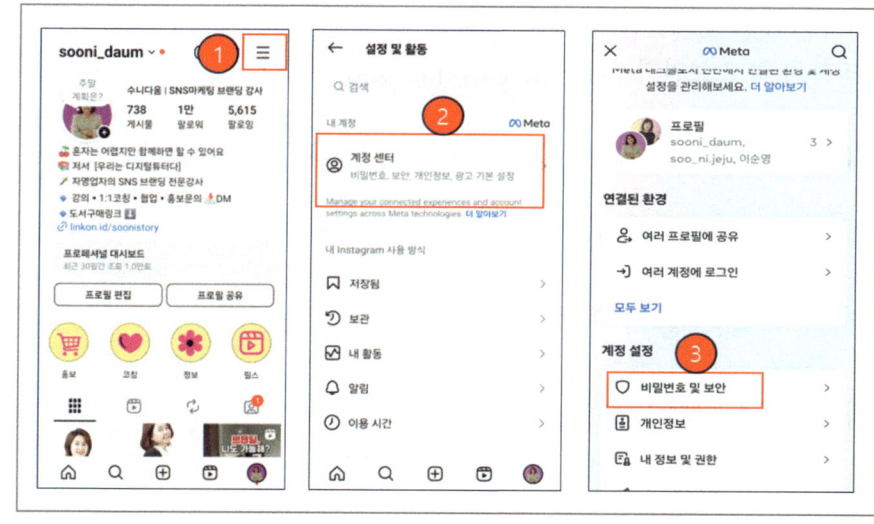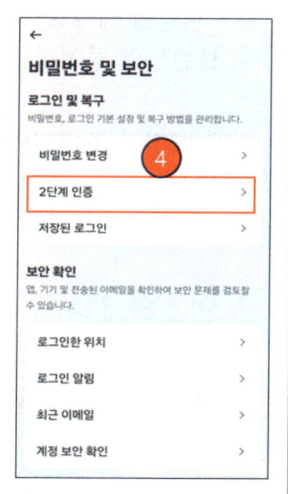

4장. 고객을 끌어당기는 프로필과 콘텐츠 만들기

1) 2단계 인증 설정 방법

① 설정 메뉴로 이동

프로필 상단의 [≡] 버튼을 클릭하고, [설정 및 활동]으로 들어간다.

② 계정 센터 선택

설정 화면에서 [계정 센터] 메뉴를 눌러 보안 관련 설정 항목으로 이동한다.

③ 비밀번호 및 보안 선택

[계정 설정] 목록에서 [비밀번호 및 보안] 항목을 클릭한다.

④ 2단계 인증 활성화

보안 설정 화면에서 [2단계 인증]을 선택하면, 추가 인증 수단을 등록할 수 있다. 인증 수단 등록은 SMS(문자 인증) 또는 인증 앱(Google Authenticator 등)을 선택해 설정한다.

2) 백업 코드 저장

2단계 인증을 설정한 후, 백업 코드가 생성되는데, 이는 휴대폰을 분실하거나 인증 앱을 사용할 수 없을 때 중요한 역할을 한다. 안전한 곳에 저장해 두는 것이 필수적이다.

인스타그램 계정을 개설하는 것은 브랜드를 키우는 첫걸음이다. 단순히 계정을 만드는 것이 아니라, 브랜드의 정체성을 명확히 하고 보안까지 철저히 준비하는 것이 중요하다.

이제 계정이 준비되었다면, 다음 단계에서는 콘텐츠를 기획하고 효과적으로 운영하는 방법을 알아보자.

2. 인스타그램 알고리즘, 제대로 알아야 활용한다

인스타그램 마케팅을 하면서 가장 많이 듣는 말이 있다.

"요즘 왜 이렇게 조회수가 안 나올까?"

"내 게시물은 왜 팔로워 피드에 잘 안 보이지?"

이런 고민의 원인은 대부분 알고리즘을 제대로 이해하지 못한 데서 출발한다. 아무리 좋은 콘텐츠도 알고리즘이 외면하면 고객의 눈에 띄지 않는다. 특히 인스타그램은 2025년 기준, 단순히 좋아요나 팔로워 수만 보고 노출을 결정하지 않는다. 인스타그램이 공식적으로 밝힌 핵심 알고리즘 요소는 다음과 같다.

(1) 알고리즘의 3가지 요소

① 시청 지속 시간 (Watch Time)

사용자가 내 콘텐츠를 얼마나 오래 보는지가 중요하다. 한두 초 만에 이탈하는 콘텐츠는 낮은 평가를 받는다. 반면, 끝까지 시청하거나 반복해서 보는 콘텐츠는 상위 노출된다. 즉, 콘텐츠의 '완성도'와 '몰입감'이 노출 순위에 직접적인 영향을 미친다.

② 클릭 대비 좋아요·저장·공유 비율 (Engagement Rate)

단순히 조회수만 많아서는 부족하다. 내 콘텐츠를 본 사람 중 얼마나 많은 비율이 '좋아요'를 누르고, 저장하거나, 공유했는지가 핵심이다. 조회수만 부풀리기보다, 보고 나서 반응하고 싶게 만드는 콘텐츠가 훨씬 유리하다.

③ 관계 기반 소통 지수 (Relationship Score)

팔로워와 얼마나 자주 소통하는지도 중요한 기준이다. 댓글에 얼마나 성실히 답변하는지, DM으로 얼마나 대화를 주고받는지, 스토리에 남긴 반응에 얼마나 즉각 응답하는지가 모두 평가된다. 인스타그램은 단순히 콘텐츠를 올리는 계정보다, 팔로워와 실제 관계가 깊은 계정일수록 더 많이 노출하는 방향으로 알고리즘을 강화했다.

알고리즘, 적이 아니라 내 편으로 만드는 법

많은 사람들이 알고리즘을 '넘기 힘든 장벽'처럼 여기지만, 사실 알고리즘은 고객과 나를 연결해주는 든든한 다리다. 알고리즘이 원하는 방향을 이해하고, 그 흐름에 맞는 콘텐츠를 꾸준히 제공하면 오히려 알고리즘이 내 계정을 더 많은 고객에게 소개해주는 강력한 지원군이 된다.

(2) 알고리즘이 좋아하는 콘텐츠 제작법

① 릴스 첫 3초 안에 후킹 멘트 삽입

예: "이 영상 저장 안 하면 후회할지도 몰라요!"

② 영상 중간마다 화면 전환과 자막으로 시선 유도

③ CTA(Call To Action) 문구 삽입

예: "친구랑 공유하고 댓글로 참여해보세요!"

④ 검색 키워드를 프로필, 캡션, 하이라이트 제목 등에 반영

⑤ 스토리텔링 + 속도감 있는 전개로 끝까지 보게 유도

⑥ 저장·공유·댓글을 유도하는 문구 포함

⑦ 댓글 및 DM으로 팔로워와 관계 유지

⑧ 주기적 업로드로 계정 활성화 및 알고리즘 학습 유지

알고리즘은 변해도, 좋은 콘텐츠의 본질은 변하지 않는다. 인스타그램의 알고리즘은 해마다 조금씩 바뀐다. 하지만 어떤 알고리즘에서도 변하지 않는 핵심 원칙이 있다.

'사람들이 진짜 보고 싶어하는 콘텐츠'
'정보·공감·재미가 담긴 콘텐츠'
'사람과 사람을 연결하는 콘텐츠'

이 세 가지만 기억하면, 어떤 변화가 와도 당황하지 않고 꾸준히 사랑받는 계정을 만들 수 있다. 결국, 알고리즘을 이기는 가장 확실한 방법은 고객의 마음을 이해하고, 고객이 원하는 정보와 이야기를 고객이 찾기 쉽게 만들어주는 것이다.

3. 첫인상으로 팔로워를 끌어들이는 프로필 전략

디지털 환경에서 브랜드의 첫인상은 [프로필]에서 결정된다. 오프라인 매장에서 간판, 인테리어, 매장 분위기가 첫인상을 좌우하듯, 온라인에서는 인스타그램 프로필이 그 역할을 한다.

방문자가 내 계정을 발견했을 때, 단 몇 초 만에 팔로우 여부를 결정한다. 3초 안에 팔로우할지 결정한다는 연구 결과도 있다. 이 짧은 순간 안에 브랜드의 정체성과 매력을 효과적으로 전달하는 것이 바로 프로필의 역할이다. 그만큼 프로필은 브랜드 아이덴티티를 명확하게 보여주는 공간이어야 한다.

브랜드 아이덴티티란?

아이덴티티(Identity)는 브랜드의 고유한 성격과 가치를 의미한다. 오프라인에서 간판과 인테리어가 첫인상을 결정하듯, 온라인에서는 프로필과 소개 문구가 브랜드의 첫인상을 만든다.

브랜드 아이덴티티 = 나만의 고유한 색깔

내가 전달하고 싶은 이미지와 메시지를 명확하게 표현하는 것이 중요하다. 프로필은 단순한 소개란이 아니다. 브랜드의 정체성을 한눈에 보여주고, 고객과의 첫 번째 커뮤니케이션이 시작되는 공간이다. 해당 이미지는 프로필의 주요 구성 요소를 번호로 정리한 화면이다.

(1) 프로필의 주요 구성 요소

① 사용자 이름 (계정명)

브랜드나 개인 정체성을 나타내는 이름으로, 검색 시 가장 먼저 노출된다. 일관성 있고 기억하기 쉬운 이름으로 설정하는 것이 좋다.

② 프로필 사진

브랜드의 첫인상을 좌우하는 요소로, 본인 얼굴이나 로고 등 신뢰감을 줄 수 있는 이미지를 사용한다. 프로필 사진 위에 표시되는 '메모' 기능은 상태 메시지를 간단히 표현할 수 있는 기능으로, 팔로워와의 소통 포인트로 활용할 수 있다.

③ 스토리

프로필 사진 주위에 컬러 테두리가 있다면 새 스토리가 업로드된 상태이다.

④ 프로필 소개 문구

간결하게 브랜드의 활동 분야, 역할, 전문성을 표현한다.
예: SNS마케팅 브랜딩 강사, 1:1 코칭 등

⑤ 자기소개 본문

브랜드의 메시지, 강점, 활동 분야를 상세히 설명한다. 줄바꿈, 이모지, 키워드 강조 등을 통해 가독성과 전달력을 높일 수 있다.

⑥ 외부 링크

링크인바이오 도구 등을 활용해 홈페이지, 블로그, 상품페이지 등으로 연결할 수 있다. 고객이 추가 정보를 확인하거나 액션을 취할 수 있도록 유도하는 핵심 통로이다.

⑦ 스토리 하이라이트

주제별 콘텐츠를 저장해두는 공간으로, 대표 콘텐츠를 시리즈 형태로 구성할 수 있다. 아이콘과 이름을 통일성 있게 디자인하면 브랜드 인지도가 향상된다.

⑧ 피드 (게시물)

브랜드의 제품, 후기, 일상 등을 시각적으로 전달하는 공간이다. 전체 톤앤무드(색감, 구성, 텍스트 스타일 등)가 브랜드 정체성을 표현하는 데 중요한 역할을 한다.

1) 사용자 이름

인스타그램에서 사용자 이름은 단순한 계정명이 아니라, 브랜드의 간판 역할을 한다. 팔로워뿐 아니라, 새로운 고객들이 검색할 때 가장 먼저 노출되는 중요한 정보이기 때문이다. 브랜드 계정을 운영한다면 특히 신중하게 설정해야 한다.

해당 이미지는 인스타그램에서 사용자 이름이 실제로 어떻게 표시되는지와, 프로필 편집 화면에서 이름을 어떻게 수정하는지 보여준다. 이 두 위치를 이해하면, 사용자 이름의 중요성과 변경 위치를 쉽게 파악할 수 있다.

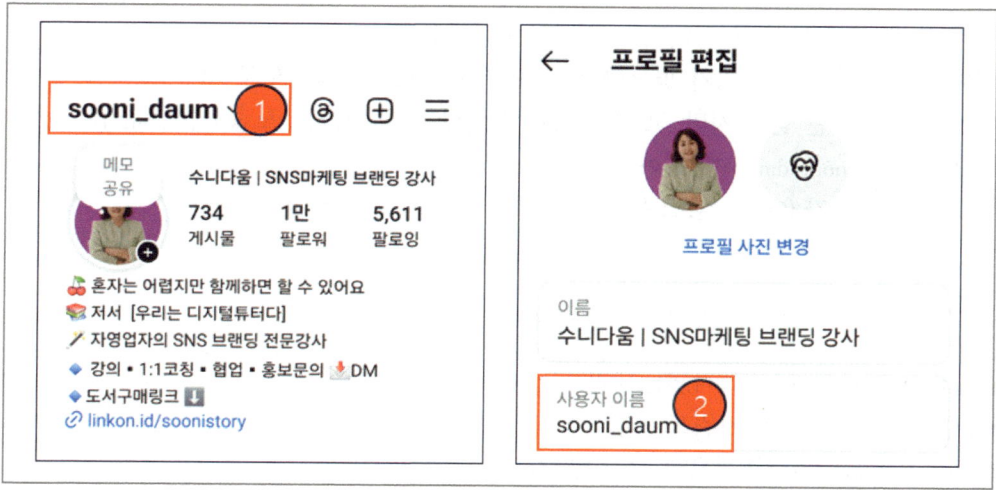

① 사용자 이름 (계정 상단)

사용자의 브랜드 아이덴티티를 대표하는 가장 눈에 띄는 요소로, 검색 결과에도 가장 먼저 노출된다.

② 사용자 이름 설정 위치 (프로필 편집 화면)

[프로필 편집] 메뉴를 통해 언제든지 사용자 이름을 수정할 수 있다. 브랜드에 맞는 이름으로 처음부터 전략적으로 구성하는 것이 좋다. 따라서 사용자 이름을 정할 때는 다음 원칙을 반드시 기억해야 한다.

브랜드명 또는 핵심 키워드 포함하기

단순한 닉네임보다는, 내 브랜드를 대표하는 단어와 고객이 검색할 법한 키워드를 조합해야 한다.
예) 수니다움 → sooni_daum / 제주카페 → jeju_cafe

기억하기 쉽고 부르기 좋은 이름으로 설정하기

- 사용자 이름은 브랜드명과 연관성 있게 구성해 쉽게 기억되고, 발음하기도 편해야 한다.
- 지나치게 길거나, 복잡한 조합은 피하는 것이 좋다.
- 특히 숫자와 특수문자를 남발하면 가독성도 떨어지고, 검색에도 불리하다.

인스타그램 사용자 이름 생성 규칙

- 영문, 숫자, 특수문자 중 언더바(_)와 점(.)만 사용 가능
- 띄어쓰기 불가 (띄어쓰기가 필요한 경우, 언더바(_) 또는 점(.)으로 구분)
- 대소문자 구분은 안 하지만, 표시될 때는 입력한 형태 그대로 노출 (예: sooni_Daum도 가능하지만, 검색에서는 sooni_daum과 동일하게 인식)
- 연속된 특수문자 (예: ___. 또는 ....)는 검색 노출에서 불리할 수 있음

좋은 사용자 이름 예시

○ sooni_daum (브랜드명+의미 있는 구분)
○ jeju_cafe (지역+업종 키워드 조합)
✘ sooni_daum1234 (불필요한 숫자 남발)
✘ sooni___daum (특수문자 과다 사용)

계정 이름은 곧 브랜드의 얼굴이다. 이처럼 고객이 기억하기 쉽고, 브랜드 정체성을 표현할 수 있도록 설정해야 한다. 그리고 무엇보다 중요한 점은, 계정을 여러 개 만들기보다 '하나의 대표 계정'에 집중하는 전략이다.

계정은 최소화하여 집중 관리

인스타그램은 최대 5개까지 계정을 생성할 수 있지만, 브랜드의 성장과 효율적 운영을 위해서는 대표 계정 하나에 집중하는 것이 가장 효과적이다. 유사한 계정을 여러 개 두면 팔로워 분산, 콘텐츠 관리 어려움, 브랜드 정체성 혼란까지 이어질 수 있다.

2) 프로필 사진

인스타그램 프로필 사진은 계정의 '첫인상'을 결정짓는 시각적 요소다. 개인 브랜드라면 본인의 얼굴을, 기업 계정이라면 로고나 대표 이미지를 사용한다. 깔끔하고 인상적인 이미지를 선택해야 한다. 브랜드 컬러와 조화를 이루는 사진이 좋다. 해당 이미지에서 실제 예시를 확인해 보자

① 개인 브랜드 계정이라면 본인의 얼굴이 드러나는 사진을 사용하는 것이 좋다.
예를 들어, [이미지 ①]은 강사 본인의 또렷한 얼굴과 밝은 배경으로 신뢰감을 전달하며, 브랜드 컬러와의 조화도 잘 이루어져 있다.

② 기업 브랜드 계정이라면 대표 로고나 상징적인 아이콘을 활용한다.
[이미지 ②]는 자동차 정비소 계정으로, 브랜드의 업종과 정체성을 잘 보여주는 로고가 사용되어 전문성을 강조하고 있다.

프로필 사진 설정 시 체크포인트

- 깔끔하고 인상적인 이미지일 것
- 브랜드 컬러와 조화를 이룰 것
- 너무 많은 요소가 담긴 복잡한 사진은 피할 것
- 인물이 들어간 경우, 얼굴이 잘 보이도록 중앙 배치할 것

3) 프로필 이름

인스타그램에서 프로필 이름은 단순한 소개 문구가 아니라, 검색 유입을 유도하는 핵심 정보이

다. 키워드를 활용하여 검색 최적화하기 위해서는 브랜드명과 함께 고객이 검색할 법한 단어를 함께 넣는 것이 좋다.

해당 이미지는 실제 계정의 프로필 이름 구성 예시이다. 브랜드명 + 핵심 키워드 조합으로 검색 노출 효과를 높이는 전략을 확인할 수 있다.

① 수니다움|SNS마케팅 브랜딩 강사
→ 브랜드명과 직업 키워드를 함께 넣어 전문성과 검색 효율을 높인다.

② 제주 장성카센터|자동차 관리·정비·수리 전문점
→ 지역명 + 업종 키워드로 로컬 검색 노출 강화

사람들이 어떤 단어를 검색해서 내 계정을 찾을까? 브랜드명뿐만 아니라 검색되는 키워드를 함께 활용하면 더 많은 유입을 얻을 수 있다.

검색 최적화를 위한 핵심 전략

- 프로필 이름에 브랜드명뿐 아니라 제품, 서비스, 업종 관련 키워드를 포함한다.
- 사용자들이 실제로 검색할 단어를 중심으로 구성해야 한다.
- 키워드 도구(예: 네이버 데이터랩, 블랙키위, 판다랭크 등)를 활용하면, 검색 유입 가능성이 높은 단어를 쉽게 찾을 수 있다.

아래는 업종별로 키워드를 활용해 검색 최적화를 적용한 프로필 이름의 예시이다.

예시: SNS 마케팅 강사 계정
검색 키워드: SNS 마케팅, 인스타그램 컨설팅, 온라인 강의
계정명 & 프로필 최적화: 수니다움 | SNS마케팅 브랜드 강사

예시: 제주 감귤 농장 계정
검색 키워드: 제주 감귤, 친환경 농산물, 신선한 과일
계정명 & 프로필 최적화: 제주감귤팜 | 신선한 감귤 직배송

예시: 자동차 정비 서비스 계정
검색 키워드: 자동차 정비, 제주 카센터, 수입차 경정비
계정명 & 프로필 최적화: 장성카센터 | 자동차 정비 전문

4) 브랜드 핵심 메시지를 한 줄로 표현하기

프로필 소개 문구는 방문자가 계정을 보고 단 몇 초 만에 팔로우할지 결정하는 핵심요소이다. 브랜드가 제공하는 가치와 핵심 메시지를 한 줄로 명확하게 전달해야 한다. 해당 이미지는 실제 인스타그램 계정의 프로필 소개 문구 사례이다. 사용자에게 어떤 메시지를 전달할지, 어떤 인상을 줄지 참고할 수 있다.

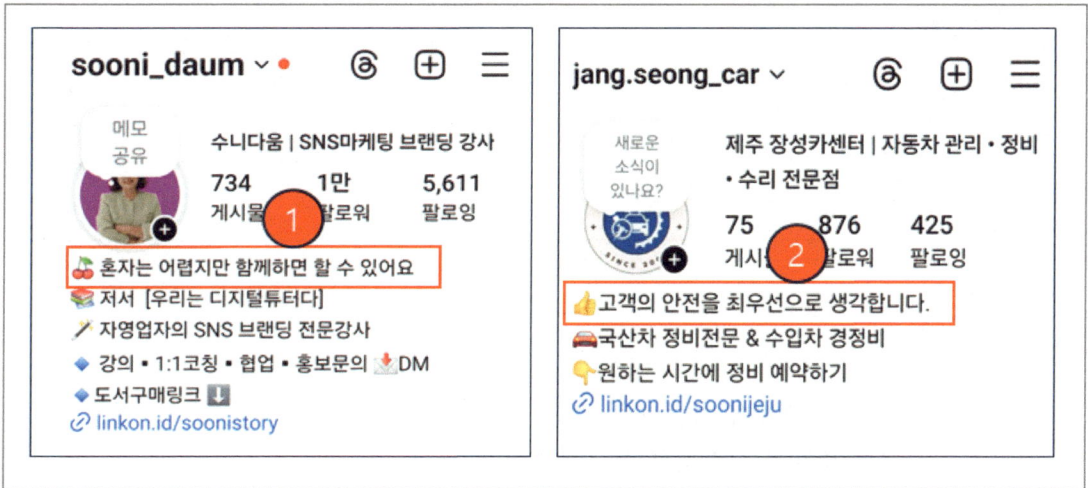

① 혼자는 어렵지만 함께하면 할 수 있어요
→ 고객과 함께 성장하고 싶다는 협업 중심의 브랜드 메시지 전달

② 고객의 안전을 최우선으로 생각합니다
→ 자동차 정비 서비스 브랜드로서 신뢰와 책임을 강조하는 문구

문구 예시
- SNS 마케팅 전문가 → 브랜드를 성장시키는 SNS 마케팅 전문가
- 핸드메이드 주얼리 브랜드 → 세상에서 단 하나뿐인 핸드메이드 주얼리

- 라이브커머스 전문가 → 라이브커머스로 매출을 2배로 만드는 방법 공개!

5) 가독성을 높이고 한눈에 들어오는 소개 문구

프로필 소개 문구는 너무 길면 가독성이 떨어지고, 핵심 메시지가 전달되지 않을 수 있다. 따라서 줄바꿈과 이모지, 구분 기호를 적절히 활용하여 짧고 명확하게 구성하는 것이 중요하다.

아래의 예시는 ① 수니다움 계정과 ② 장성카센터 계정의 소개 문구를 참고하여 구성할 때 어떤 요소를 담아야 하는지 감각적으로 이해할 수 있도록 돕는다.

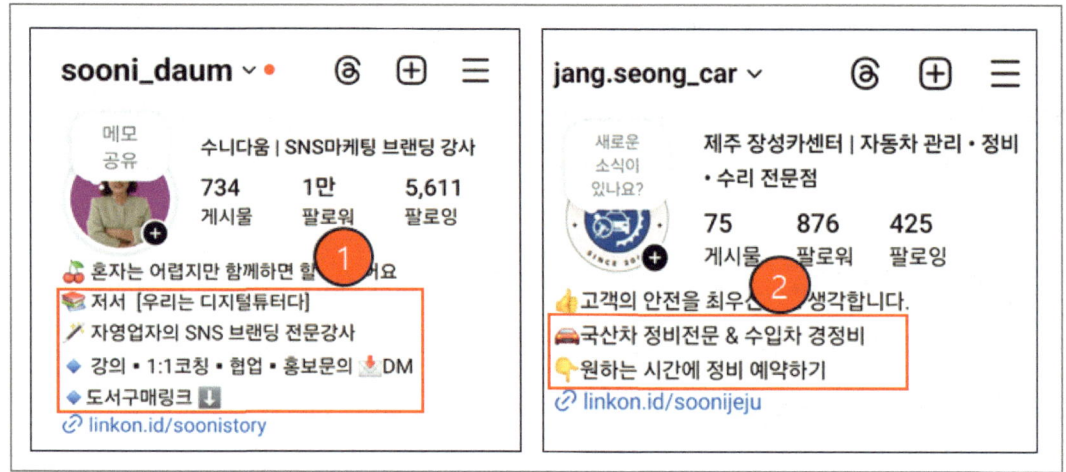

소개 문구 구성 팁

- 줄마다 한 문장으로 핵심을 전달한다.
- 이모지를 활용해 주제를 시각적으로 구분한다.
- 메시지를 구체적으로 작성한다.

한눈에 들어오는 구성은 사용자의 시선을 끌고, 계정의 전문성과 신뢰도를 높이는 데 매우 효과적이다. '누구에게 무엇을 제공하는지' '무엇이 특별한지' 가 명확하게 드러나도록 구성하는 것이 핵심입니다.

간결하면서도 효과적인 소개 문구 예시

📌 브랜드 브랜딩 컨설팅 | SNS 마케팅 전문가
🔶 명품 주얼리 전문 | 1:1 맞춤 디자인 제작

🎬유튜브 크리에이터 | 촬영 & 편집 강의 진행

6) 링크 활용하기

인스타그램 프로필에는 한 개의 링크만 삽입할 수 있기 때문에, 다양한 콘텐츠나 서비스를 연결하고 싶을 경우 멀티링크 서비스를 활용하는 것이 효과적이다.

멀티링크 서비스란?

여러 개의 링크(예: 블로그, 유튜브, 제품 페이지, 상담 신청서 등)를 하나의 페이지로 묶어주는 서비스이다. 대표적으로는 링크트리(Linktree), 링크인바이오(Link in Bio), 링크온(Linkon) 등이 있다.

활용 예시

- 제품 구매 페이지
- 강의 신청 링크
- 블로그 또는 유튜브 콘텐츠 연결
- 뉴스레터 구독 폼 등

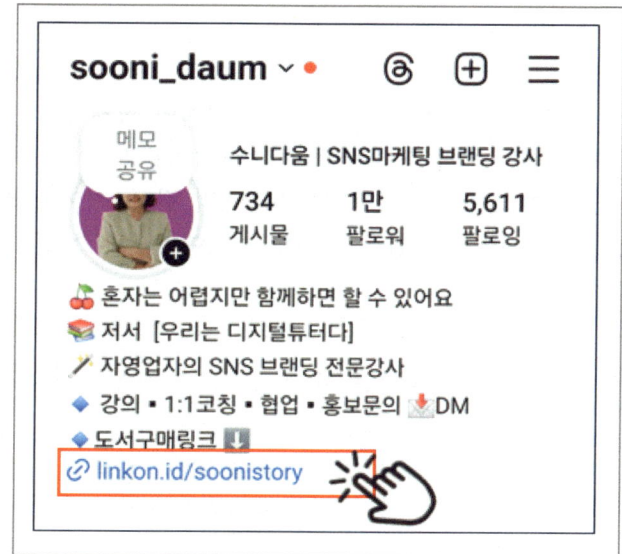

해당 이미지의 빨간 테두리 영역은 인스타그램 프로필에 삽입된 링크 영역을 보여준다. 이처럼 멀티링크를 활용하면 다양한 정보나 행동 유도(Call to Action)를 하나의 링크로 정리할 수 있어 방문자의 편의성과 전환률을 높이는 데 효과적이다.

인스타그램 프로필에는 외부 링크를 최대 5개까지 추가할 수 있지만, 실제로는 대부분 한 개만 노출되기 때문에 멀티링크 서비스를 활용하는 것이 훨씬 효율적이다. 멀티링크는 하나의 링크만으로도 여러 플랫폼, 콘텐츠, 예약 페이지, 블로그, 챗봇, 유튜브 등 다양한 경로로 고객을 연결할 수 있도록 도와준다. 특히 서비스 소개가 다양한 브랜드, 예약이나 상담이 필요한 비즈니스 계정에서 유용하게 활용된다.

[멀티링크 활용의 장점]

- 하나의 링크로 모든 채널 연결 가능
- 고객 행동 유도(CTA)를 명확하게 할 수 있음

- 관리와 업데이트가 쉬워 브랜드 운영에 효율적임

활용 예시

🔗 linkon.id/sooni_daum → 블로그, 강의, 제품 페이지 연결
🔗 linktr.ee/organic_beauty → 인스타그램, 네이버스토어, 유튜브 연결

[멀티 링크 서비스 추천]

Linktree (링크트리)
Linkon (링크온)
Taplink (탭링크)
InsPage (인스페이지)

이미지는 자동차 정비 브랜드 계정의 실제 멀티링크 활용 예시이다. ① 인스타그램 프로필 화면, ② 해당 링크를 클릭했을 때 보여지는 멀티링크 페이지이다. ② 빨간 테두리 영역은 고객이 클릭할 수 있는 각각의 버튼이며, 예약 링크, 카카오톡 채널, 블로그 등으로 자연스럽게 연결된다. 다양한 채널로 손쉽게 연결할 수 있어 비즈니스 홍보와 고객 접근성 모두 향상시킬 수 있다.

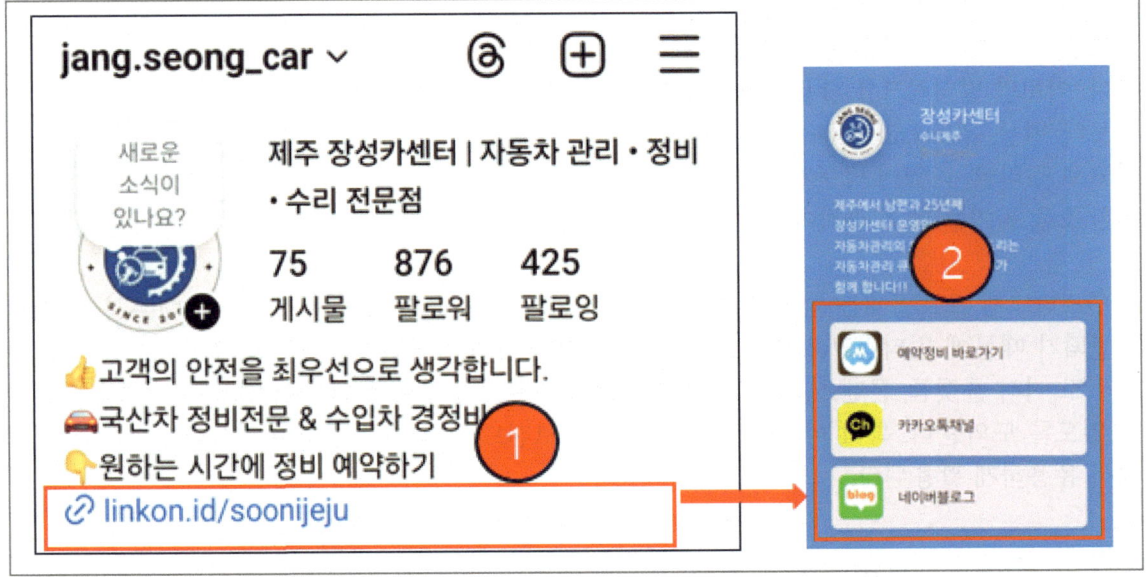

7) 하이라이트

하이라이트는 스토리에 올린 콘텐츠를 저장하고 정리해 보여주는 기능이다. 브랜드 계정에서는 제품 설명, 후기, Q&A, 이벤트 등 브랜드 핵심 정보를 고정된 메뉴처럼 보여줄 수 있는 강력한 도구다.

하이라이트 구성 방법

- 제품 정보 → 제품 소개
- 고객 후기 → 고객 리뷰
- 이벤트 → 프로모션
- 브랜드 이야기 → 브랜드 스토리
- 자주 묻는 질문 → Q&A

예시

⭕ 잘 정리된 하이라이트 예시
제품 소개 | 고객 리뷰 | 이벤트 | 브랜드 이야기

❌ 정리가 안 된 하이라이트 예시
음식 | 핫딜 | 의류 | 선물 | 강의 (연관성이 없음)

해당 이미지는 인스타그램 하이라이트 구성 예시를 보여준다. 하이라이트는 브랜드 계정의 핵심 정보를 주제별로 구분해 방문자가 빠르게 내용을 파악할 수 있도록 도와주는 기능이다. 운영 목적에 맞는 하이라이트 구성은 계정의 신뢰도를 높이고, 팔로우 전환율과 콘텐츠 접근성을 향상시키는 데 효과적이다.

8) 게시물 (피드)

게시물은 브랜드가 제공하는 가치와 제품을 시각적으로 전달하는 핵심 도구다. 고객이 프로필을 방문했을 때 피드가 일관성 있고 매력적으로 보이면, 팔로우로 이어질 확률이 높아진다.

좋은 피드의 조건

- 브랜드 컬러와 스타일이 유지될 것
- 제품, 후기, 이벤트 등 다양한 콘텐츠가 적절히 조합될 것
- 스토리텔링 요소를 포함할 것

해당 이미지 안의 숫자 ①~④는 각각 전체 피드, 릴스, 멘션, 태그된 콘텐츠 탭을 의미한다. 피드는 브랜드의 전반적 정체성을 보여주는 공간이며, 다양한 콘텐츠 유형을 전략적으로 배치할 수 있다.

① 전체 게시물 탭

피드(일반 게시물 중심)로 구성된 보기 탭이다. 브랜드의 전반적인 콘텐츠 흐름과 시각적 통일성을 보여줄 수 있는 공간이다.

② 릴스 탭

숏폼 영상 중심의 콘텐츠만 모아볼 수 있는 탭이다. 고객과의 즉각적인 소통, 제품 소개, 후기 등을 릴스 형태로 운영할 수 있다.

③ 리포스트 탭

인스타그램의 새로운 기능인 리포스트 탭은 사용자가 다른 계정의 게시물을 자신의 프로필에 공유할 수 있도록 도와주는 기능이다. 이 기능을 통해 사용자는 관심 있는 콘텐츠를 자신의 프로필에 모아둘 수 있으며, 이는 팔로워들과의 소통을 강화하고 브랜드의 신뢰도를 높이는 데 기여한다.

④ 태그된 콘텐츠 탭

다른 사용자가 나를 사람 태그(@언급) 한 콘텐츠가 표시되는 공간이다. 브랜드 후기, 고객 인증샷, 협업 콘텐츠 등 외부 노출을 높이는 데 유용하다.

프로필 최적화는 브랜드의 첫인상을 결정한다

SNS에서 성공하려면, 브랜드의 첫인상을 결정하는 프로필을 전략적으로 설계해야 한다. 단순한 정보 나열이 아니라, 방문자가 계정을 팔로우하고 싶도록 만들기 위한 최적화 과정이 필요하다.

SNS 프로필 최적화를 위한 핵심 체크리스트

- 사용자 이름(아이디)은 브랜드를 쉽게 기억할 수 있도록 설정하기
- 프로필 사진은 브랜드의 얼굴이므로 신뢰감을 줄 수 있도록 선택하기
- 소개 문구는 짧고 명확하게 브랜드의 가치를 전달할 것
- 하이라이트를 활용해 브랜드의 주요 정보를 정리할 것
- 게시물 피드는 일관성 있고 시각적으로 매력적인 구성을 유지할 것
- 링크를 활용해 브랜드의 외부 사이트로 쉽게 연결할 수 있도록 만들 것

4. 고객이 반응하는 콘텐츠 제작 전략

온라인에서 나만의 브랜드를 구축하는 과정은 단순한 SNS 활동이 아니다. 브랜드의 색깔을 설정하고, 타깃 고객을 분석하며, 효과적인 콘텐츠 전략을 실행하는 과정이다. SNS라는 공간에서 사람들에게 강렬한 첫인상을 남기고, 지속적으로 기억되기 위해서는 단순한 홍보를 넘어 [나만의 색깔]을 입혀야 한다.

(1) 좋은 콘텐츠의 4가지 핵심 요소

SNS에서 성공하는 브랜드는 단순히 제품을 홍보하지 않는다. 그들은 [스토리]를 만들고, [고객과 공감]하며, [자신만의 색깔]을 입힌다.

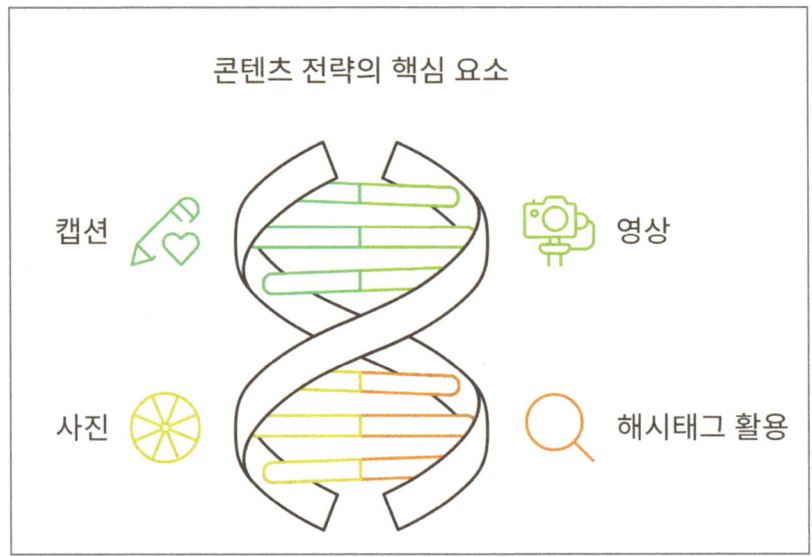

1) 캡션 (설명글) – 감성을 자극하거나 정보가 담긴 글로 고객의 공감을 끌어낸다.
2) 영상 (릴스 & 동영상) – 짧지만 강렬한 메시지를 담아 브랜드의 분위기를 전달한다.
3) 사진 (비주얼 콘텐츠) – 브랜드의 색감을 통일감 있게 유지하는 것이 중요하다.
4) 해시태그 활용 – 타깃 고객이 내 계정을 찾을 수 있도록 관련 키워드를 포함한다.

이 4가지 요소를 효과적으로 활용하면 팔로워들의 관심을 끌어 자연스럽게 브랜드의 팬층을 형성할 수 있다.

1) 캡션(설명글)

단순한 제품 설명보다 중요한 것은 고객의 마음을 움직이는 글쓰기이다. 공감할 수 있는 이야기와 신뢰를 쌓을 수 있는 메시지가 담긴 글은 브랜드의 색깔을 더욱 선명하게 만들어준다. 아래는 실제 이미지 속 번호에 따라 확인할 수 있는 7가지 캡션 전략이다.

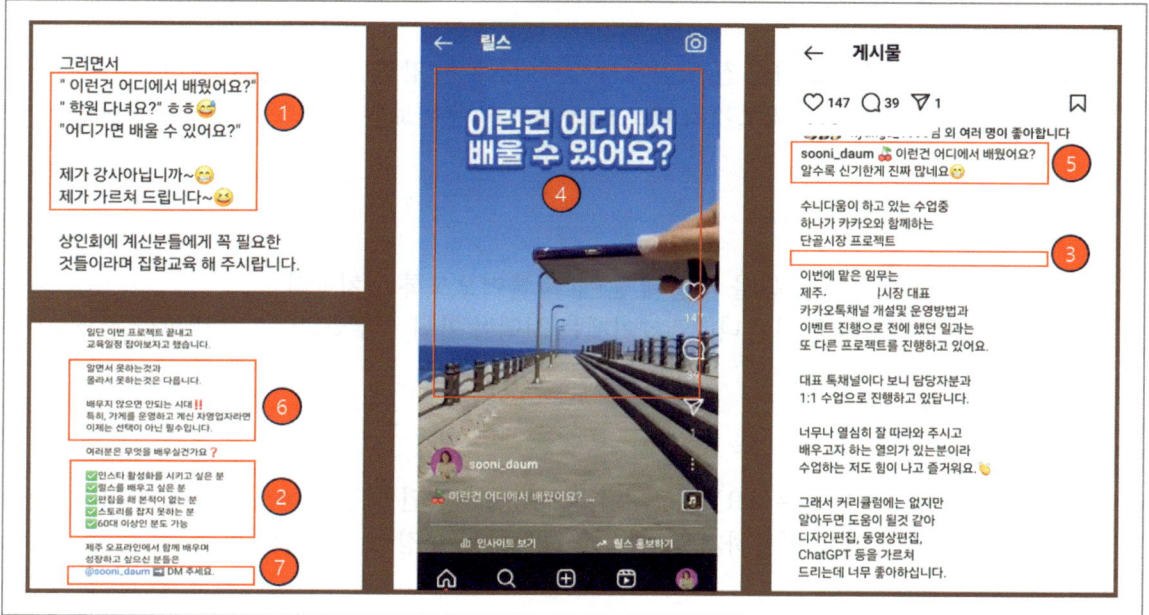

① 차별화된 콘텐츠 구성

- 대화체 표현(예: "이런 건 어디서 배웠어요?")과 이모지(●, ●등) 사용으로 친근한 분위기를 만든다.
- 유머와 진심을 섞어 브랜드만의 개성을 표현한다.

② 명확한 타깃 설정

- "릴스를 배우고 싶은 분", "60대 이상인 분도 가능" 등으로 콘텐츠 대상이 분명하다.
- 타깃 고객이 '이건 나한테 필요한 정보야'라고 느끼게 한다.

③ 감성과 본질을 담은 메시지

- "배우지 않으면 안 되는 시대!!"처럼 현재 상황의 절박함을 강조하고, 공감을 유도한다.

④ 카피라이팅 활용

– 릴스 화면 속 문구 "이런 건 어디에서 배울 수 있어요?"처럼 짧고 강렬한 문장으로 시선을 끌어준다.

⑤ 첫 두 줄을 후킹 문장으로 작성

– 실제 캡션 시작 문장 "🍒이런 건 어디에서 배웠어요?"는 강한 후킹 역할을 한다.
– 인스타그램은 첫 2줄만 미리보기에 나오므로 반드시 흥미로운 문장으로 시작해야 한다.

⑥ 가독성 있게 구성하기

– 줄바꿈, 이모지, 강조표시 등을 활용해 눈에 잘 들어오도록 배치한다.
– 예: "몰라서 못하는 것은 다릅니다." / "이제는 선택이 아닌 필수입니다." → 명확한 전달

⑦ 콜투액션(CTA) 삽입

– "@sooni_daum → DM 주세요" 문구처럼 독자가 실질적인 행동을 하도록 유도한다.
– 링크 클릭, 댓글 남기기, 공유하기 등 행동을 요청하는 문장이 중요하다.

2) 영상 (릴스 & 동영상)

영상은 브랜드의 분위기와 메시지를 짧은 시간 안에 강렬하게 전달할 수 있는 콘텐츠 형식이다. 특히 인스타그램의 릴스(Reels) 기능은 15~30초 이내의 숏폼 콘텐츠를 통해 신규 고객 유입과 브랜드 인지도 확산에 큰 효과를 발휘한다. 영상은 단순히 보여주는 것을 넘어서 브랜드의 첫인상을 각인시키는 도구가 되어야 한다.

릴스 콘텐츠를 제작할 때 기억해야 할 핵심 전략

① 첫 3초 안에 후킹문구를 넣는다

릴스는 사용자가 스크롤을 멈추고 영상을 끝까지 볼지 결정하는 데 걸리는 시간이 채 3초도 되지 않는다. 따라서 영상 시작 부분에 시선을 끌 수 있는 한 줄 문장을 넣어야 한다. 이러한 문장을 후킹문구(hooking phrase)라고 한다. 후킹문구는 콘텐츠의 핵심을 압축해서 전달하며, 고객이 계속 보도록 유도하는 역할을 한다.

예시
- 이 영상, 저장 안 하면 후회할지도 모른다.

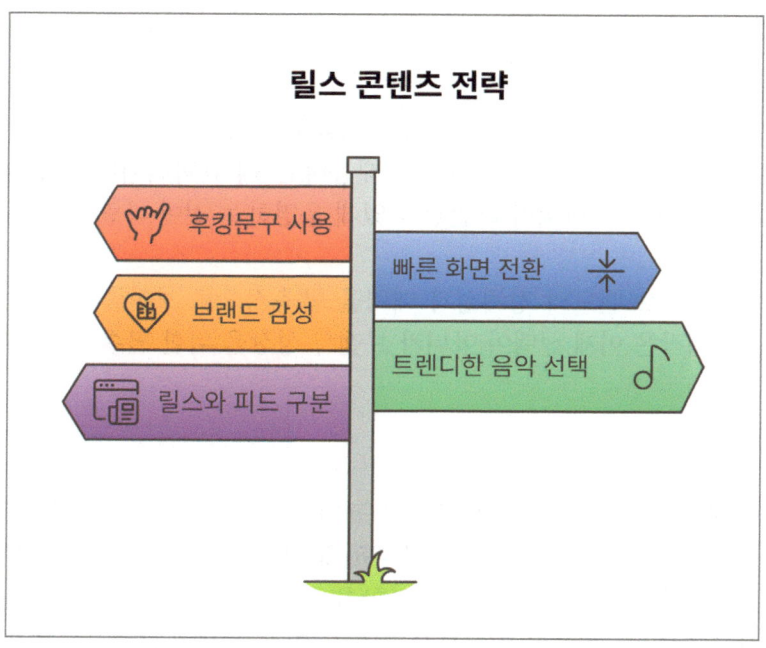

- SNS 매출이 3배 늘어난 이유가 궁금하다면?
- 몰라서 못하는 게 아니라, 안 배워서 못하는 겁니다.

② 빠른 화면 전환과 자막으로 집중도를 높인다

짧은 영상일수록 지루함을 느끼지 않게 편집하는 것이 중요하다. 컷 편집, 강조 자막, 텍스트 애니메이션 등을 활용해 흐름을 빠르게 구성한다. 긴 설명보다는 보여주는 장면 위주로 구성하고, 핵심 메시지는 간결한 자막으로 처리한다.

③ 브랜드 감성을 담아낸다

영상은 브랜드의 말투, 감성, 가치관이 드러나는 통로가 되어야 한다. 따뜻한 브랜드라면 잔잔한 음악과 감성 자막을, 활기찬 브랜드라면 빠른 템포와 생동감 있는 편집으로 연출한다.

브랜드가 전달하고자 하는 '느낌'을 시청자가 직관적으로 느낄 수 있어야 한다.

④ 트렌디한 배경음악을 선택한다

인스타그램의 추천 오디오나 인기 상승 중인 음악을 활용하면 노출률이 높아진다. 음악은 분위기를 살리는 요소이자, 영상 전체의 완성도를 높이는 보조 장치가 된다.

⑤ 릴스와 피드 영상을 구분해 운영한다

릴스는 팔로워가 아닌 사용자에게도 콘텐츠를 노출하는 유입 창구 역할을 한다. 반면 피드 영상은 기존 팔로워와의 관계를 유지하고 정보를 제공하는 데 효과적이다. 같은 주제라도 릴스는 짧고 임팩트 있게, 피드 영상은 상세하고 안정감 있게 운영하는 것이 바람직하다.

영상 콘텐츠는 짧지만 브랜드의 정체성과 매력을 함축적으로 보여줄 수 있는 핵심 콘텐츠다. 릴스를 활용한 영상 제작은 이제 선택이 아니라 브랜드 성장을 위한 필수 전략이다.

3) 사진 콘텐츠

사진은 인스타그램에서 브랜드를 시각적으로 표현하는 가장 기본적이면서도 강력한 도구이다. 팔로워가 계정을 방문했을 때 가장 먼저 마주하게 되는 콘텐츠가 바로 사진이며, 그 한 장 한 장이 브랜드의 분위기와 정체성을 드러내는 역할을 한다. 특히 최근 인스타그램은 피드 썸네일 정렬을 1:1 정사각형에서 4:5 세로형 중심으로 변화시켰다. 이러한 업데이트는 브랜드가 더 큰 화면을 활용해 메시지를 효과적으로 전달할 수 있는 기회를 제공한다.

단순한 상품 사진만으로는 눈길을 끌기 어려운 시대다. 사진 콘텐츠를 통해 브랜드의 시각적 정체성을 표현하고, 감성적 연결을 만드는 것이 핵심 전략이다.

사진 콘텐츠 운영 전략

① 컬러 톤과 분위기를 통일한다

사진의 색감, 조명, 필터가 전체 피드에서 일관되면 브랜드의 신뢰도와 감도(감각적 완성도)가 높아진다. 반복되는 색상이나 편집 스타일은 브랜드 고유의 비주얼 언어가 되어 팔로워에게 각인된다.

② 제품 중심보다는 활용 장면을 담는다

제품을 단독으로 촬영하는 대신, 일상 속에서 활용되는 장면이나 고객 경험 중심의 이미지가 더 많은 공감을 이끌어낸다. 예를 들어, 핸드메이드 가방을 보여줄 때 단순한 제품 컷보다 착용컷이나 자연스러운 생활 속 모습을 담는 것이 효과적이다.

③ 세로형 구도(4:5 비율)를 적극 활용한다

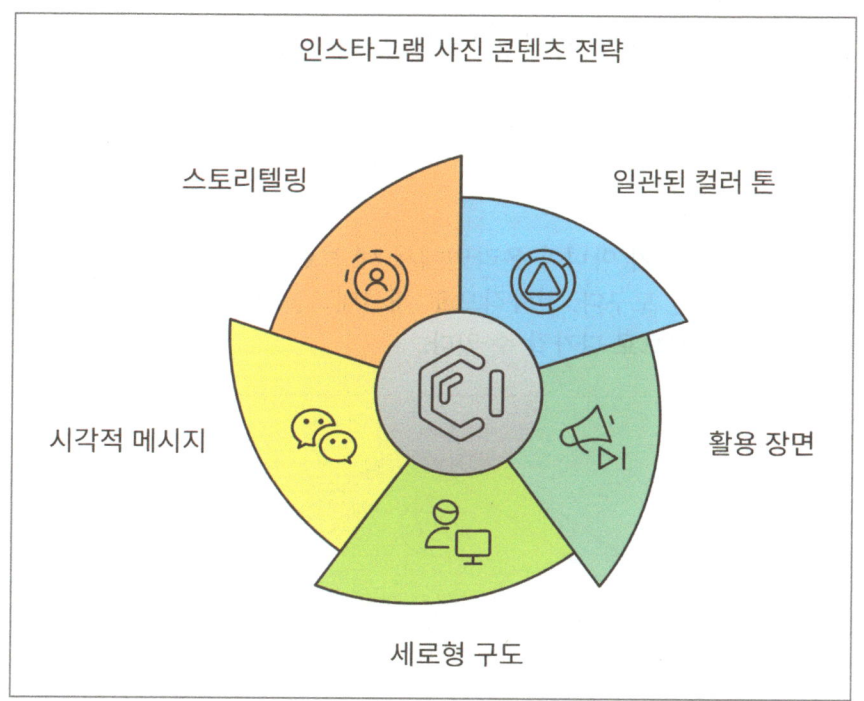

　인스타그램 피드는 현재 세로형 콘텐츠에 유리하게 구성되어 있다. 세로형 이미지는 화면을 꽉 채워 시선을 끌기 좋으며, 리치(노출) 면에서도 강점을 가진다. 사진을 촬영하거나 편집할 때는 이 점을 고려해 프레임 중심 정렬로 구성하는 것이 좋다.

④ 텍스트는 최소화하고 메시지는 시각적으로 전달한다

　사진 위에 많은 정보를 담기보다는 핵심 메시지만 간결하게 전달한다. 시선을 끌 수 있는 한두 줄 문장, 브랜드 폰트, 대비 있는 색감 등을 통해 정보를 강조하며 전체적인 미감과 가독성의 균형을 유지해야 한다.

⑤ 사진에 스토리를 담는다

　좋은 사진은 단순히 예쁜 이미지가 아니라, 이야기를 전하는 장면이어야 한다. 계절감, 고객 후기, 브랜드 철학, 제작 과정 등 사람의 감정을 움직이는 장면을 구성해 콘텐츠를 만들면, 브랜드와의 감정적 연결이 더 깊어질 수 있다.

　사진 콘텐츠는 브랜드를 가장 직관적으로 보여주는 수단이다. 단순히 제품을 보여주는 것이 아니라, 감도 있는 이미지 구성과 스토리텔링, 그리고 일관된 시각 언어를 통해 브랜드의 정체성을 확립해야 한다.

팔로워가 피드를 보고 브랜드의 톤, 감성, 가치를 단번에 인식할 수 있도록, 사진 한 장에도 전략과 메시지를 담아야 한다.

4) 해시태그 활용

해시태그는 단순한 키워드가 아니라 온라인에서 내 브랜드를 찾을 수 있도록 돕는 길잡이이자, 고객과 소통하는 중요한 도구다. 전략적으로 해시태그를 활용하면 브랜드의 가시성을 높이고, 잠재 고객에게 더 효과적으로 다가갈 수 있다.

해시태그는 검색 필터의 역할을 한다. 인스타그램에서 사용자가 특정 키워드를 검색하면, 관련 게시물이 검색 결과에 노출된다. 적절한 해시태그를 사용하면 검색 상위에 게시물이 노출되어 내 계정으로의 유입이 증가한다. 최근 사용자들은 정보를 찾을 때 구글이나 네이버보다 인스타그램을 더 많이 활용하고 있으며, 특히 Z세대와 MZ세대는 해시태그 검색을 통해 제품과 브랜드를 탐색하는 경향이 높다.

① 해시태그의 주요 기능

검색 최적화(SEO) 효과 – 인기 해시태그를 전략적으로 사용하면 브랜드 노출이 증가한다.
콘텐츠 카테고리 분류 – 제품, 서비스, 이벤트 등에 맞춰 관련 태그를 설정하면 관련성이 높아진다.
타깃 고객 유입 – 특정 관심사에 맞는 해시태그를 사용하면, 관련 관심사를 가진 고객들이 자연스럽게 유입된다.

② 해시태그, 제대로 활용하는 방법

해시태그를 효과적으로 사용하려면 내 브랜드와 관련된 키워드를 분석하고 전략적으로 선택해야 한다. 최근 인스타그램 알고리즘은 해시태그 남용을 방지하고 있으며, 관련성 높은 해시태그 사용을 권장하고 있다.

최적의 해시태그 선정 전략

지역 기반 해시태그 – 지역 고객 유입을 유도할 때 사용
(예: #제주핸드메이드 #서울카페추천 #부산맛집)

트렌드 해시태그 – 현재 인기 있는 키워드를 반영해 더 많은 노출 확보
(예: #미니멀라이프 #홈카페 #감성사진)

관심사 기반 해시태그 – 브랜드와 관련된 관심사를 기반으로 한 해시태그
(예: #뷰티팁 #다이어트챌린지 #여행스타그램)

제품 및 서비스 해시태그 – 브랜드에서 제공하는 상품 및 서비스와 관련된 태그
(예: #핸드메이드귀걸이 #친환경세제 #빈티지소품)

고유 브랜드 해시태그 – 브랜드 정체성을 담아 고객이 지속적으로 찾을 수 있도록 함
(예: #수니다움 #내브랜드이름)

③ 해시태그, 제대로 활용하지 않으면 효과 없다

무작정 인기 해시태그를 사용하는 것은 효과적이지 않다. 최신 인스타그램 알고리즘은 해시태그의 관련성을 더 중요하게 평가한다. 게시물과 관련 없는 해시태그를 사용하면 검색 노출에 불이익을 받을 가능성이 있다.

✖잘못된 해시태그 사용 사례

너무 일반적인 해시태그 사용
(#인스타그램 #좋아요반사) → 너무 많은 게시물에 묻혀 효과가 떨어진다.

게시물과 관련 없는 해시태그 사용
(#여행스타그램 태그를 붙였는데 제품 광고 게시물) → 알고리즘에서 부정적으로 평가된다.

해시태그를 과하게 사용
(한 게시물에 30개 이상 사용) → 스팸으로 간주될 가능성이 있다.

해시태그 최적화 팁

- 게시물당 5~15개의 해시태그를 적절하게 배치한다.
- 팔로워 타깃이 자주 검색하는 해시태그 분석 후 활용한다.
- 브랜드 고유 해시태그(#수니다움)를 만들어 지속적으로 활용한다.
- 캡션과 첫 번째 댓글에 적절히 분배하여 사용한다.

④ 해시태그와 함께 꾸준한 소통이 중요하다

해시태그는 고객 유입의 역할을 하지만, 충성도 높은 고객을 만들기 위해서는 지속적인 소통이 필수적이다. 단순히 해시태그를 추가하는 것만으로는 계정 성장에 한계가 있으며, 팔로워와 적극적으로 교류해야 한다. 특히, 인스타그램은 소셜 네트워크이기 때문에 댓글, 좋아요, 공유 등 적극적인 상호작용이 중요하다.

팔로워와의 소통 전략

큰 계정(인플루언서)의 팔로워들이 어떤 게시물에 반응하는지 분석하고 그들에게 자연스럽게 다가간다. 팔로워들의 댓글에 빠르게 반응하며 적극적으로 소통한다. DM(다이렉트 메시지) 또는 댓글을 통해 친밀감을 쌓는다. 팔로워들이 참여할 수 있는 이벤트나 챌린지 진행한다 (#공유이벤트 #댓글이벤트).

해시태그는 단순한 키워드가 아니라, 고객이 나를 찾을 수 있도록 돕는 도구이자 브랜드를 성장시키는 필수적인 전략이다. 해시태그를 효과적으로 활용하고, 꾸준한 소통과 브랜드 스토리를 함께 전달하면 팔로워를 충성도 높은 고객으로 전환할 수 있다. 특히, 최신 인스타그램 알고리즘에 맞춰 관련성 높은 해시태그를 사용하고, 스팸 해시태그 사용을 피하는 것이 중요하다.

SNS에서 성공하는 핵심은 지속적인 노력과 진정성 있는 관계 형성이다. 전략적인 해시태그 활용으로 브랜드 인지도를 높이고, 실질적인 고객을 확보해 보자.

(2) 팔로워와 신뢰를 쌓는 방법

SNS에서 오래도록 기억되는 브랜드는 단순한 정보 제공을 넘어, 사람들과 진정한 소통을 나눈다. 특히 인스타그램에서는 '인친(인스타 친구)'들과의 관계 형성이 매우 중요하다.

고객은 브랜드의 콘텐츠보다, 진심이 느껴지는 사람과의 연결을 더 오래 기억한 팔로워와의 관계는 단순한 팔로우 수 이상의 가치를 지니며, 진심이 담긴 대화와 경험이 브랜드 충성도로 이어진다.

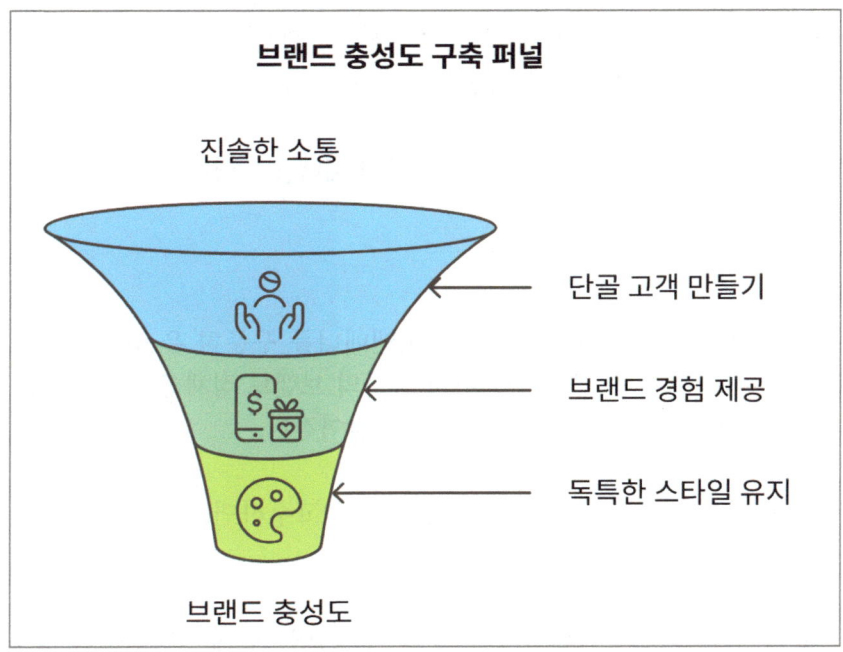

① 진솔한 소통을 하라

댓글과 DM을 적극적으로 활용해 고객과 꾸준히 대화해야 한다. 작은 응답 하나라도 성의 있게 대응하면, 고객은 브랜드에 대한 신뢰와 호감을 갖게 된다. 이러한 일상적인 소통이 결국 장기적인 충성도와 재구매로 연결된다.

예: "좋은 정보 감사합니다"라는 댓글에 "함께 공감해 주셔서 저도 힘이 납니다 ●"라는 답글은 브랜드의 인간적인 면을 보여준다.

② 단골 고객을 만들어라

꾸준한 피드 업데이트, 정기적인 이벤트, 구독형 콘텐츠 제공 등으로 지속적인 접점을 유지해야 한다. '단골'은 브랜드의 반복 고객이자, 자발적인 홍보자 역할까지 수행한다. 소소한 리워드나 이름 불러주기와 같은 관계 강화 전략도 효과적이다.

예: "단골 고객님 덕분에 늘 힘이 됩니다. 이번엔 작은 선물도 함께 보내드릴게요!"

③ 나의 브랜드를 경험하게 하라

무료 체험, 리뷰 요청, 체험단 모집 등을 통해 고객이 브랜드를 직접 경험할 수 있게 해야 한다. 고객이 나의 제품이나 서비스를 직접 사용해보고 남기는 생생한 후기는 그 자체로 가장 강력한 콘텐츠가 된다. 또한, 후기를 콘텐츠로 재가공하면 또 다른 유입을 유도할 수 있다.

예: "리뷰를 올려주신 고객님께는 다음 주문 시 할인 혜택을 드립니다!"

④ 나만의 스타일을 유지하라

트렌드를 무조건 따르기보다, 내 브랜드만의 톤앤매너를 꾸준히 유지하는 것이 중요하다. 말투, 색감, 피드 구성, 이모지 사용, 음악 선택까지 하나의 브랜드 정체성을 반영하는 요소다. 고객은 일관된 스타일을 통해 브랜드를 기억하고, 신뢰를 쌓아간다.

예: 늘 같은 톤의 따뜻한 문장과 핑크 계열의 피드를 고수하면, '브랜드의 색'을 각인시킬 수 있다.

좋은 콘텐츠와 꾸준한 소통이 이루어지면, 브랜드는 자연스럽게 성장하고 충성도 높은 팔로워들이 형성된다. 브랜드의 색깔을 만들고 고객과 소통하는 과정은 단순한 홍보 활동이 아니다. 자신만의 개성을 살리고, 고객이 공감할 수 있는 이야기를 만들어야 한다.

인스타그램이라는 공간에서 나만의 색깔이 담긴 계정을 구축하는 것은 하나의 예술과도 같다. 단기적인 성과를 목표로 하기보다는, 브랜드를 오래도록 기억에 남게 할 수 있도록 꾸준히 노력하는 것이 중요하다.

(3) 공감을 이끌어내는 글쓰기 방법

SNS에서 성공적인 브랜딩을 위해서는 단순한 정보 전달을 넘어, 고객의 감정을 움직이는 글쓰기 능력이 필수적이다. 강력한 시각적 요소도 중요하지만, 결국 사람들은 "이야기"에 공감하고 "진심"에 반응한다. 인스타그램에서의 글쓰기 역시 이러한 요소를 반영해야 한다.

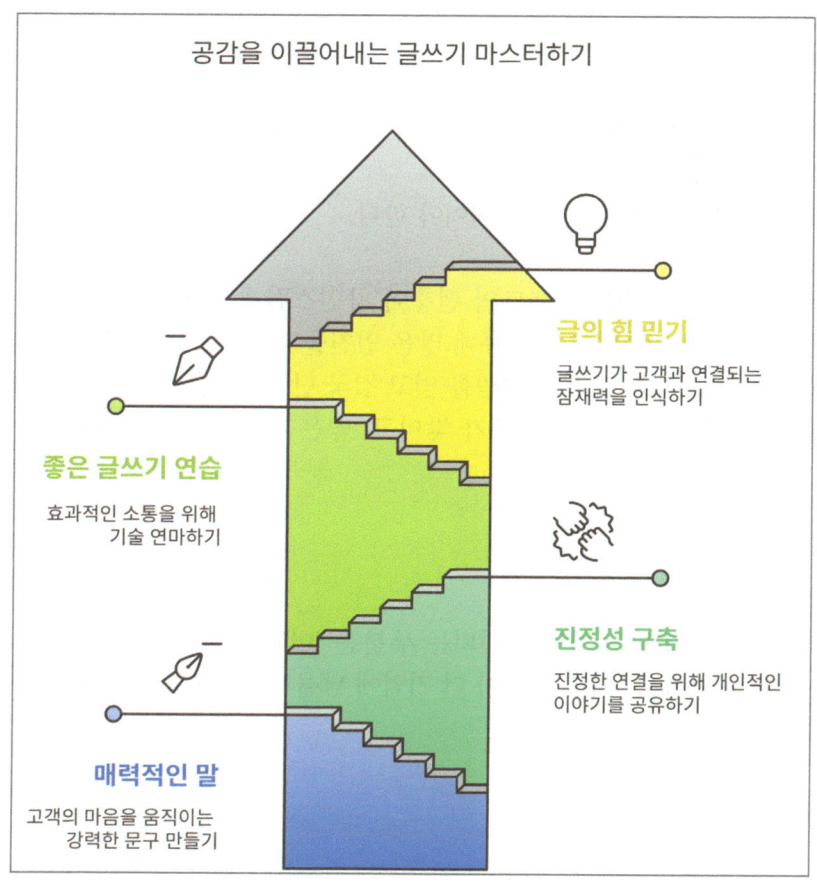

① 매력적인 말이 고객의 마음을 움직인다

우리는 종종 이런 질문을 던진다. "말의 힘으로 사람의 마음을 움직일 수 있을까?"

정답은 단연 "그렇다"이다. 말과 글은 강력한 힘을 가지고 있으며, 한 문장이 누군가의 감정을 변화시키고 행동을 유도할 수 있다.

인스타그램에서의 글쓰기는 단순한 정보 나열이 아니라, 사람들과의 연결고리를 형성하는 과정이다. 단 한 줄의 문장만으로도 상대에게 신뢰를 주고, 브랜드의 개성을 드러내며, 제품을 구매하고 싶게 만들 수 있다.

② 진정성이 글에 묻어나야 한다

SNS에서 형성되는 관계는 단순한 팔로워 수를 넘어선다. 흔히 인스타그램에서 만난 친구를 '인친'이라고 부르는데, 단순한 인맥이 아니라 "진짜 친구"가 될 수도 있다.

그들에게 신뢰를 얻으려면 어떻게 해야 할까?

- 솔직한 이야기를 담아야 한다.
- 경험과 감정을 공유해야 한다.
- 고객의 고민을 해결해 줄 수 있는 글이어야 한다.

이러한 요소들이 잘 조화되면, 브랜드의 팬층이 자연스럽게 형성되고, 구매로 이어지는 선순환이 만들어진다. 나 역시 인스타그램을 통해 많은 인친들과 관계를 맺고 있다. 단순한 홍보를 넘어서, 진심이 담긴 제품 소개는 고객의 신뢰를 얻고 결국 단골 고객으로 연결된다. 나도 직접 인친들의 제품을 구매하면서 자연스럽게 신뢰가 쌓이고, 좋은 제품을 다시 소개하는 선순환이 이루어졌다.

③ 좋은 글은 고민과 연습에서 나온다

매일 피드를 업로드 하면서도 가장 고민되는 부분은 "어떤 글을 써야 할까?"이다. 어떤 단어를 선택해야 고객이 더 공감할까? 어떤 표현이 더 기억에 남을까? 이런 고민을 반복하면서 글쓰기 능력은 점점 향상된다.

좋은 SNS 글쓰기의 핵심 요소

- 짧지만 강렬한 첫 문장
→ 처음 2줄이 가장 중요하다.
→ 이 문장에 따라 고객이 게시물을 끝까지 볼지 결정된다.

- 스토리텔링 기법 활용
→ 단순한 홍보가 아니라, 고객이 공감할 수 있는 이야기를 담는다.

- 감성적인 표현 추가
→ 정보 전달도 중요하지만, 고객의 감정을 움직이는 정서적 메시지가 필요하다.

- 행동을 유도하는 문구 삽입 (CTA)
→ "이 제품, 여러분은 어떻게 생각하세요?" 같은 질문형 문장을 활용하면 댓글 참여율이 높아진다.

- 해시태그와 이모지 활용
→ 시각적 효과를 더하고, 가독성과 검색 노출을 높인다.

이러한 요소들을 잘 조합하면, 단순한 홍보 게시물이 아니라 사람들과 소통하는 따뜻한 공간을 만들 수 있다.

④ 글의 힘을 믿어라!

말과 글은 브랜드의 개성을 보여주고, 사람들의 마음을 움직이는 중요한 도구다. 매력적인 글쓰기를 꾸준히 연습하고 나만의 스타일을 만들어 가다 보면, 단순한 게시물이 아니라 고객과의 연결고리가 되는 콘텐츠를 만들어낼 수 있다.

(4) 정보·스토리·참여 요소를 모두 담아라

인스타그램 콘텐츠는 단순 홍보를 넘어서, 브랜드와 고객이 함께 만들어가는 소통 창구로 진화하고 있다. 고객이 반응하는 콘텐츠는 다음 3가지 핵심 요소를 갖춘다.

- 정보형 콘텐츠: 고객이 궁금한 정보를 명확하게 제공
  (예: 제품 사용법, 주의사항, 비교 분석, A/S 정보 등)

- 스토리텔링 콘텐츠: 브랜드의 철학과 사람 이야기를 담아 공감 유도
  (예: 창업 계기, 제품 개발 스토리, 고객 후기 에피소드 등)

- 참여형 콘텐츠: 고객이 직접 참여해 함께 만드는 콘텐츠
  (예: 댓글 이벤트, 체험단 모집, 후기 공유 이벤트 등)

이 중에서도 참여형 콘텐츠는 팔로워 증가뿐 아니라 입소문 마케팅에 매우 효과적인 전략이다. 아래는 실제 인스타그램에서 진행된 참여형 콘텐츠(이벤트 게시물) 예시이다.

① 이벤트 콘텐츠

계란찜기 증정 이벤트 구성 예시

- 제품의 필요성을 강조한 정보 제공 제품의 용도와 장점을 먼저 설명하며 고객의 공감을 이끌어낸다.
예: "취향대로 반숙 완숙 만들고 싶다면" / "식단 관리가 필요하다면" 등 실제 사용 동기를 자극

하는 문구를 구성한다.

- 명확한 참여 방법 안내
✓ 팔로우
✓ 스토리 공유 및 태그
✓ 댓글 참여 등 누구나 쉽게 따라할 수 있도록 체크리스트 형식으로 구성하며, 이모지를 통해 시각적인 구분을 돕는다.

- 이벤트 일정과 당첨자 발표 안내 이벤트 시작과 종료일, 당첨자 발표일을 명확하게 기재함으로써 신뢰도를 높이고 참여율을 유도한다.
예: 이벤트 기간: 09.24(화)~10.01(화), 당첨자 발표: 10.02(수)

- 브랜드 노출 극대화를 위한 해시태그와 태그 활용 참여자에게 특정 해시태그 또는 브랜드 계정 태그를 요청함으로써 자연스러운 확산을 유도한다.
예: @sooni_daum 태그, #이벤트필수해시태그

② 체험단 콘텐츠

체험단 모집 콘텐츠는 단순한 제품 홍보를 넘어, 브랜드 체험과 입소문 확산을 유도하는 강력한 마케팅 전략이다. 명확한 정보 제공과 제품의 매력을 강조하는 구성은 참여율을 높이고 신뢰도를 향상시킨다.

휴대용 유모차 체험단 구성 예시

- 체험단의 목적을 명확히 제시한다

→ "매력을 널리 알려주실 공식 체험단을 모집합니다🙌"

- 브랜드가 체험단에게 기대하는 활동을 분명히 전달해야 한다.
- "공식 체험단"이라는 표현을 통해 신뢰감을 높이고, 참여자에게 브랜드 대사로서의 역할을 부여한다.
- 체험을 통한 제품 사용 경험 공유를 유도하며 입소문 마케팅의 기초를 마련한다.

- **모집 일정, 인원, 활동 기간 등 필수 정보를 빠짐없이 기재한다**

→ 모집기간, 발표일, 활동기간, 모집인원, 채널 안내 등

- 누구나 이해하기 쉽도록 목록 형태로 구성한다.
- 활동 범위(인스타그램, 블로그, 맘카페 등)를 명확히 안내하여 체험단의 실제 부담과 방향을 이해시키는 것이 중요하다.
- 일정 명시는 신뢰도를 확보하고, 사용자에게 참여 동기를 부여한다.

- **제품에 대한 Key Point를 강조한다**

→ "프라임맥스 휴대용유모차 Key point"

- 체험 대상 제품의 주요 기능을 간결하고 시각적으로 정리한다.
- "와이드 휠", "초대형 바퀴", "절충형급 스펙" 등 제품 특장점을 활용해 실사용자에게 어필할 수 있는 키워드를 강조한다.
- 단순 나열보다는 실제 생활 속 장점으로 연결되도록 표현한다.

- **체험단 지원을 유도하는 마무리 문구를 활용한다**

→ "지금 바로 프로필 링크로 응모해 주세요!"

- 행동을 유도하는 콜투액션(CTA) 문구는 필수다.

- 지원 링크 안내, 댓글 요청, 프로필 클릭 유도 등을 통해 자연스럽게 참여를 유도해야 한다.

③ 인플루언서 협업 콘텐츠

인플루언서 협찬 콘텐츠는 브랜드의 신뢰도를 높이고 제품 또는 서비스를 경험 중심으로 홍보할 수 있는 강력한 콘텐츠 유형이다. 특히, 숙박권과 같은 고관여 제품의 경우 체험 콘텐츠의 진정성이 중요하며, 이미지와 텍스트를 통해 브랜드 메시지를 감성적으로 전달할 수 있다.

숙박권 이벤트 구성 예시

인플루언서 협찬 콘텐츠 구성 시 효과적인 요소는 다음과 같다.

- 콘텐츠 목적 및 공감 유도

숙박권을 제공하는 이유와 그 안에 담긴 브랜드의 배려, 감성적 접근을 통해 팔로워의 공감을 이끌어낸다.

예: "가족, 연인과 소중한 추억을 만들기 위한 이벤트를 준비했습니다."

- 명확한 참여 방법 안내

팔로우, 좋아요, 댓글, 친구 태그, 리그램 등 구체적인 참여 조건을 제시한다. 필수 항목은 이모지와 함께 강조하여 시각적으로 이해하기 쉽도록 구성한다.

예: ✔ 계정 팔로우
　　✔ 게시물 좋아요 + 친구 태그
　　✔ 게시물 리그램 또는 스토리 공유

- 이벤트 상세 일정 및 보상 안내

이벤트 기간, 당첨자 발표일, 실제 이용 가능 기간까지 명확하게 고지한다. 숙박 일자, 숙소 위치, 제공 조건 등도 상세히 안내하면 신뢰도를 높일 수 있다.

예: ✔ 이벤트 기간: 4/14 ~ 4/24
　　✔ 당첨자 발표: 4/26 (스토리 공지 및 DM)
　　✔ 이용 기간: 5/8 ~ 5/25 평일
　　✔ 제공 상품: 2인 기준 1박 숙박권 (일~목)

- **신뢰를 위한 유의사항 표기**

부정 참여나 중도 이탈 방지를 위한 안내 문구는 하단에 강조한다.

예: ✔ 당첨 후 팔로우 취소 시 재추첨 진행
　　✔ 숙박권 양도 및 판매 금지

④ 공동구매 콘텐츠

공동구매 콘텐츠는 정보 제공과 구매 유도, 실용적인 참여 방식이 조화를 이뤄야 한다. 아래는 실제 인스타그램 공동구매 콘텐츠에서 효과적으로 구성된 예시이다.

- **제품 신뢰성과 필요성 강조**

공동구매 콘텐츠의 첫 문단에는 제품의 차별성과 신뢰도를 강조하는 문장을 배치한다. "✨국내 유일 특허! 10년 보장 무상 A/S"와 같은 문구는 브랜드의 전문성과 안전성에 대한 신뢰를 높여준다.

- **참여 유도형 이벤트 구성**

댓글 참여 방식으로 구성된 이벤트는 구매 유도와 동시에 콘텐츠에 대한 반응을 높인다.

예: "🖤구매인증 EVENT 꼭 댓글에 남겨주세요!" 등과 같이 이모지와 함께 간단한 참여 방법을 안내한다.

- **제품 정보 및 사용법 구체화**

공동구매는 제품을 직접 경험하지 못한 고객을 위한 콘텐츠이므로, 실제 사용법을 구체적으로 안내하는 것이 중요하다. 예를 들어 "■매그드레인 사용방법" 하위에 "하수구 깊이 6cm 이상" 등 구체적인 수치를 명시해주는 구성은 신뢰를 높이고 구매 결정을 도와준다.

- 진행 기간 명시로 신뢰 확보

"■공구 일정: 8/7(수)~8/9(금)"처럼 공동구매 기간을 명확하게 제시하면 고객 입장에서 행동 시점을 예측하고 준비하기 수월하다. 또한 마감 기한이 있는 경우 구매를 서두르게 만드는 심리적 유인 효과도 있다.

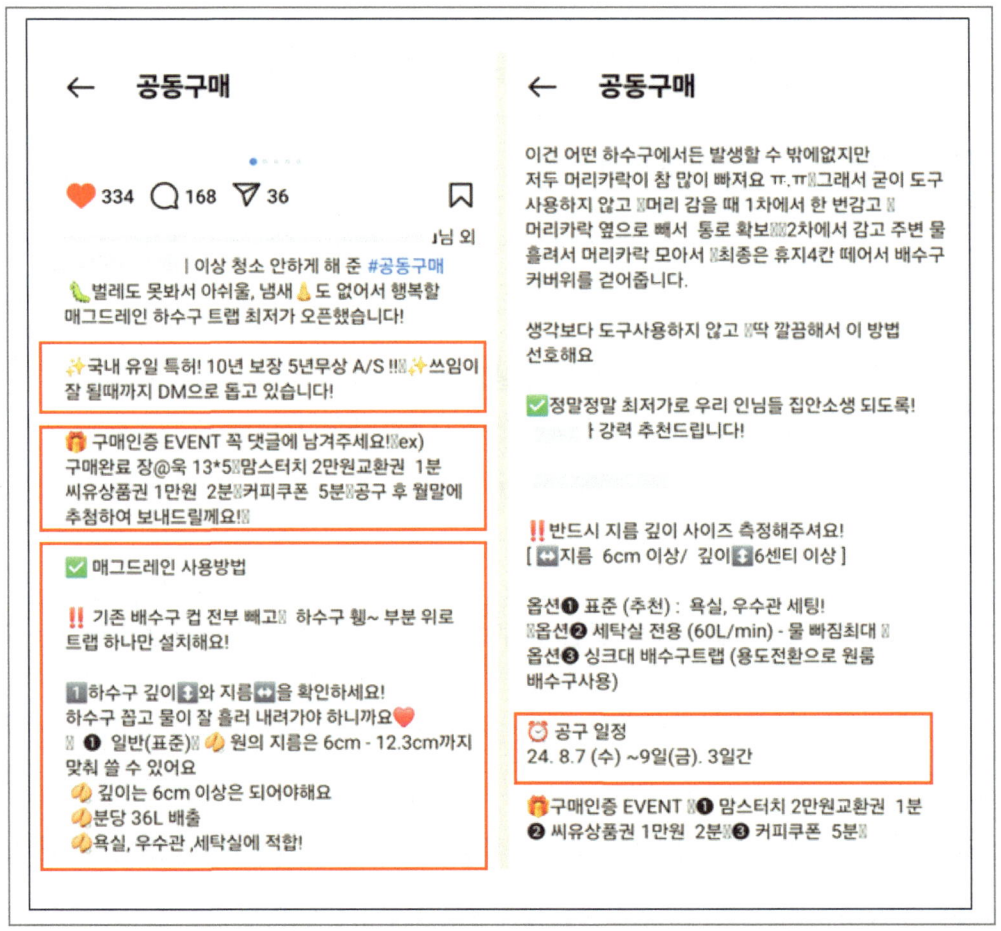

이와 같이 공동구매 콘텐츠는 제품에 대한 신뢰, 사용법에 대한 이해, 이벤트 참여 동기, 일정 안내까지 유기적으로 구성해야 실질적인 구매 전환으로 이어질 수 있다.

(5) 게시물, 어떻게 올려야 할까?

인스타그램에서 성공적인 마케팅을 위해서는 플랫폼의 기능과 알고리즘을 정확히 이해하고, 이를 기반으로 꾸준한 콘텐츠 업로드와 팔로워와의 지속적인 소통이 필수적이다.

게시물 형식과 특징

인스타그램은 다양한 콘텐츠 형식을 제공하며, 이를 효과적으로 활용해야 한다.

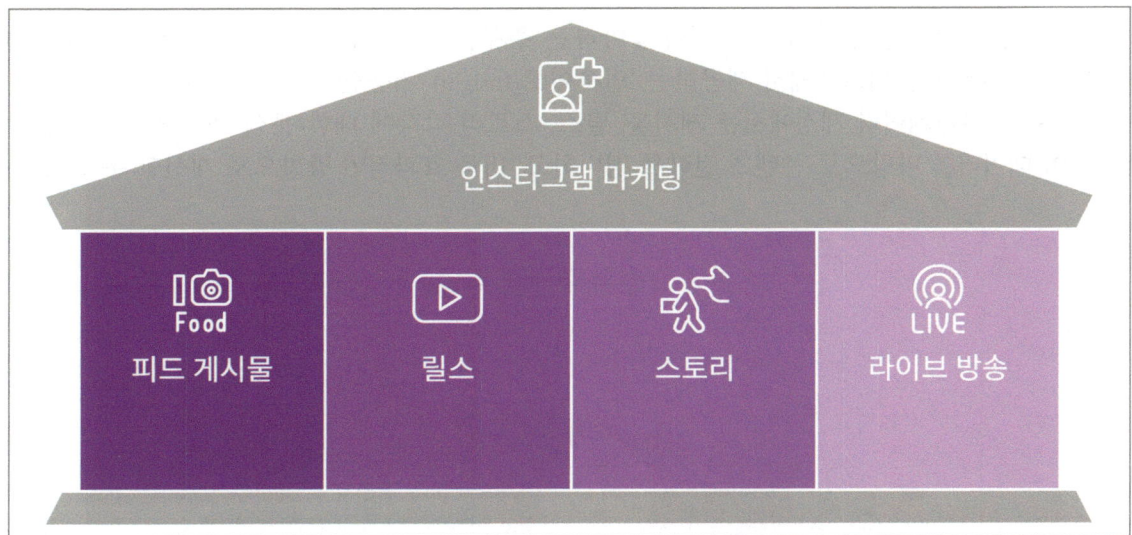

① 피드 게시물

사진(최대 10장) 또는 동영상을 포함할 수 있으며, 브랜드의 정체성을 반영하는 이미지가 중요하다. 동영상은 최대 60분까지 업로드할 수 있다.

② 릴스(Reels)

최근 인스타그램이 가장 밀고 있는 기능으로, 최대 3분까지 지원하며, 알고리즘에 의해 추천 콘텐츠로 자주 노출된다. 유튜브의 쇼츠, 틱톡과 비슷한 형식으로, 짧고 강렬한 메시지를 담는 것이 핵심이다.

③ 스토리(Stories)

24시간 후 사라지는 콘텐츠로, 즉각적인 홍보, 이벤트 알림, 일상 공유에 적합하다. [하이라이트] 기능을 활용하면, 사라지지 않고 프로필 상단에 보관 가능하다.

④ 라이브 방송

실시간 소통을 통해 신뢰를 형성하고 브랜드를 효과적으로 홍보할 수 있다. 방송 종료 후에는 피드로 저장 가능하다.

(6) 데이터 분석으로 다음 콘텐츠 기획 방향 설정

반응 좋은 콘텐츠를 반복하고, 고객이 좋아하는 주제를 강화하는 것이 가장 확실한 성장 방법이다. 이를 위해 인스타그램에서 제공하는 '인사이트(Insight)' 기능을 적극 활용해야 한다. 비즈니스 계정이나 크리에이터 계정에서는 게시물, 릴스, 스토리 각각에 대한 분석 데이터를 확인할 수 있다. 이 데이터를 바탕으로 콘텐츠 전략을 정비하고, 더욱 효과적인 방향으로 개선할 수 있다.

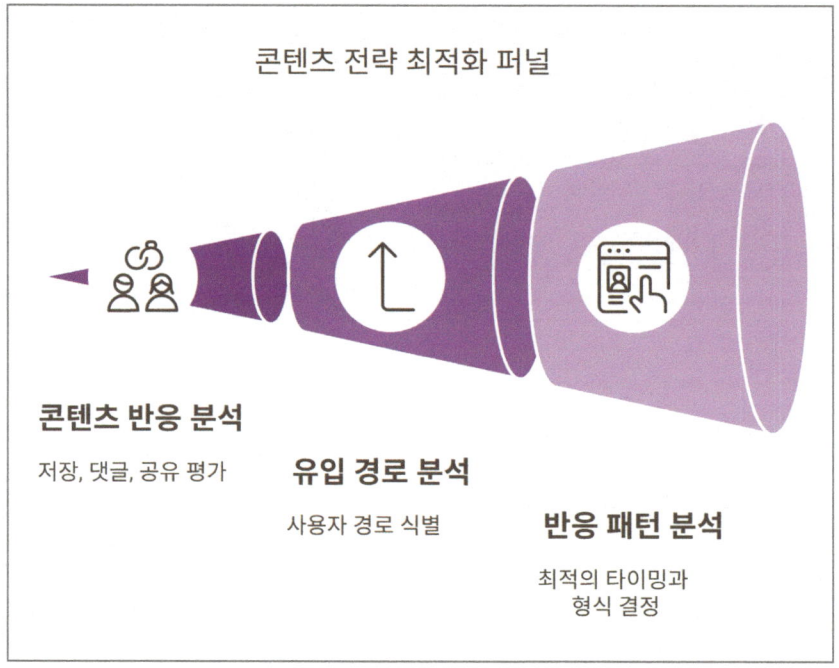

데이터 분석의 핵심 포인트

- 저장수, 댓글수, 공유수 확인하기

단순한 좋아요보다 저장과 공유가 많았던 콘텐츠는 고객에게 "유용했다"는 의미로 해석된다.
→ 고객이 관심 있는 주제와 형식을 파악할 수 있다.

- 유입 경로 분석하기

사용자가 내 콘텐츠를 어떤 경로(탐색 탭, 해시태그, 외부 링크 등)로 찾아왔는지 확인한다.

→ 어떤 키워드와 채널이 효과적인지 분석하여 집중 운영 전략을 세울 수 있다.

- 반응 패턴 분석하기

고객이 어떤 시간대, 어떤 요일, 어떤 콘텐츠 포맷(릴스, 피드, 스토리)에 더 잘 반응하는지를 분석한다.
→ 고객의 행동 패턴을 기반으로 최적의 업로드 타이밍과 콘텐츠 구성을 결정할 수 있다.

인스타그램 운영은 감각과 감성만으로는 부족하다. 수치를 통해 반응을 읽고, 데이터를 통해 다음 콘텐츠를 기획하는 것이 실전 마케팅의 기본이다. 지금까지의 성과를 숫자로 확인하고, 고객이 좋아하는 방향으로 브랜드를 성장시켜 보자.

5장.

실패하지 않는 인스타그램 운영 노하우

인스타그램에서 고객과 꾸준히 소통하고, 콘텐츠를 지속적으로 노출시키려면 '잘 올리는 방법'부터 제대로 알아야 한다. 좋은 콘텐츠도 제대로 올리지 못하면 빛을 보지 못하고, 아무리 열심히 올려도 알고리즘이 외면하는 방식이라면 결과는 참담할 수밖에 없다.

이 장에서는 인스타그램에서 사진, 영상, 스토리, 릴스까지 다양한 콘텐츠를 어떻게 올리는지 기본부터 탄탄하게 다지고, 올린 후 어떻게 관리하고 운영해야 효과적인지까지 한 번에 정리한다.

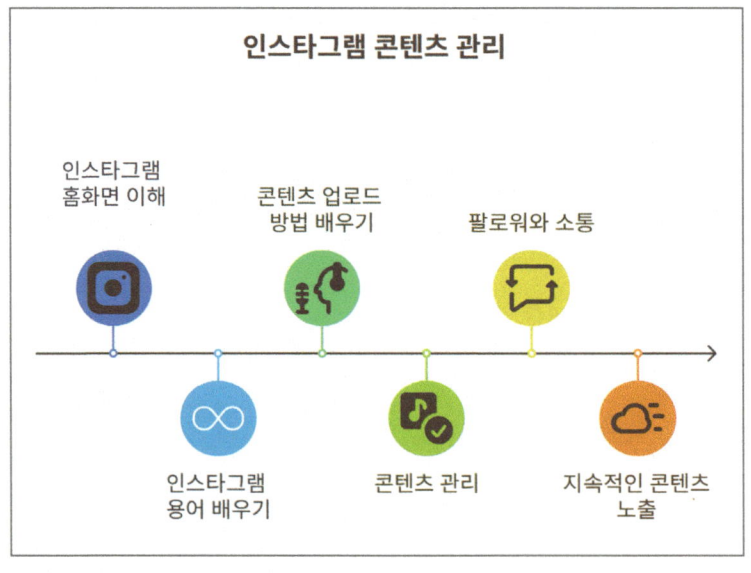

1. 인스타그램 콘텐츠 제대로 올리는 법

SNS 마케팅은 단발성 이벤트가 아니라, 꾸준한 흐름을 만드는 과정이다.

특히 인스타그램은 지속적인 콘텐츠 발행과 팔로워와의 관계 형성이 무엇보다 중요한 플랫폼이다. 그 첫걸음이 바로, 매일 올리는 콘텐츠 한 장, 한 편을 '제대로 올리는 방법'을 아는 것에서 시작된다.

인스타그램에서 콘텐츠를 제대로 올리는 방법을 배우기 전에, 먼저 인스타그램 홈화면이 어떻게 구성되어 있는지, 그리고 자주 쓰이는 용어부터 정확히 알고 가는 것이 중요하다.

처음 인스타그램을 시작하는 초보자들이 가장 혼란스러워하는 부분이 바로 용어다. 피드, 릴스, 스토리, 태그, 하이라이트 등 다양한 기능과 이름들이 뒤섞여 있기 때문이다. 각각이 어떤 의미인지 정확히 알아야, 이후 콘텐츠를 업로드할 때도 자연스럽게 이해하고 활용할 수 있다.

그럼 지금부터 인스타그램 홈화면 구성과 용어 정리부터 함께 살펴보자. 이미지를 보면서 각 기능의 이름과 역할을 익혀두면, 이 장에서 배울 업로드 방법도 훨씬 쉽게 이해할 수 있다.

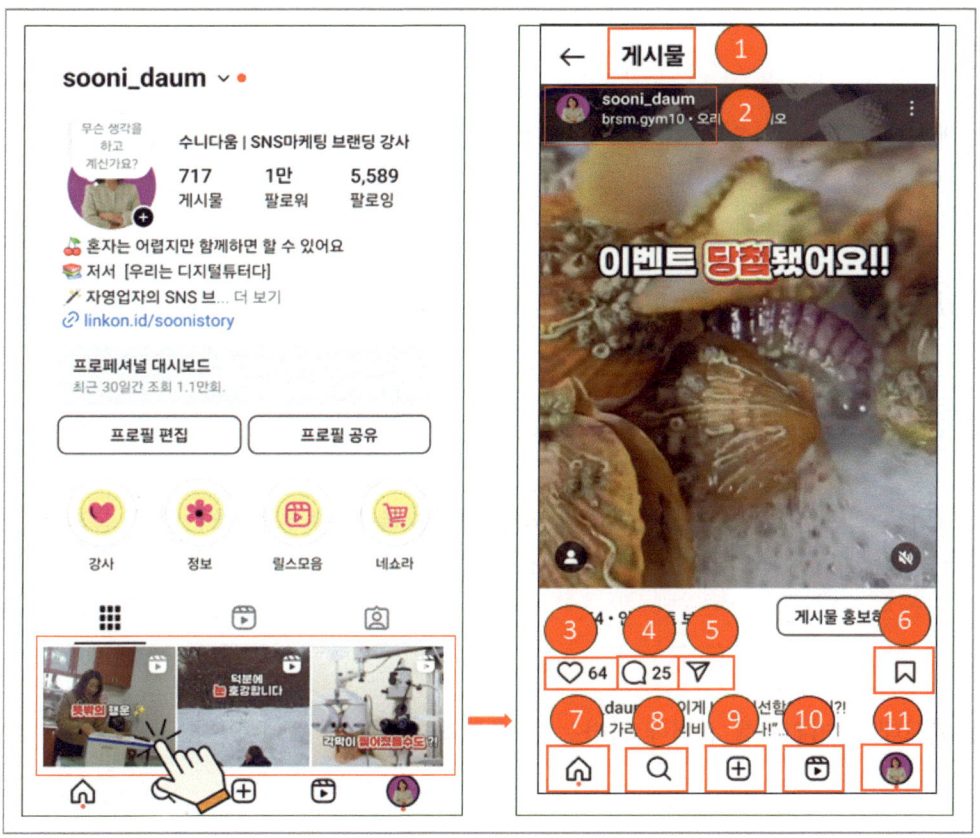

① 게시물

내가 올린 사진, 영상, 글, 링크로 구성된 콘텐츠 한 개를 의미한다. 피드에 노출되는 기본 콘텐츠 단위다.

② 나의 계정 이름

프로필 상단에 표시되며, 클릭하면 내 프로필과 전체 게시물을 확인할 수 있다.

③ 좋아요

게시물에 대한 반응으로, 팔로워와 방문자들이 콘텐츠에 공감하거나 호감을 표시할 때 누른다.

④ 댓글 쓰기

게시물에 대한 의견이나 공감을 글로 남길 수 있다. 이모티콘과 해시태그도 활용할 수 있다.

⑤ 공유하기

해당 게시물을 DM(다이렉트 메시지)으로 보내거나, 내 스토리에 추가해 공유할 수 있다.

⑥ 저장하기

관심 있는 게시물을 [저장]해 내 보관함에 모아둘 수 있다. 재방문하고 싶은 콘텐츠 관리에 유용하다.

⑦ 홈

피드 화면으로, 내가 팔로우한 계정들의 최신 게시물을 볼 수 있는 공간이다. 홈화면은 인스타그램 접속 시 가장 먼저 보이는 기본 화면이다.

⑧ 검색

계정, 해시태그, 키워드를 검색해 원하는 콘텐츠와 계정을 찾을 수 있다.

⑨ 콘텐츠 추가(업로드)

사진, 동영상, 릴스를 새로 업로드할 때 사용하는 버튼이다. 이 버튼을 눌러 사진 업로드, 릴스 제작, 스토리 추가를 시작할 수 있다.

⑩ 릴스

짧은 영상 콘텐츠인 릴스를 모아볼 수 있는 공간이다. 알고리즘 추천으로 노출되는 경우가 많아, 신규 팔로워 유입에 중요한 역할을 한다.

⑪ 나의 프로필

내 프로필로 이동하는 버튼이다. 내가 올린 콘텐츠, 하이라이트, 팔로워·팔로잉 현황 등을 확인할 수 있다. 이제 인스타그램에서 콘텐츠를 어떻게 올리고, 어떻게 관리해야 하는지 실전으로 알아보자.

(1) 사진 업로드하는 방법

인스타그램은 비주얼 퍼스트 플랫폼이다. 아무리 좋은 글과 해시태그를 준비해도, 사진과 영상이 눈길을 끌지 못하면 스크롤은 멈추지 않는다. 그래서 사진 한 장을 올릴 때도 제대로 구성하고, 캡션과 해시태그까지 꼼꼼하게 준비해야 한다.

인스타그램에서 콘텐츠를 올리려면, 홈화면 상단에 있는 [+]버튼을 눌러야 한다. 이 버튼을 누르면 아래와 같은 [만들기] 메뉴가 나타난다. 각 메뉴는 콘텐츠의 성격과 형태에 따라 선택할 수 있는 기능으로, 각각의 의미와 활용법을 먼저 익혀두자.

① 프로필 바로가기

하단 메뉴에서 내 프로필로 이동하는 버튼이다. 여기서 [+']버튼을 눌러 콘텐츠를 업로드할 수 있다.

② 만들기 버튼[+]

홈 화면 또는 프로필 화면에서 상단의 [+]버튼을 눌러 콘텐츠 업로드를 시작한다.

③ 릴스

짧은 영상 콘텐츠를 제작할 수 있는 기능이다. 최근 인스타그램이 가장 밀고 있는 포맷으로, 알고리즘 추천을 많이 받는다

④ 게시물

사진이나 동영상을 올릴 때 선택하는 기본적인 업로드 방식이다. 내 피드에 노출되는 일반 콘텐츠다.

⑤ 스토리

24시간만 유지되는 콘텐츠로, 팔로워와 즉각적으로 소통할 때 활용한다. 하이라이트에 저장하면 프로필 상단에 고정할 수도 있다.

⑥ 스토리 하이라이트

내가 스토리로 올렸던 콘텐츠 중에서 중요하거나 오래 남기고 싶은 콘텐츠를 프로필 상단에 저장하는 기능이다.

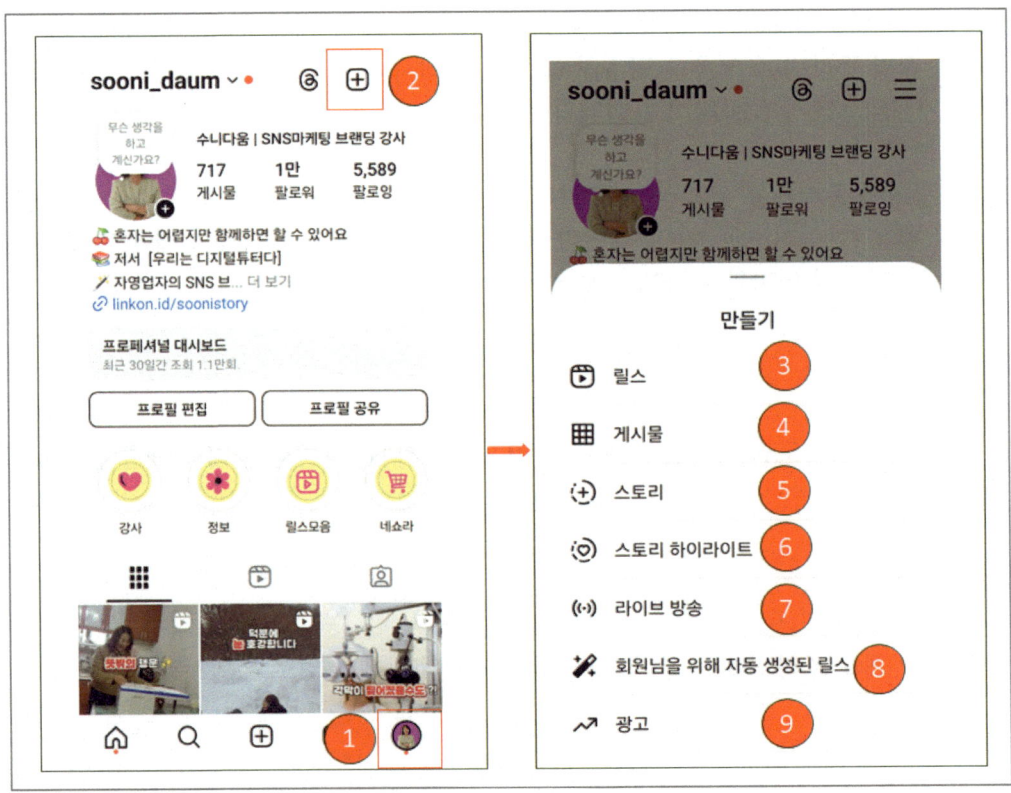

⑦ 라이브 방송

실시간으로 팔로워와 소통하는 기능이다. 팔로워에게 라이브 시작 알림이 가고, 실시간 댓글과 소통할 수 있다.

⑧ 회원님을 위해 자동 생성된 릴스

인스타그램이 내 콘텐츠와 활동 데이터를 기반으로 자동으로 릴스를 추천하거나 생성해주는 기능이다. 자동 생성된 릴스를 활용할 수도 있다.

⑨ 광고

게시물을 광고로 집행하거나, 브랜드 홍보를 위한 광고 캠페인을 설정할 수 있다. 비즈니스 계정에서만 활용 가능이다.

1) 사진 업로드

인스타그램은 시각적 매력이 가장 중요한 플랫폼이다. 아무리 좋은 글과 해시태그를 준비해도 사진 한 장이 시선을 끌지 못하면 고객은 스크롤을 멈추지 않는다. 그만큼 사진을 고르고, 편집하고, 업로드하는 과정도 중요한 기본기다. 사진 한 장을 올릴 때도 몇 가지 원칙을 기억하고 진행해

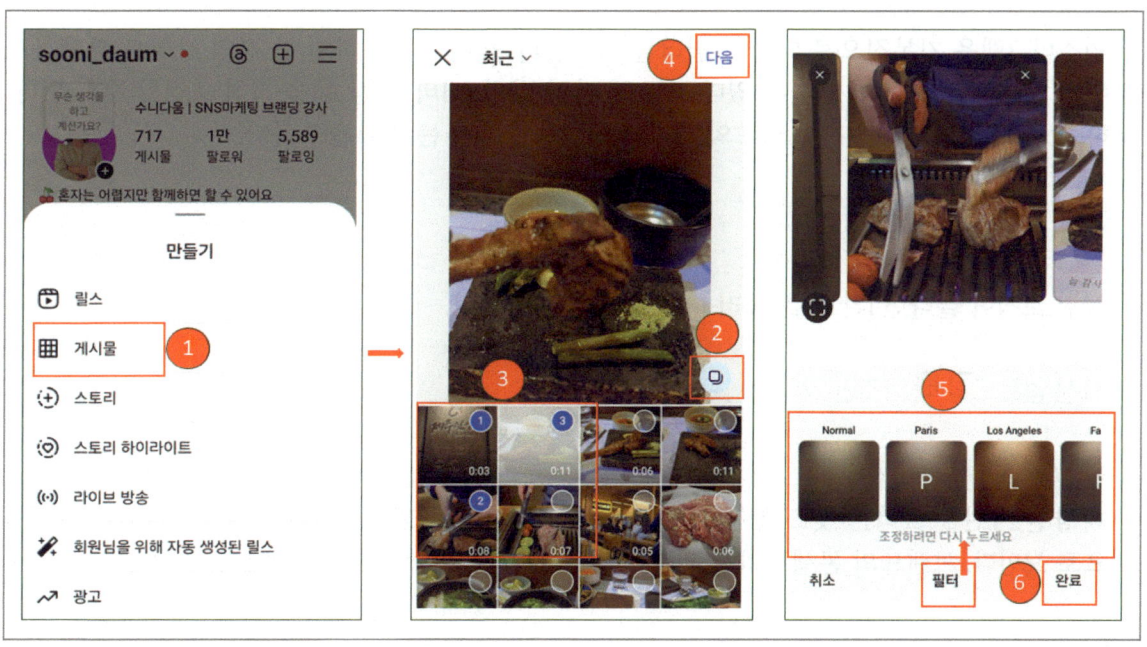

야 한다.

① [만들기]메뉴에서 게시물 선택

만들기 메뉴에는 릴스, 스토리, 라이브 방송 등 다양한 콘텐츠 유형이 있지만, 이번에는 [게시물]을 선택해 일반 피드 게시물을 올리는 방법을 살펴본다.

② 업로드할 사진 선택

갤러리가 열리면, 원하는 사진 한 장을 선택한다. 만약 여러 장을 동시에 올리고 싶다면,[여러 개 선택 아이콘] 선택택

③ 사진을 순서대로 선택하면 된다.

최대 10장까지 선택 가능하다.

④ 사진 선택 후 [다음] 클릭

사진을 고른 뒤 우측 상단 [다음]을 눌러 다음 단계로 이동한다.

⑤ 필터 또는 편집 기능 활용

인스타그램은 기본적으로 다양한 필터를 제공한다. 필터를 적용하면 한 장의 사진도 간단하게 분위기 있는 콘텐츠로 변신할 수 있다. 필요에 따라 밝기, 대비, 색감 등을 직접 조정할 수도 있다. 특히, 브랜드 계정이라면 전체 피드의 색감과 통일성을 맞추는 것이 중요하다.

⑥ 편집이 끝나면 [완료] 클릭

사진 보정이 끝나면 [완료]를 눌러 다음 단계로 넘어간다.

사진 업로드할 때 이것만 기억하세요!

- 피드의 통일성 유지
다양한 사진을 올리는 것도 좋지만, 전체적인 색감과 톤을 맞추면 훨씬 전문적이고 깔끔한 계정으로 보인다. 브랜드의 콘셉트와 분위기에 맞는 색감과 스타일을 유지해보자.

- 주제와 메시지 일관성 유지

오늘은 음식, 내일은 여행, 모레는 책 리뷰처럼 매일 주제가 달라지면 팔로워가 혼란스러울 수 있다. 브랜드 계정이라면, 핵심 주제를 정해 일관된 메시지를 전달하는 것이 중요하다.

- 취미도 브랜딩 소재가 된다

꼭 제품이나 사업 관련 콘텐츠가 아니더라도, 내가 꾸준히 좋아하는 활동이나 취미도 훌륭한 콘텐츠가 된다. 자연스러운 관심사를 기반으로 콘텐츠를 만들면, 진정성이 담긴 스토리가 쌓이고 그것이 곧 나만의 브랜딩으로 이어진다.

이렇게 사진 업로드의 기본과 TIP까지 익혔다면, 이제는 본문 글쓰기와 해시태그, 위치 태그까지 꼼꼼하게 채워넣는 다음 과정으로 넘어가보자.

2) 고객과 소통하는 캡션 작성법

사진과 영상이 시각적으로 고객의 시선을 끈다면, 캡션은 고객과 진짜 소통을 시작하는 글쓰기 공간이다. 단순히 사진 설명이나 제품 정보를 나열하는 것이 아니라, 고객의 마음을 움직이는 스토리와 공감을 담아야 한다.

특히 인스타그램에서는 캡션의 첫 두 줄이 가장 중요하다. 첫 화면에 보이는 이 두 줄이 팔로워

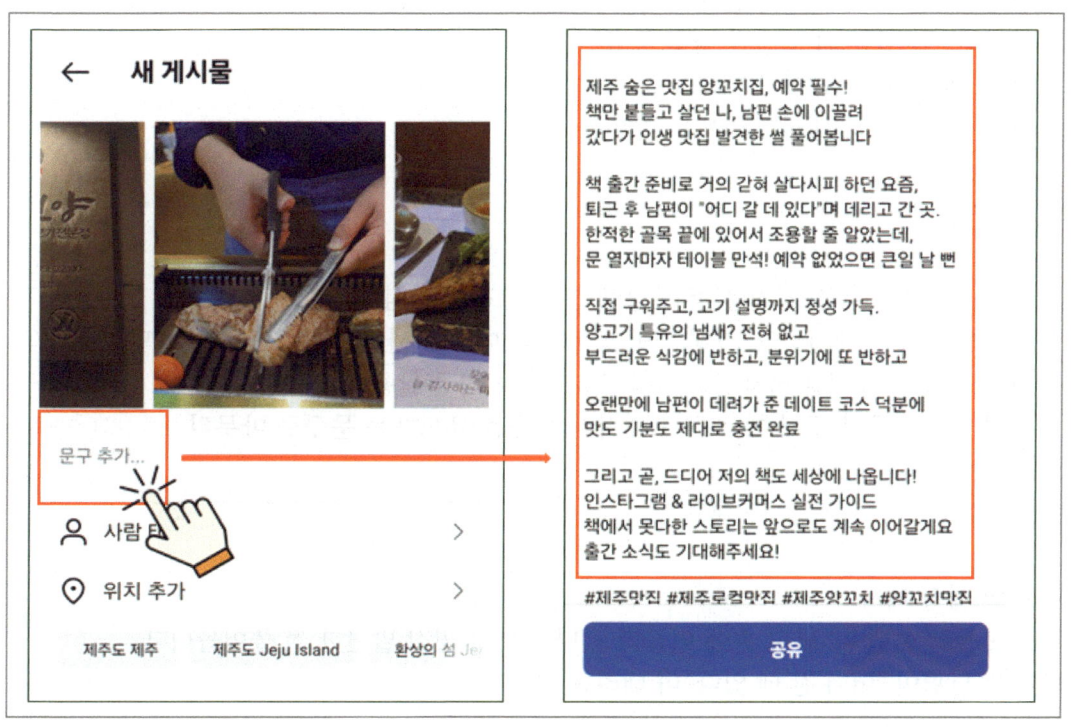

의 스크롤을 멈추게 하고, 댓글과 좋아요를 유도하는 핵심 포인트가 되기 때문이다.

해당 이미지의 예시에서 보듯, '문구 추가'란에 적절한 후킹 문장으로 시작하고, 그 아래에는 스토리와 브랜드 경험을 담아 공감을 유도하며, 마지막에는 책 출간 소식이라는 콜투액션까지 자연스럽게 연결된다.

사진 업로드 후 캡션을 작성할 때는 다음과 같은 구성 요소를 기억한다.

- 후킹 문구(첫 두 줄): 독자의 관심을 끌 수 있는 강한 메시지를 넣는다.
- 본문: 경험, 정보, 에피소드 등 고객이 공감할 수 있는 내용을 자연스럽게 풀어간다.
- 콜투액션(CTA): 댓글 남기기, 문의, 공유 등 행동 유도 문장을 포함한다.
- 해시태그: 캡션 본문 끝에 자연스럽게 연결하거나, 댓글로 따로 관리해도 된다.

개인 계정과 브랜드 계정은 캡션의 목적이 다르다. 개인 계정은 나의 경험과 감정을 담아 공감을 유도하는 것이 핵심이고, 브랜드 계정은 제품과 서비스의 가치와 정보를 정확하게 전달해 고객이 행동하게 만드는 것이 목적이다.

개인 계정 캡션 포인트

- 감성적인 후킹 문구로 공감대 형성
- 나만의 에피소드와 진솔한 경험 공유
- 자연스럽게 댓글 참여와 대화 유도
- 다음 스토리를 기대하게 만드는 마무리

브랜드 계정 캡션 포인트

- 제품·서비스의 핵심 강점을 첫 문장에 담아 고객의 관심을 끌기
- 고객의 문제를 제시하고, 브랜드가 그 문제를 어떻게 해결해줄 수 있는지 설명
- 브랜드 스토리, 개발 비하인드, 고객 후기 등을 적극 활용해 신뢰감 확보
- 마지막에는 문의·구매·예약 등 구체적인 행동을 유도하는 문구로 마무리

같은 장소를 소개할 때의 차이점 예시

- 개인 계정 예시

책만 붙들고 살던 나, 남편 손에 이끌려 갔다가 인생 맛집 발견한 썰 풀어봅니다
퇴근 후 남편이 "어디 갈 데 있다"며 데려간 곳

조용한 골목 끝, 기대 없이 갔다가 완전 반함
고기 구워주고 설명까지 해주는 서비스 덕에, 대접받는 기분 물씬
- 브랜드 계정 예시 (제주 로컬푸드 브랜드)

제주에서만 맛볼 수 있는 특급 양고기
예약 없으면 맛보기 어려운 제주 숨은 맛집, 직접 구워주는 서비스까지!
양고기 특유의 냄새 없이 부드러운 식감으로 남녀노소 모두 만족
제주 먹거리 제대로 경험하고 싶다면? 지금 바로 예약하고 제주로컬의 진짜 맛을 만나보세요!

정리 TIP

- 개인 계정은 공감과 친근함
- 브랜드 계정은 정보와 신뢰감을 중심에 두고 작성
- 공통적으로, 첫 두 줄 후킹 문구와 마지막 콜투액션(CTA)은 필수

3) 해시태그, 태그, 위치, 음악, 공개 설정

사진과 캡션만 잘 작성한다고 끝이 아니다. 게시물을 더 많은 사람에게 노출하고, 참여를 유도하려면 반드시 함께 설정해야 하는 요소들이 있다. 바로 해시태그, 사람 태그, 위치 태그, 음악, 공개 설정이다. 이 과정은 단순히 꾸미는 요소가 아니라, 알고리즘이 내 게시물을 더 넓은 사용자에게 보여주도록 만드는 핵심 장치다. 해당 이미지 예시를 통해 각 기능이 어떤 역할을 하는지 하나씩 살펴보자.

① 해시태그 추가

해시태그는 내 게시물의 주제를 나타내는 키워드다. 검색 노출에 큰 영향을 주며, 잘 선택한 해시태그 하나가 수백, 수천의 노출을 만들기도 한다. 개인 계정은 일상, 취향을 나타내는 해시태그를, 브랜드 계정은 제품명, 서비스명, 키워드 해시태그를 전략적으로 선택해야 한다.

해시태그 선택 TIP

- 5~10개 내외로 핵심 키워드 중심으로 구성
- 너무 인기 있는 해시태그만 사용하면 내 게시물이 묻히기 쉬움
- 브랜드명 해시태그는 반드시 포함
- 위치 관련 해시태그도 함께 추가하면 지역 검색에 유리

예) #제주맛집 #제주양꼬치 #부부데이트 #SNS마케팅강사 #수니다움

② 사람 태그 추가

함께한 사람, 소개하고 싶은 계정, 혹은 브랜드 계정을 태그해 소통의 기회를 만든다. 특히 협업 콘텐츠일 경우 반드시 상대방 계정을 태그해야 한다.

사람 태그 활용법

- 맛집 포스팅이면 해당 가게 계정을 태그
- 함께한 친구, 가족 계정 태그
- 협업한 브랜드·업체 계정 태그
- 이벤트 당첨 후기라면, 이벤트 주최 계정 태그

③ 위치 태그 추가

내 게시물이 올라온 장소를 지정하는 기능이다. 위치 태그만 제대로 활용해도 같은 지역에 관

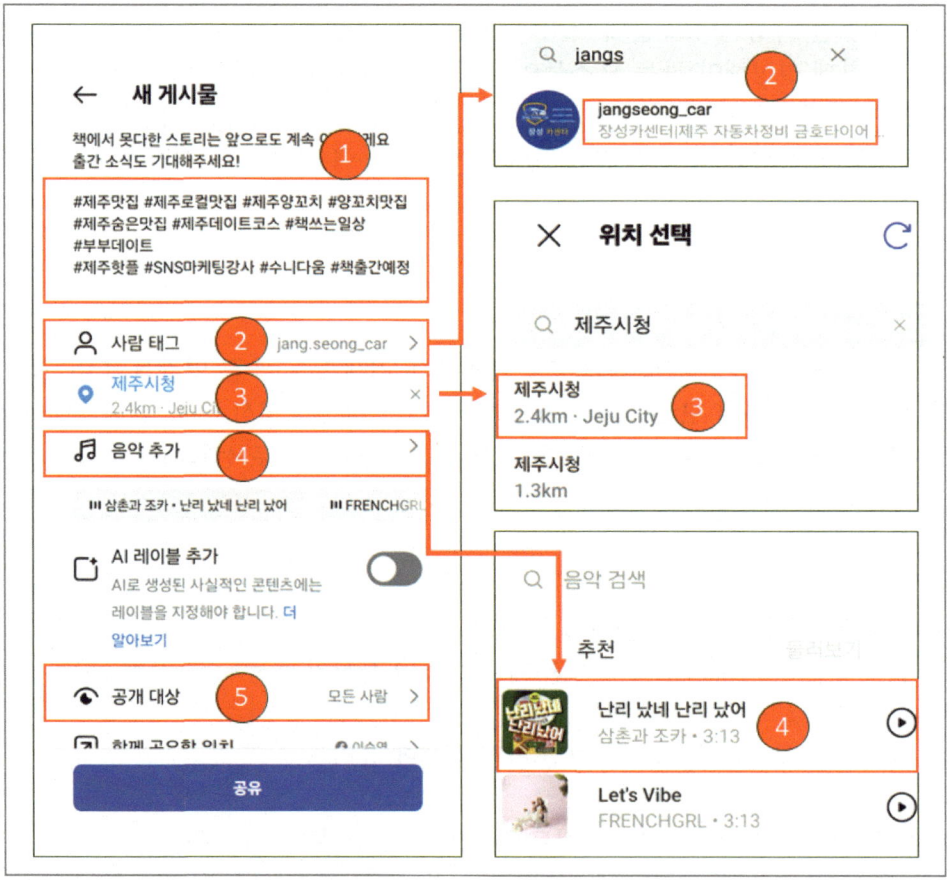

심 있는 사람들에게 더 쉽게 노출될 수 있다. 특히 여행·맛집·카페·핫플 콘텐츠에서 필수로 설정해야 한다.

위치 태그 설정법

- 정확한 상호명, 장소명 검색 후 선택
- 주변 인기 장소로 선택해 노출 확대 시도

④ 음악 추가

사진·영상에 감각을 더하는 요소로, 요즘은 사진 게시물에도 음악을 추가할 수 있다. 특히 트렌디한 음악은 알고리즘 추천에도 유리하다.

음악 추가 팁

- 콘텐츠 분위기에 어울리는 음악 선택
- 최신 인기곡, 이슈곡 활용
- 브랜드 계정은 브랜드 이미지와 어울리는 음악 선정
- 개인 계정은 감성·공감 포인트를 살릴 수 있는 음악 선택

⑤ 공개 대상 설정

게시물 공개 범위를 설정하는 기능으로, 대부분은 [모든 사람]으로 설정해 공개하지만, 필요에 따라 [친한 친구]로 설정할 수도 있다.

공개 설정 체크 포인트

- 브랜드 계정은 반드시 [모든 사람]으로 설정
- 이벤트, 홍보성 콘텐츠도 [모든 사람] 필수
- 민감한 개인 일상 기록은 [친한 친구]만 공개도 가능

4) 추가 설정 – [옵션 더 보기] 활용법

사진과 캡션, 해시태그까지 모두 작성했다면 [공유하기]를 누르기 전에 확인해야 할 숨은 기능이 있다. 바로 [옵션 더 보기] 메뉴다. 이곳에서는 게시물 예약, 댓글 설정, 좋아요 수 숨기기 같은 세부 설정을 할 수 있다. 브랜드 계정이나 개인 계정에 따라 선택할 항목이 다를 수 있으니, 해당

이미지 예시를 통해 각 기능을 미리 알아두고 내 계정 성격에 맞게 활용하자.

① 알림 추가

게시물이 업로드된 후, 팔로워들에게 새 게시물 알림을 보낼 수 있는 기능이다. 신제품 출시, 이벤트 공지 등 중요한 게시물에 활용하면 좋다. 단, 팔로워가 해당 계정의 알림을 [켜기]로 설정한 경우에만 효과가 있다.

② 광고 및 수익

게시물 홍보
게시물을 광고로 설정해 더 많은 사용자에게 도달시킬 수 있다. 브랜드 인지도 향상이나 웹사이트 방문 유도, 이벤트 참여 유도 등에 효과적이다.

제품 상세 정보 추가 : 릴스에서 주문받기
릴스에 제품 정보를 연결해 구매 버튼을 생성하는 기능이다. 고객이 콘텐츠를 보고 직접 구매로 이어질 수 있어 전환율을 높이는 데 효과적이다.
▶ ③번 이미지 참조
제품의 사진, 제목, 가격 등을 입력해 릴스 게시물에 주문 버튼을 활성화할 수 있다. 이 기능은 인스타그램 커머스를 활용하는 브랜드라면 꼭 활용해야 할 필수 기능이다.

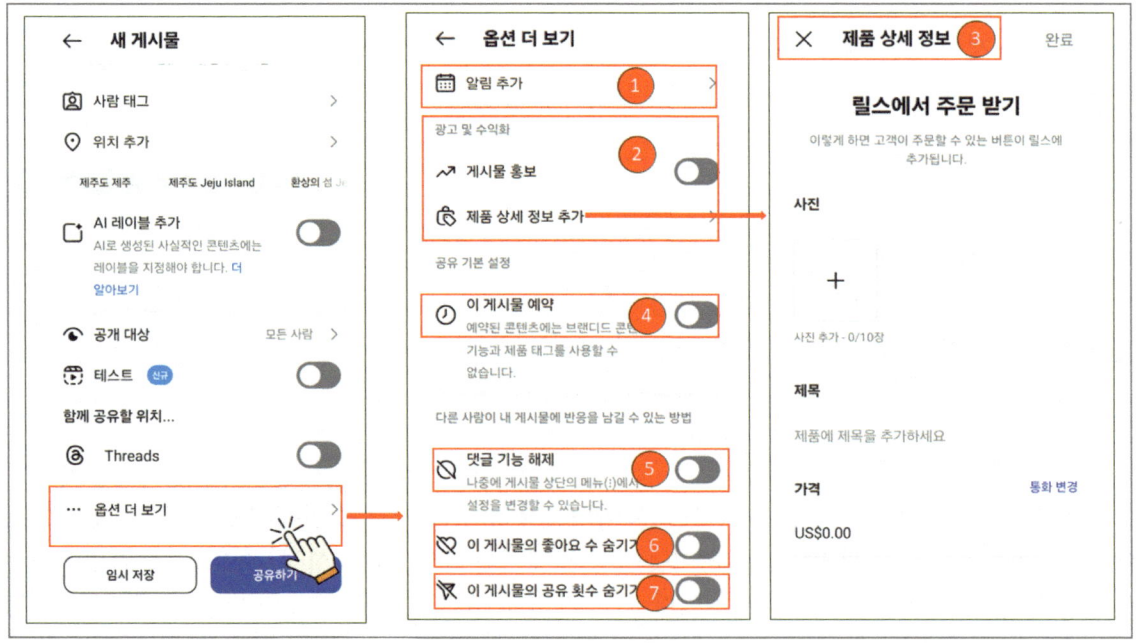

④ 게시물 예약

지정한 날짜와 시간에 자동으로 게시물이 업로드되는 예약 기능이다. 비즈니스 계정과 크리에이터 계정에서만 가능하며, 규칙적인 업로드 일정 관리에 유용하다.

⑤ 댓글 기능 해제

해당 게시물에 대한 댓글을 아예 막을 수 있는 기능이다. 부정적 댓글이 우려되는 경우나, 이벤트 당첨 공지 같은 게시물에서 댓글 참여를 제한할 때 유용하다. 하지만 일반적인 콘텐츠에서는 댓글 소통이 중요하므로 해제보다는 적극 소통을 권장한다.

⑥ 좋아요 수 숨기기

해당 게시물의 좋아요 개수를 다른 사람들에게 숨기는 기능이다. 좋아요 숫자에 연연하지 않고 콘텐츠 본연의 메시지에 집중하고 싶을 때 유용하다. 최근 인스타그램 트렌드는 좋아요 수보다 댓글 소통, 저장 수, 공유 수가 더 중요한 지표로 여겨지기 때문에 브랜드 계정에서도 종종 활용하는 기능이다.

⑦ 공유 횟수 숨기기

내 게시물이 다른 사람에게 DM으로 공유된 횟수를 숨길 수 있다. 다만 공유 횟수는 외부보다 내부 지표 관리에 더 중요한 데이터이므로, 브랜드 계정이라면 굳이 숨길 필요는 없다. 콘텐츠가 얼마나 매력적인지 파악하는 지표로 활용하자.

브랜드 계정이라면 이렇게 활용하자

- 게시물 예약 기능 적극 활용해 콘텐츠 발행 리듬 유지
- 댓글 기능은 해제보다 적극 소통을 목표로 운영
- 좋아요 수 숨기기는 브랜드 특성에 맞게 선택 (제품 홍보보다는 브랜드 스토리 강조할 때 유용)
- 공유 횟수는 중요한 마케팅 데이터이므로 숨기지 않고 활용하는 것이 좋다

[옵션 더 보기]는 잘 활용하면 콘텐츠 노출부터 고객 소통까지 섬세하게 조절할 수 있는 숨은 무기다. 브랜드 계정이라면 반드시 챙겨야 할 핵심 기능으로 기억해두자.

5) 인스타그램 콘텐츠 공유하기

사진을 선택하고, 필터와 보정을 마치고, 캡션과 해시태그까지 작성했다면 이제 마지막 단계인 [공유하기]만 남았다. 이 단계는 간단하지만, 성공적인 업로드를 위해 꼭 알아야 할 포인트가 있다. 아래의 이미지를 보며 흐름을 정리하면 다음과 같다.

① 공유 버튼 누르기

모든 준비가 끝나면 화면 하단의 파란색 공유 버튼을 누른다. 이때, 비즈니스 계정의 경우 함께 공유할 위치나 AI 레이블 추가 여부도 한 번 더 확인하자. 개인 계정이라면 기본 설정 그대로 두는 경우가 많다.

② 업로드 진행 중 화면 확인

공유 버튼을 누르면 피드로 이동하면서 업로드 진행 상황이 화면 상단에 표시된다. 업로드 완료까지 몇 초 정도 소요되며, 네트워크 상황에 따라 조금 더 걸릴 수도 있다. 중요한 게시물일수록 이 단계에서 와이파이 상태를 점검하는 것도 팁이다.

③ 내 피드에서 게시물 확인

업로드가 끝나면 내 프로필로 이동해 피드 화면에서 게시물이 제대로 올라갔는지 확인한다. 사진·영상 순서, 캡션·해시태그 노출 여부, 위치·태그 등록 상태 등을 체크하는 것이 좋다. 브랜드

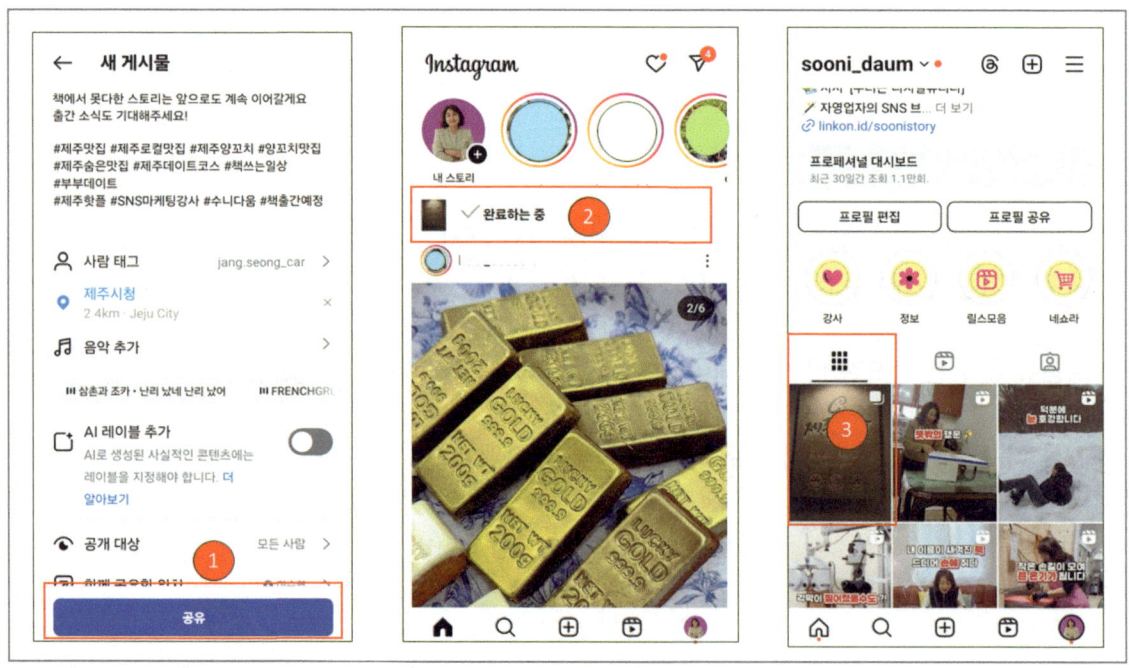

계정이라면 업로드 후 바로 스토리 공유까지 연결해 추가 노출을 노리는 것도 추천한다.

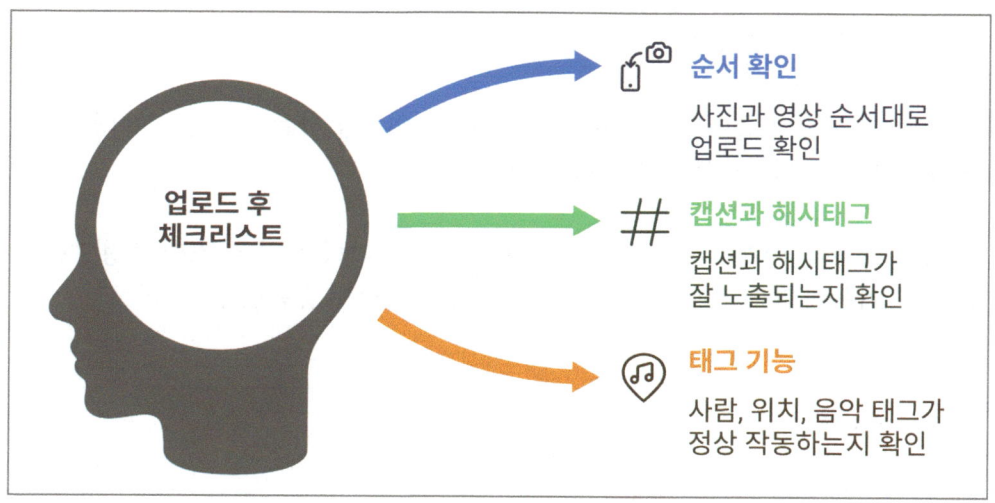

업로드 직후 반응을 살펴라

콘텐츠 업로드 후, 처음 1시간이 알고리즘 노출의 골든타임이다. 이 시간 동안 얼마나 많은 반응(좋아요, 댓글, 저장, 공유)을 받느냐에 따라 더 많은 사람에게 추천될 가능성이 높아진다. 특히 브랜드 계정이라면, 업로드 후 바로 스토리 공유와 댓글 소통을 시작해 초기 반응률을 높이는 전략을 반드시 실행하자.

6) 게시물 수정 및 관리 방법

게시물을 공유한 후 오타를 발견하거나 내용 수정, 해시태그 추가나 삭제, 커버 이미지 변경이 필요할 때, 인스타그램 초보자들은 종종 '삭제 후 다시 올려야 하나?'라고 고민한다. 다행히도 인스타그램은 게시물을 직접 수정할 수 있는 기능을 제공한다. 이미지를 보면서 수정 방법을 익혀두자.

① 수정 메뉴 진입하기

내가 올린 게시물 우측 상단의 점 세 개(⋮) 메뉴를 클릭한다. 이 메뉴 안에는 수정뿐만 아니라, 게시물 보관, 삭제, 좋아요 수 숨기기 등 다양한 기능이 숨어 있다.

② 수정 선택하기

메뉴 중에서 수정을 선택하면 캡션 수정, 사람 태그 추가/변경, 커버 변경, 위치 변경, 해시태그 수정이 가능하다.

수정이 반복되면 알고리즘에 영향?

간혹 "수정하면 노출이 줄어드는 거 아니에요?"라는 걱정을 하는 경우도 있는데, 단순한 문구 수정이나 해시태그 추가는 큰 영향을 주지 않는다.

다만, 지나치게 자주 수정하거나, 광고성 문구를 반복 추가하는 경우, 스팸 계정으로 오해받을 가능성은 있다. 가능하면 한번에 완성도 높은 게시물을 올리는 습관을 들이자.

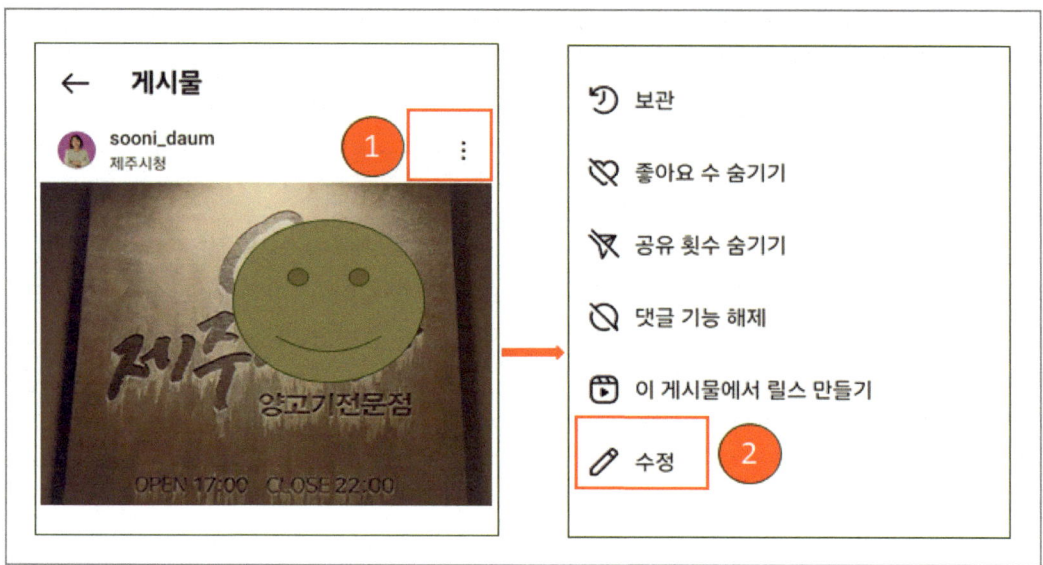

(2) 인스타그램 스토리 올리는 방법

인스타그램 스토리는 24시간 동안 노출되는 일회성 콘텐츠지만, 즉각적인 소통과 홍보에 효과적이다.

해당 이미지는 인스타그램에서 스토리를 작성하거나 공유하는 방법을 단계별로 보여주는 화면이다. 두 가지 방법 모두 스토리 활용도를 높이는 데 유용하므로 상황에 따라 적절히 활용하면 좋다.

① 홈피드에서 삼선 메뉴를 눌러 스토리 올리기

인스타그램 홈화면 우측 상단의 삼선(≡) 메뉴를 누른다.

② [만들기]에서 [스토리]를 선택

사진이나 영상 또는 미리 만들어 둔 영상을 선택하거나 즉석 촬영해서 스토리를 작성한다.

③ 피드 게시물에서 바로 스토리로 공유하기

피드에 올린 게시물을 바로 스토리로 공유할 수 있다. 게시물 하단의 비행기 모양 아이콘을 누르면 [스토리에 추가]메뉴가 나온다. 이 메뉴를 선택한 후, 게시물을 스토리 화면으로 불러와 업로드한다. 다양한 편집 기능을 활용해 더 흥미롭고 반응 좋은 콘텐츠를 만들어야 한다. 단순히 올리는 것을 넘어, 스토리만의 기능을 적극적으로 사용하는 것이 중요하다. 해당 이미지를 통해 인스타그램 스토리 작성 시 꼭 알아야 할 4가지 편집 기능을 알아보자.

① 텍스트 추가

화면 상단 [Aa] 아이콘을 누르면 텍스트를 추가할 수 있다. 글꼴, 정렬, 색상, 배경을 선택해 스토리에 어울리는 문구를 넣는다. 텍스트는 정보 전달뿐 아니라 감성까지 담을 수 있는 중요한 요소다.

② 스티커 추가

스티커 아이콘을 누르면 다양한 스티커를 선택할 수 있다. 위치, 해시태그, 멘션, 링크, 질문, 투표 등 소통을 유도하는 스티커들이 준비되어 있다. 특히 링크 스티커는 외부 사이트로 유도할 때 매우 유용하다.

③ 효과 및 필터

별 모양 아이콘을 누르면 다양한 필터와 특수 효과를 적용할 수 있다. 텍스트나 사진 위에 손 글씨를 추가하거나, 꾸미기 도구로 재미있는 장식을 더할 수도 있다.

④ 음악 추가

음악 아이콘을 누르면 스토리에 배경음악을 넣을 수 있다. 최근 인기 음악부터 내가 좋아하는 음악까지 검색해서 선택할 수 있다. 음악과 함께하는 스토리는 분위기를 살리고, 팔로워의 관심을 끌기 좋다.

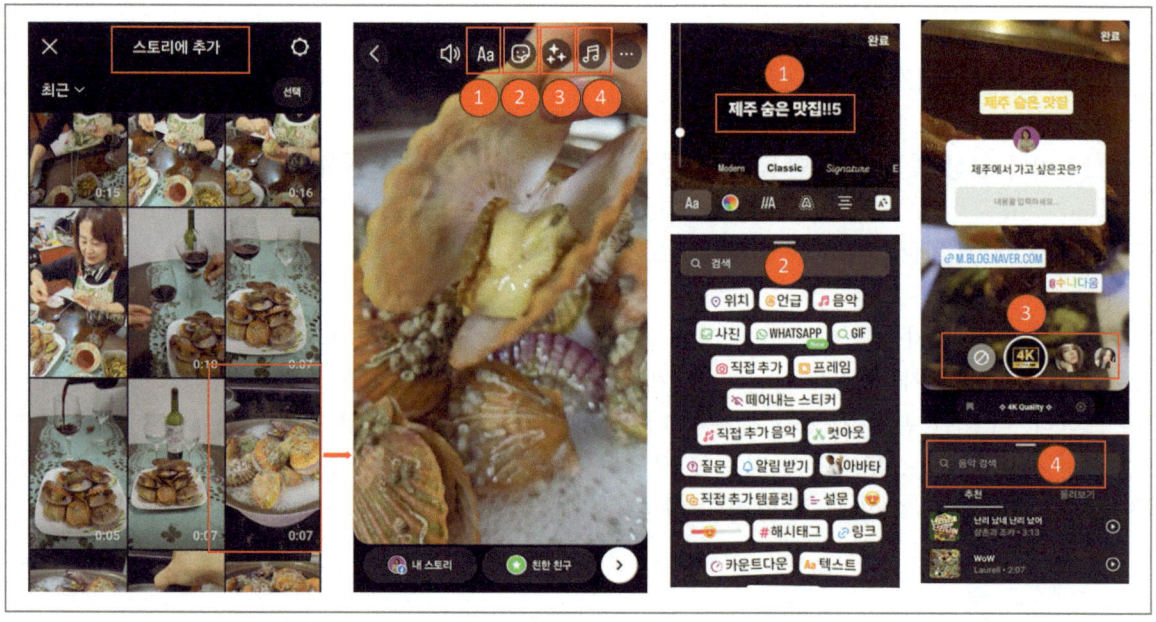

스토리는 단순히 올리는 것보다, 스티커와 기능을 적극 활용해야 더 많은 반응을 얻을 수 있다. 특히 아래 4가지는 스토리 업로드 시 가장 많이 사용하는 필수 요소다.

① 위치 스티커

현재 위치나 방문한 장소를 표시하는 기능이다.

위치 태그를 달면 해당 장소를 검색했을 때 내 스토리가 함께 노출될 수 있어, 노출 확장 효과를 기대할 수 있다. 맛집, 여행지, 매장 방문 등에서 꼭 활용하는 기능이다.

② 멘션 스티커

다른 계정을 태그할 때 사용하는 기능이다. 함께한 사람, 추천하고 싶은 계정, 협업하는 브랜드 계정 등을 태그해 연결할 수 있다. 태그된 계정은 알림을 받고, 해당 스토리를 다시 공유할 수도 있다.

③ 질문 스티커

팔로워와 소통할 수 있는 대표적인 참여형 기능이다. 질문을 던지고, 팔로워가 직접 답변을 적을 수 있어, 쌍방향 소통에 효과적이다. "여기 가보신 분?" "가보고 싶은 맛집 추천해주세요!" 같은 질문으로 공감을 끌어낼 수 있다.

④ 링크 스티커

스토리에서 원하는 외부 링크로 연결할 수 있는 기능이다. 블로그, 유튜브, 스마트스토어, 예약 페이지 등 원하는 페이지로 바로 이동시킬 수 있다. 특히 상세 설명이 필요한 경우, 스토리 링크를 활용해 추가 정보를 제공하는 데 유용하다.

(3) 스토리 하이라이트 등록 방법

스토리에 올린 콘텐츠를 프로필 상단에 고정해두는 기능이다. 인스타그램의 스토리는 기본적으로 24시간 후 자동 삭제된다. 하지만 스토리 하이라이트에 추가하면, 삭제하지 않는 이상 계속 프로필 상단에 고정되어 노출된다. 이 기능을 활용하면 브랜드 소개, 후기 모음, 제품 정보, 자주 묻는 질문 등을 모아서 하이라이트로 정리해두면 신규 방문자가 계정을 한눈에 파악하는 데 큰 도움이 된다. 카테고리별로 정리해 방문자에게 효과적으로 보여줄 수 있는 하이라이트는 일종의 브랜드 소개서 역할을 하므로 꼭 신경 써서 관리하는 것이 좋다. 스토리가 게시된 후, '내 스토리'를 열면 하단에 [하이라이트] 버튼이 생성되며, 이때부터 하이라이트 등록이 가능하다.

위에 이미지를 통해 하이라이트 등록 과정을 알아보자.

① [하이라이트] 버튼 클릭

스토리를 열면 하단 메뉴에서 '하이라이트 추가' 아이콘이 나타난다.

② [하이라이트에 추가] 선택

기존 하이라이트에 넣거나, 새롭게 만들 수 있다.

③ 주제별 하이라이트 구성

예: '홍보', '코칭', '정보', '릴스' 등 콘텐츠 성격에 맞게 구분해두면 계정의 전문성과 정보 전달력이 높아진다.

하이라이트 관리 TIP

스토리 하이라이트는 인스타그램 프로필의 첫인상을 결정짓는 중요한 요소이다. 따라서 단순한 스토리 저장 기능을 넘어, 브랜드의 핵심 정보를 보여주는 대표 콘텐츠 보관함으로 활용해야 한다.

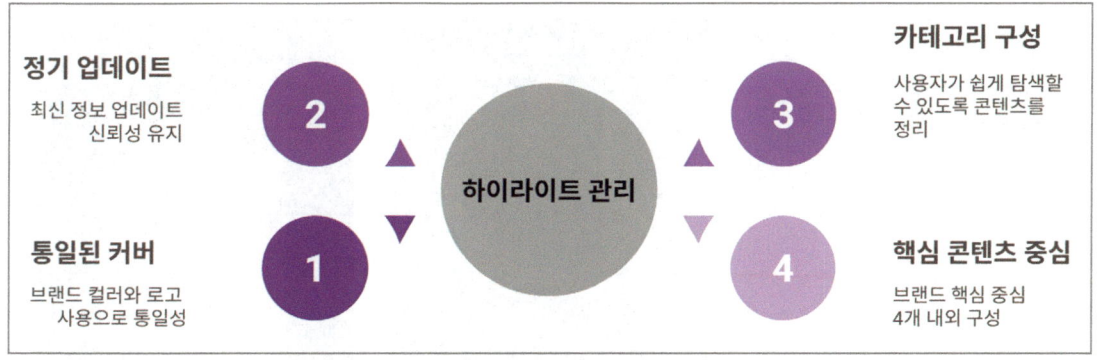

- 하이라이트 커버는 통일감 있게 브랜드 컬러, 로고, 대표 이미지를 기준으로 하이라이트 표지를 통일하면 프로필 전체가 깔끔하고 전문적인 인상을 준다.

- 하이라이트는 주기적으로 업데이트 이벤트, 제품 정보 등 시간이 지나면서 바뀌는 콘텐츠는 반드시 최신 내용으로 교체해 관리해야 한다. 오래된 정보는 신뢰도에 부정적인 영향을 줄 수 있다.

- 카테고리별 구성으로 가독성 향상 방문자가 원하는 정보를 쉽게 찾을 수 있도록 [제품소개], [Q&A], [후기], [이벤트] 등 주제별로 정리한다.

- 하이라이트는 여러 개 만들 수 있지만, 프로필에 보이는 개수는 제한적 하이라이트는 무제한 생성 가능하지만, 프로필 화면에 노출되는 개수는 보통 4~5개 정도다. 따라서 너무 많은 카테고리를 나열하기보다는, 브랜드 핵심 정보 중심으로 4개 내외로 구성하는 것이 가장 효과적이다.

(4) 릴스 제대로 만들고 운영하는 법

인스타그램에서 이제 릴스는 선택이 아닌 필수다. 짧은 시간 안에 강한 임팩트를 주고, 알고리즘 추천을 통해 비팔로워까지 도달할 수 있는 가장 강력한 포맷이기 때문이다. 특히 2025년 최신 알고리즘에서는 릴스의 비중이 더 커질 것이란 전망이 많다. 그만큼 릴스를 어떻게 만드느냐가 계정 성장과 직결된다.

하지만, 무작정 릴스를 많이 만든다고 해서 효과가 나는 것은 아니다. 브랜드 색깔을 담고, 스토리텔링을 입히며, 고객과의 연결고리까지 생각한 릴스만이 살아남는다. 해당 이미지는 릴스를 처음 만들 때 꼭 알아두어야 할 기초 제작 과정을 순서대로 보여준다. 릴스 제작을 시작하는 방법부터, 영상 선택, 음악 추가까지 실제 화면을 통해 이해해보자.

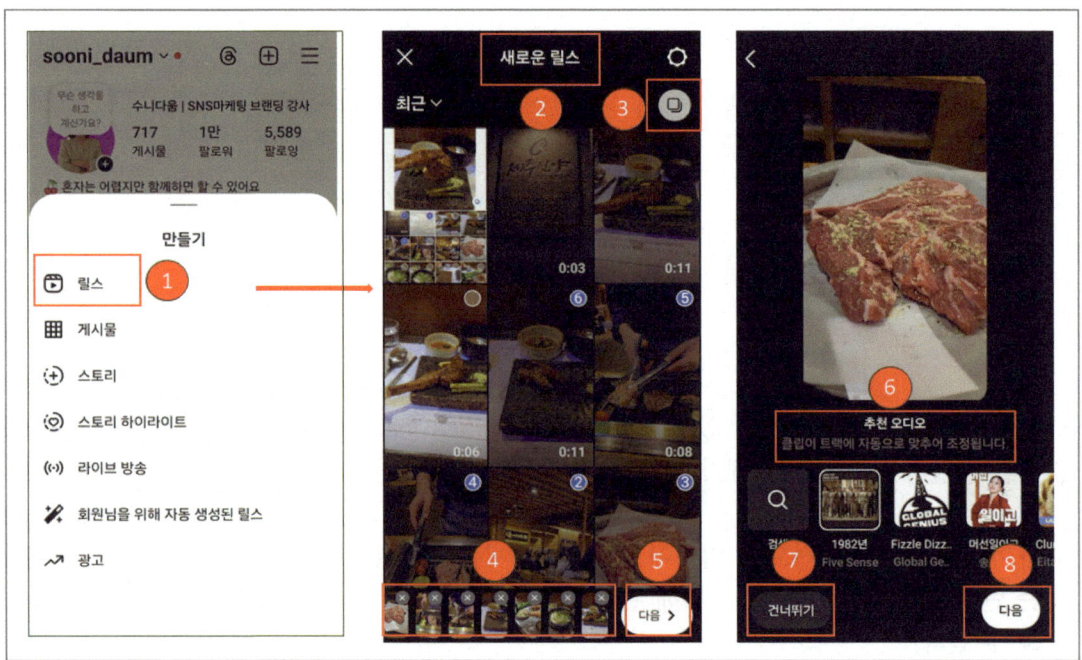

① 릴스 선택

- 홈화면에서 하단 [+] 버튼을 누르거나, 프로필에서 상단 [+]를 눌러 [릴스]를 선택한다.

- 릴스를 누르면 새로운 릴스 만들기 화면으로 이동한다.

② 새로운 릴스

바로 촬영도 가능하지만, 기존에 찍어둔 사진이나 영상을 불러와서 편집할 수 있다. 화면 왼쪽 상단에서 [최근] 앨범을 눌러 원하는 폴더로 이동해도 된다.

③ 여러 장 선택 모드 (레이어 아이콘)

- 사진이나 영상을 한 번에 여러 장 선택하고 싶을 때 누르는 버튼이다.
- 눌러서 활성화하면, 한 번에 여러 장 선택 가능하다. (최대 10개까지 선택 가능)

④ 사진/영상 선택

- 업로드할 사진과 영상을 선택한다.
- 선택한 순서대로 영상 흐름이 정해진다.
- 선택된 파일에는 숫자(순서)가 표시된다.

⑤ [다음] 버튼 클릭

- 사진과 영상을 모두 선택한 후 [다음]을 눌러 편집 화면으로 넘어간다.

⑥ 추천 오디오 안내 화면

- 선택한 사진/영상 길이에 맞춰 자동으로 추천 오디오가 뜨는 화면이다.
- 인스타그램이 자체적으로 인기 있는 음원을 추천하고, 선택한 사진·영상 길이에 맞게 자동 편집해준다.
- 초보자들은 이 기능을 사용하면 쉽게 릴스를 완성할 수 있다.
- 하지만, 꼭 추천 오디오를 써야 하는 건 아니다.
- 내가 원하는 음원이 따로 있다면, [검색]에서 직접 찾거나, 아예 [건너뛰기]로 넘어갈 수 있다.

⑦ 건너뛰기 버튼

- 음악 없이 영상 편집을 진행하고 싶을 때 누른다.
- 나중에 편집 화면에서 다시 음악을 추가할 수도 있다.

⑧ [다음] 버튼 클릭

- 추천 오디오를 그대로 사용하거나, 건너뛰기를 누르면 편집 화면으로 이동한다.

여기서 포인트

- 추천 오디오는 초보자들에게 편리한 기능이지만, 브랜드 계정이나 컨셉 있는 계정은 직접 음악을 선택하는 것이 더 유리하다.
- 요즘은 트렌디한 음악을 잘 쓰는 것도 알고리즘에 유리하다.

릴스에 사용할 사진과 영상을 선택하고 [다음]을 누르면, 본격적인 편집 화면으로 진입한다. 이 단계에서 영상 길이 조절, 텍스트 삽입, 오디오 추가 등 다양한 편집 기능을 활용해 나만의 개성 있는 릴스를 완성할 수 있다. 해당 이미지를 보면서 하나씩 기능을 살펴보자.

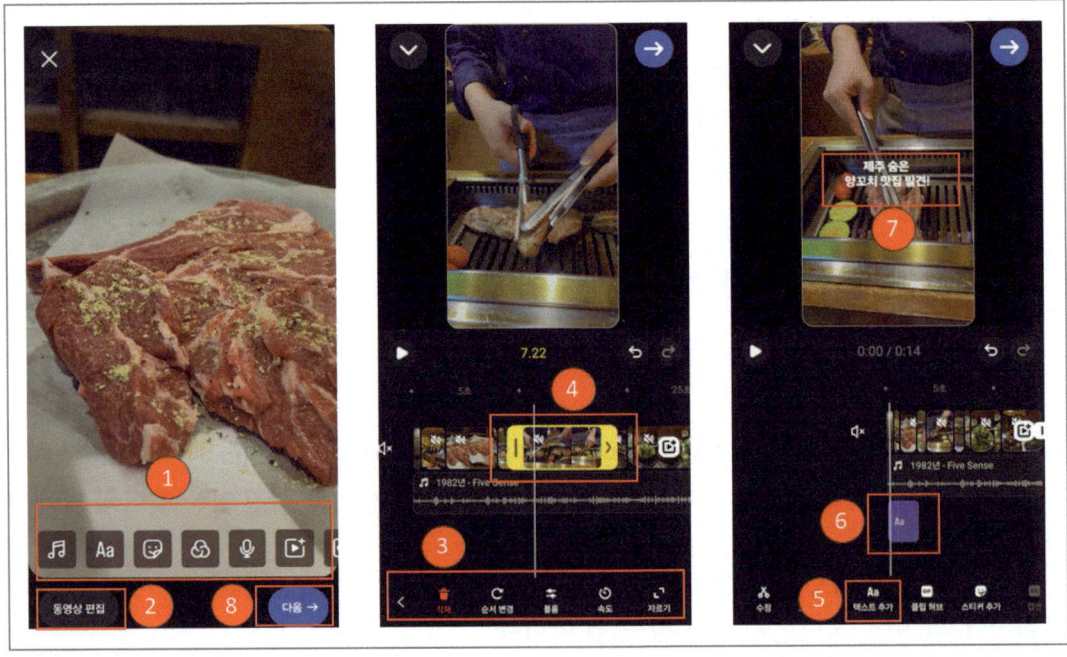

① 하단 편집 메뉴

편집 화면 하단에 다양한 아이콘이 나타난다. 각 아이콘의 기능은 다음과 같다.

- 🎵 오디오 추가: 배경 음악 삽입 및 편집
- ■ 텍스트 추가: 원하는 문구 삽입 및 글꼴·색상 변경

- ●스티커 추가: 위치, 언급, 해시태그 등 다양한 스티커 추가 가능
- ■클립 편집: 영상 순서 변경 및 길이 조절 등
- ♪음성 추가: 직접 녹음하여 나레이션 삽입 가능
- ▲효과 추가: 다양한 필터 및 화면 전환 효과 적용

② 동영상 편집 버튼

각 클립을 개별적으로 편집할 수 있는 메뉴로, 길이 조절, 잘라내기, 순서 변경 등이 가능하다.

③ 세부 편집 메뉴

[동영상편집]을 클릭하면 세부 편집을 할 수 있다.
- ■순서 변경: 클립을 드래그해 순서를 조정할 수 있다.
- ✂자르기: 각 클립의 길이를 원하는 만큼 조절할 수 있다.
- ■볼륨 조절: 클립별 원본 음량 조절
- ■재생 속도 조절: 빠르게·느리게 속도 조정
- 🗑클립 삭제: 선택한 클립 삭제

④ 타임라인에서 클립 선택

편집 중 특정 클립을 선택해 집중 편집할 수 있다. 클립을 터치하면 해당 클립에만 효과·텍스트·스티커 등을 추가할 수 있다.

타임라인이란?

릴스 편집 화면에서 사진·영상 클립들이 시간 순서대로 나열된 공간으로, 영상 편집의 핵심 작업 영역이다. 이곳에서 각 클립의 순서를 바꾸거나, 길이를 조절하거나, 특정 클립에 텍스트·스티커·음악이 나오는 타이밍을 설정할 수 있다.

이미지 ④번에 노란 박스로 표시된 부분이 바로 타임라인이다. 흰색 세로선은 현재 편집하고 있는 위치를 의미하며, 이 선을 움직여 원하는 위치에서 편집할 수 있다.

⑤ 텍스트 추가

화면에 보여질 문구를 추가할 수 있다. 텍스트는 위치 조정, 색상 변경, 애니메이션 효과까지 모두 설정할 수 있다. 또한, 텍스트가 언제 나타나고 언제 사라질지도 타임라인을 활용해 원하는 타

이밍에 맞출 수 있다.

여기서 꼭 기억할 포인트!!

릴스는 많은 사용자들이 소리를 끄고 시청하는 경우가 많다. 그렇기 때문에, 영상 내용이 한눈에 이해될 수 있도록 캡션(텍스트)을 영상 안에 넣어주는 것이 매우 중요하다. 특히, 후킹 문구나 핵심 정보는 영상 첫 3초 안에 반드시 보여줘야 한다. 스크롤 속도가 빠른 릴스 특성상, 텍스트로 시선을 끌어야 끝까지 보게 만들 수 있다.

⑥ 텍스트 등장 타이밍 조절

타임라인에서 텍스트가 나타나고 사라지는 구간을 직접 설정해, 중요한 장면마다 원하는 문구가 딱 맞게 등장하도록 편집할 수 있다.

⑦ 미리보기로 영상 확인

편집이 끝난 후, 실제로 어떻게 보이는지 미리 보며 최종 점검할 수 있다.

⑧ [다음] 버튼 클릭

사진·영상 선택과 기본 편집이 끝나면 [다음]을 누른다. 릴스를 멋지게 편집했다면, 이제 마지막 단계인 캡션 작성과 해시태그 설정이 남아있다. 캡션은 단순히 글을 적는 공간이 아니라, 영상의 매력을 더하고, 시청자와 소통을 유도하는 중요한 역할을 한다. 또한, 해시태그는 탐색 탭과 검색 결과에 내 영상을 노출시키는 핵심 도구다.

[다음] 버튼을 누르면 아래와 같이 [새로운 릴스]에서 캡션, 해시태그, 사람태그, 위치추가등을 작성한 후 [임시저장] 또는 [공유하기]를 할 수 있다.

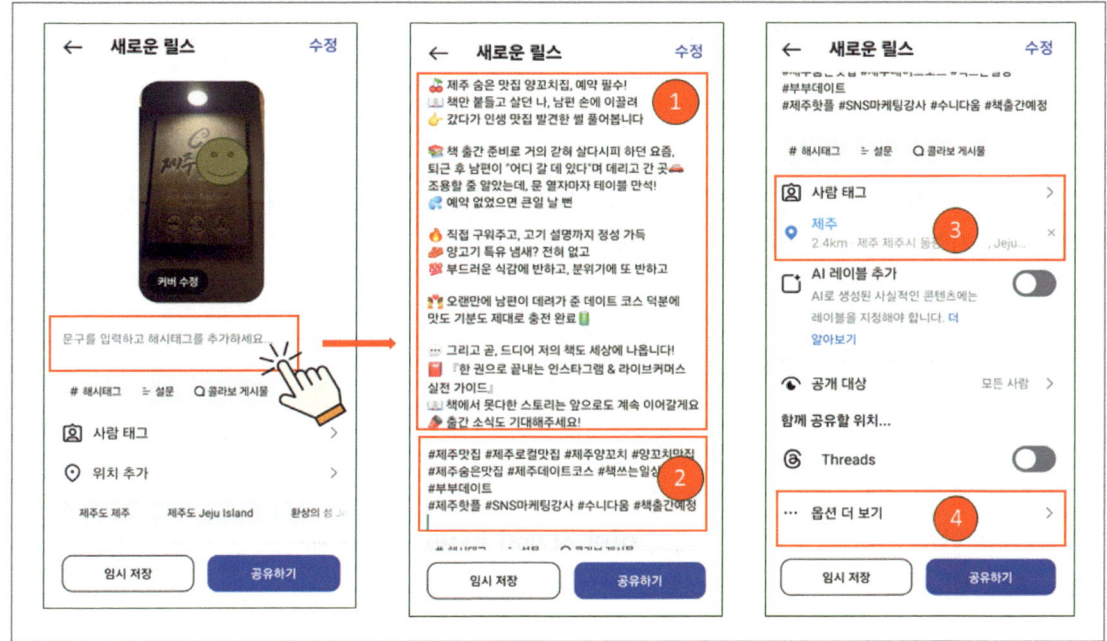

① 캡션 작성

릴스 캡션 작성 시 가장 중요한 점은 [처음 두 줄]이다. 첫 두 줄이 매력적이지 않으면, 더보기(…)를 누르지 않고 지나쳐버리기 때문이다.

- 후킹 문구 필수!
- 문장 사이에 이모티콘을 적절히 사용해 시각적 포인트를 주고,
- 가독성 있게 너무 길지 않은은 핵심 내용 위주로 작성하는 것이 좋다.

② 해시태그 설정

해시태그는 [검색되는 콘텐츠]를 만드는 핵심 도구다. 무작정 많이 넣는다고 좋은 게 아니라, 콘텐츠 주제와 정확히 맞는 키워드를 골라야 한다.

추천 해시태그 구성법

- 지역+카테고리: #제주맛집 #제주양꼬치

- 트렌드형 해시태그: #부부데이트 #제주숨은맛집
- 자기 브랜드 관련 해시태그: #수니다움 #SNS마케팅강사 #책출간예정

해시태그는 보통 5~15개 내외가 적당하며, 너무 많으면 스팸으로 인식될 수 있다.

③ 사람 태그 & 위치 태그

콘텐츠에 관련된 사람이나 장소를 태그하면, 그 계정 피드에도 노출될 가능성이 생기고, 위치 태그를 통해 지역 기반 노출 기회도 늘어난다.

사람 태그 – 함께 간 사람, 장소 운영 계정 태그
위치 태그 – 정확한 가게 위치나 핫플레이스 태그

④ 옵션 더보기

이 부분은 앞서 사진 업로드 파트에서 이미 상세히 다뤘다. 릴스에서도 동일하게 적용 가능하니, 참고하면 된다.

(5) 릴스 커버 수정 방법

릴스를 업로드하기 전, 반드시 [커버 수정]을 통해 썸네일을 원하는 이미지로 설정해야 한다. 해당 이미지는 릴스를 업로드할 때 커버(썸네일) 이미지를 설정하는 전체 과정을 보여준다. 릴스의 커버는 프로필 피드와 탐색 탭에서 가장 먼저 보여지는 대표 이미지이기 때문에, 반드시 눈에 띄고 브랜드를 잘 보여줄 수 있는 컷으로 설정해야 한다. 영상 속에서 가장 시선을 끌 수 있는 장면을 선택하거나, 별도의 이미지(표지)를 만들어 업로드하는 것이 좋다.

① [커버 수정] 버튼을 누른다.

② 영상에서 원하는 장면을 선택하거나, 하단의 사진 썸네일 목록에서 선택할 수 있다.

③ [카메라 롤에서 추가]를 누르면, 스마트폰에 저장된 이미지 중 원하는 것을 커버로 설정할 수도 있다.

④ 텍스트가 포함된 커버 이미지를 미리 디자인툴(캔바, 포토샵 등)에서 제작해두면, 훨씬 손쉽게 일관된 브랜드 이미지를 유지할 수 있다.

⑤ 선택한 이미지를 커버로 미리 확인하고, 필요하다면 텍스트도 추가해 가독성을 높인다.

⑥ 완료를 눌러 커버 변경을 마친다.

지금까지 인스타그램에서 사진, 영상, 스토리, 릴스까지 다양한 콘텐츠를 어떻게 올리고, 어떤 요소들을 챙겨야 하는지 함께 살펴봤다. 하지만 잘 올리는 것만으로는 부족하다. 아무리 정성껏 만든 콘텐츠도 알고리즘이 외면하면 빛을 보지 못하고 사라져버린다. 결국, 성장하는 계정과 제자리걸음하는 계정의 차이는 콘텐츠를 올린 이후 어떻게 관리하고, 알고리즘과 얼마나 친하게 지내느냐에서 갈리게 된다.

이제부터는, 2025년 최신 분석을 통해 성장하는 계정과 실패하는 계정의 결정적 차이와 인스타그램이 원하는 방향에 맞춘 운영법까지 정리한다.

2. 성장하는 계정 vs 실패하는 계정 (2025년 최신 분석)

인스타그램 운영의 핵심은 '지속성'과 '소통'에 있다. 특히 2025년 인스타그램 알고리즘은 '검색 최적화'와 '지속적 소통'을 핵심으로 삼고 있기 때문에, 제대로 된 방향을 잡지 못한 계정은 도달률이 급감할 가능성이 높다. 같은 기간 동안 꾸준히 콘텐츠를 올려도, 어떤 계정은 빠르게 성장하는 반면 어떤 계정은 정체되거나 오히려 팔로워가 줄어든다. 그 차이는 바로 운영 방식과 알고리즘 친화도에서 갈린다. 인스타그램에서 성장하는 계정과 실패하는 계정의 차이를 다음과 같다.

성장하는 계정 VS 실패하는 계정의 차이

성장하는 계정
일관성, 참여, 트렌드 활용

실패하는 계정
불규칙성, 소통 부족, 트렌드 무시

(1) 성장하는 계정의 특징

① 명확한 컨셉과 일관된 브랜드 아이덴티티를 유지한다.
브랜드의 색깔을 드러내는 통일된 톤앤매너가 계정의 전문성과 신뢰도를 높인다.

② 고객과 적극적으로 소통하고, 좋아요·댓글·DM을 꾸준히 주고받는다.
반응형 계정은 팔로워의 충성도를 높이며 알고리즘에도 긍정적인 영향을 준다.

③ 릴스, 스토리, 라이브까지 다양한 포맷을 균형 있게 운영한다.
포맷별 장점을 살려 다양한 방식으로 브랜드를 노출시킨다.

④ 트렌드를 빠르게 반영한 콘텐츠를 기획·제작한다.
시의성 있는 콘텐츠는 검색·추천 노출에 유리하며, 더 많은 참여를 이끌어낸다.

⑤ 해시태그, 위치 태그, 멀티링크 등 다양한 노출 기법을 적절히 활용한다.
게시물 도달 범위를 넓히는 핵심 요소로, 노출 전략의 기본이다.

⑥ 프로필부터 캡션까지 검색 최적화를 고려해 키워드 중심으로 구성한다.
검색 가능한 계정으로 만드는 것이 인스타그램 운영에서 매우 중요하다.

⑦ 콘텐츠마다 정보·스토리·해결책을 담아 스토리텔링을 강화한다.
고객이 공감하고 저장할 수 있는 콘텐츠는 오래 기억되고 확산되기 쉽다.

⑧ 저장보다는 좋아요·공유를 유도하는 멘트를 활용한다.
참여를 유도하는 질문형, CTA 문구가 콘텐츠 반응률을 높인다.

⑨ 일정한 패턴을 유지하며 지속적으로 콘텐츠를 업로드해 가시성을 극대화한다.
꾸준함은 알고리즘 신뢰를 얻는 가장 효과적인 방법이다.

(2) 실패하는 계정의 특징

① 불규칙하게 게시물을 올려서 알고리즘 신뢰도를 잃는다.
일정하지 않은 업로드는 계정 노출 빈도를 떨어뜨린다.

② 팔로워와의 소통이 거의 없거나, 일방적인 홍보성 게시물만 올린다.
고객과의 관계가 약해져 충성도와 반응률이 낮아진다.

③ 무분별하게 관련성 없는 해시태그를 남발해 오히려 페널티를 받는다.
검색 노출에 불리하고, 알고리즘에 부정적으로 작용할 수 있다.

④ 피드 구성에 일관성이 없어 브랜드 아이덴티티가 드러나지 않는다.
방문자가 계정의 정체성을 파악하기 어려워 팔로우로 이어지지 않는다.

⑤ 감성사진 위주의 콘텐츠만 올리고, 정보나 가치를 담은 콘텐츠가 부족하다.
일시적인 반응은 얻을 수 있지만, 팔로워 유지와 전환에는 약하다.

⑥ 최신 기능이나 트렌드를 반영하지 않아 노출 기회를 스스로 놓친다.
릴스, 스토리, 라이브 등의 활용 부족은 성장의 기회를 제한하게 된다.

성장하는 계정들의 공통점은 이제 명확하다. 좋은 콘텐츠를 만드는 것에서 끝나는 것이 아니라, '검색되는 콘텐츠'를 만드는 데 집중한다. 아무리 잘 만든 콘텐츠도 검색되지 않으면 의미가 없다. 그 중심에 있는 것이 바로 인스타그램 SEO다.

인스타그램 SEO(Search Engine Optimization)는 원래 구글 같은 검색 엔진에서 내 콘텐츠가 상위에 노출되도록 최적화하는 작업을 뜻한다. 그런데 이제 인스타그램도 '검색 플랫폼'으로 진화하면서, 검색 알고리즘에 맞춘 최적화 작업이 필수가 되었다.

인스타그램 SEO 제대로 하는 법

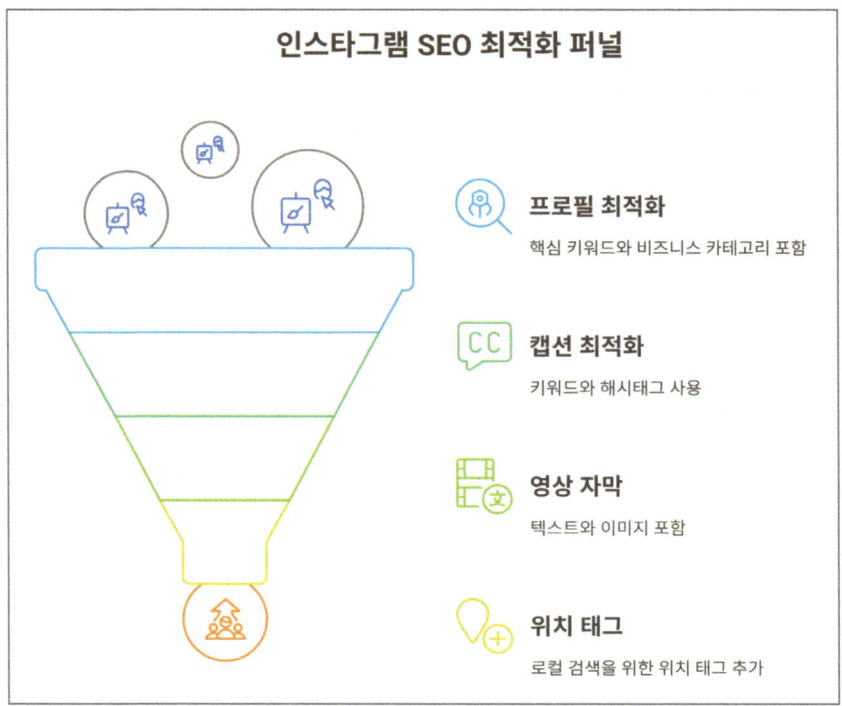

프로필 최적화

- 프로필 이름·소개글에 핵심 키워드 반드시 포함
- 비즈니스 카테고리 설정도 정확하게

게시물·릴스 캡션 최적화

- 감성 문구 대신, 검색될 만한 키워드 중심으로 작성
- 해시태그도 키워드+지역명+트렌드 키워드까지 골고루 사용

영상 자막·텍스트 삽입

- 영상 속 텍스트도 검색 노출에 반영됨
- 인스타그램은 영상 속 이미지·텍스트까지 분석하는 단계로 발전 중

위치 태그 활용

- 특히 로컬 비즈니스는 위치 태그 필수
- 검색할 때 [장소+키워드]로 검색하는 사용자가 급증 중

인스타그램 공식 발표에 따르면, 이제 검색 노출은 단순 해시태그보다 콘텐츠 맥락, 캡션 내용, 프로필 정보까지 종합적으로 분석해 결정된다. 즉, 검색되는 계정이 곧 '성장하는 계정'이다.

(3) 성장하는 계정과 실패하는 계정 예시

- A 계정: 제주 감성 카페 추천

키워드가 포함된 제목, 위치 태그, 상세 정보 정리로 탐색 탭·검색에서 유입 폭발

- B 계정: 오늘 날씨 너무 좋다

감성사진 한 장에 의미 없는 해시태그만 나열, 기존 팔로워 몇 명만 좋아요

- 결과: A 계정은 하루 수백 명 유입되지만 B 계정은 제자리걸음이다.

3. 아담 모세리가 강조한 인스타그램의 방향성

(1) 왜 아담 모세리의 발언이 중요한가?

아담 모세리(Adam Mosseri)는 2018년부터 인스타그램 CEO를 맡고 있는 인물로, 인스타그램의 모든 정책 변화와 알고리즘 개편 방향을 가장 먼저 공개하는 핵심 창구다.

특히, 2023년부터 모세리는 인스타그램을 단순한 'SNS'가 아닌, 검색+발견+수익화 플랫폼으로 성장시키겠다는 장기 비전을 밝혔고, 이는 2025년 현재 인스타그램 운영 전략의 중심축이 되고 있다.

"사진 공유앱 시대는 끝났다. 이제 인스타그램은 검색과 발견, 관계형 소통, 크리에이터 수익화까지 지원하는 플랫폼으로 진화한다."

— 아담 모세리, 2025년 신년 메시지 中

(2) 아담 모세리가 발표한 2025년 핵심 방향성 5가지

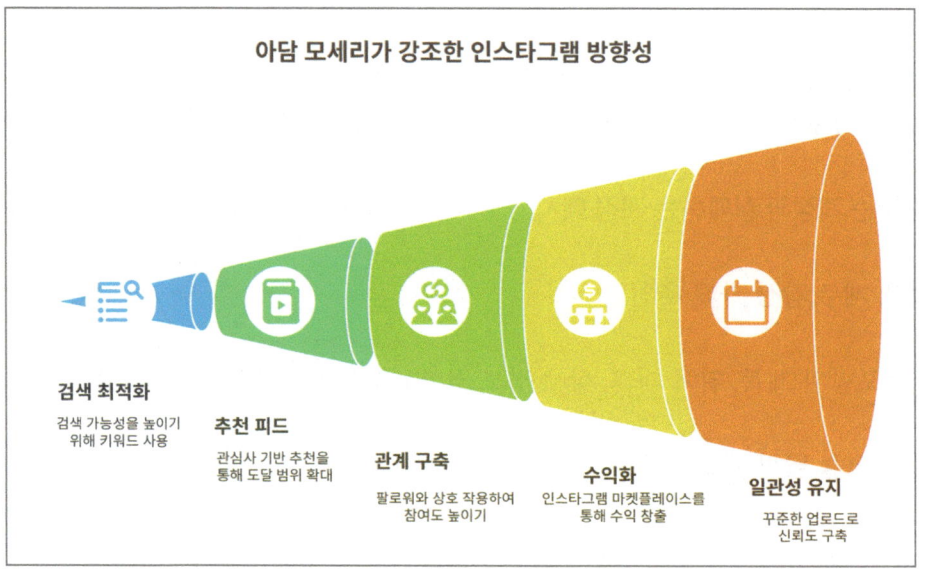

① 검색 강화 (Instagram = 검색 플랫폼)

- 유저들이 더 이상 단순히 팔로우한 계정만 보는 시대는 지났다.
- 인스타그램 내부 검색창에서 정보를 찾는 유저 비율이 폭증
- 이에 따라, 프로필, 게시물 캡션, 해시태그, 릴스 자막까지 검색 최적화(SEO) 필수 시대가 열렸다.
- '인스타그램 SEO'라는 용어가 마케터들 사이에 기본 언어가 될 정도로, 검색 기반 노출 경쟁이 심화되고 있다.

실전 팁

- 프로필 소개글에 키워드 자연스럽게 삽입
- 캡션에도 핵심 키워드 2~3개 필수 삽입
- 릴스 자막에도 키워드 반영 → 음성자막까지 인식되어 검색 반영

② 추천피드 강화 (팔로우 여부와 상관없이 추천)

- 기존에는 '팔로워 기반 노출'이 주력이었다면, 이제는 관심사 기반 추천피드가 더 중요해졌다.
- 내가 어떤 콘텐츠를 소비하고 저장했는지가 곧, 나의 관심사로 분석되어 비슷한 콘텐츠가

- 끊임없이 추천되는 구조다.
  - 유튜브의 '알고리즘 추천' 방식과 유사해지고 있다.

실전 팁

- 내 계정이 어떤 주제를 다루는지 명확하게 설정
- 일관된 키워드와 해시태그 사용으로 알고리즘 학습 유도
- 관심사 연결 콘텐츠를 꾸준히 제작해 탐색탭 노출 강화

③ 관계형 소통 강화 (DM·댓글·스토리 대화 데이터 적극 반영)

- '좋아요'보다 더 중요한 게 바로 '관계 데이터'다.
- 댓글에서 시작된 대화가 DM으로 이어지고, 스토리에서 다시 언급되는 흐름이 반복되는 계정을 알고리즘은 '관계형 활성 계정'으로 인식해 우선 추천한다.
- 단순히 콘텐츠만 올리는 계정이 아니라, 팔로워와 지속적 대화를 나누는 계정이 살아남는다.

실전 팁

- 댓글 유도형 캡션 작성 (질문 던지기, 경험 공유 요청)
- DM 자동화 세팅 (댓글 달면 DM으로 자료 제공 등)
- 스토리에서 팔로워 의견 물어보고, 받은 답변은 다시 콘텐츠로 활용하는 '순환 소통 구조' 만들기

④ 크리에이터 수익화 강화 (마켓플레이스 활성화)

- 이제 인스타그램은 크리에이터를 단순히 '콘텐츠 생산자'가 아닌, 비즈니스 파트너로 대우하는 방향으로 전환 중이다.
- 브랜드와 크리에이터를 직접 연결하는 '인스타 마켓플레이스'가 공식 출시되었고, 이를 통해 팔로워 수와 관계없이 수익 기회가 열렸다.
- 콘텐츠 제작 그 자체가 곧 수익으로 연결되는 시대가 열렸다.

인스타그램 마켓플레이스란?

인스타그램 마켓플레이스는 인스타그램 CEO 아담 모세리(Adam Mosseri) 가 강조한 크리에이터 수익화의 핵심 기능이다. 이 기능은 브랜드와 크리에이터를 공식적으로 연결해주는 플랫폼으로,

협업을 보다 쉽고 투명하게 진행할 수 있도록 돕는다.

마켓플레이스의 작동 흐름은 다음과 같다.

- 브랜드가 마켓플레이스에 광고 캠페인 정보를 등록한다.
- 크리에이터는 공개된 캠페인을 보고, 관심 있는 프로젝트에 직접 지원한다.
- 브랜드는 지원자들의 프로필과 기존 콘텐츠를 검토한 후, 협업할 크리에이터를 선택한다.
- 선정된 크리에이터는 브랜드와 협업하여 콘텐츠를 제작하고, 수익을 창출한다.

인스타그램 마켓플레이스 핵심 포인트

- 팔로워 수만 중요한 시대는 지났다. 콘텐츠의 퀄리티, 업로드의 꾸준함, 팔로워와의 소통력까지 종합적으로 평가된다.
- 인스타그램이 직접 매칭을 관리하기 때문에, 브랜드와 크리에이터 간 신뢰도 높은 협업이 가능하다.
- 이제는 '파워 인플루언서만 수익을 얻는 구조'가 아니다. 꾸준히 활동하는 소규모 크리에이터도 수익화 기회를 가질 수 있다.

실전 팁

- 크리에이터 계정 전환 필수
- 꾸준한 활동 이력 확보 (최소 3개월 이상 지속 업로드)
- 브랜드 협업 기회를 얻기 위해, 프로필과 게시물에 내 전문성을 명확히 드러내기

⑤ 지속 가능한 운영 강조 (떡상보다 꾸준함이 중요)

- 하루에 10개 올리고, 다음날 휴식하는 계정보다, 주 3회 꾸준히 올리는 계정이 훨씬 유리하다.
- 단기 성과보다, 장기적으로 안정적 활동을 유지하는 계정을 알고리즘은 '신뢰 계정'으로 인정하고, 지속 노출 우선권을 부여한다.

실전 팁

- 주간·월간 콘텐츠 계획표 작성
- 일괄 촬영 & 예약 업로드로 꾸준한 리듬 유지
- 팔로워와의 소통도 콘텐츠 제작만큼 중요하게 관리

(3) 아담 모세리가 직접 밝힌 릴스 알고리즘 5대 조건

1) 첫 화면에서 주목 끌기

- 릴스를 볼 때 대부분 소리를 끄고 본다.
- 썸네일에 강력한 텍스트를 넣어, '이 영상이 뭔지' 한눈에 전달해야 한다.

2) 해시태그에 집착하지 말라

- 해시태그가 바이럴에 미치는 영향은 크지 않다.
- 중요한 건 콘텐츠의 질과 전달력이다.

3) 영상 화질은 반드시 고화질(High Quality)

- 720p 이하 저화질 영상은 추천 피드에서 아예 제외될 수 있다.
- 4K 수준의 깨끗한 영상이 기본이다.

4) 로고 삽입은 OK, 다른 앱 워터마크는 NO

- 브랜드 로고는 괜찮지만, 틱톡 워터마크가 남아있으면 노출 제한이 걸린다.
- 인스타그램 네이티브 제작이 가장 유리하다.

5) 꾸준한 업로드 패턴 유지

- 하루 10개 몰아올리는 것보다, 주 3~4회 꾸준히 올리는 계정이 장기적으로 유리하다.

(4) 모세리가 강조한 핵심 메시지 총정리

인스타그램은 더 이상 사진 앱이 아니다. 검색+추천+수익화까지 아우르는 플랫폼으로 진화 중이다. 콘텐츠의 퀄리티보다 '관계 데이터'가 더 중요해진다. 단기 떡상보다, 장기적으로 살아남는 계정을 선호한다. 크리에이터와 브랜드의 협업을 공식 지원하는 구조로 변화한다.

"좋은 콘텐츠는 넘쳐난다. 하지만 관계를 맺는 계정은 드물다.
인스타그램에서 성공하고 싶다면, 관계를 만들고 꾸준히 유지하라."

- 아담 모세리, 2025년 1월 인스타그램 공식 발표 중-

4. 지속 가능한 인스타그램 계정 관리법

일시적인 떡상보다 중요한 것은 지속 가능한 운영이다. 아무리 바이럴을 한 번 터뜨려도, 꾸준함과 소통이 뒷받침되지 않으면 결국 사람들의 기억에서 사라진다. 2025년형 지속 가능한 계정 관리법은 다음과 같다.

1) 플랫폼의 특성 이해

- 인스타그램 알고리즘과 기능 업데이트를 항상 체크하고, 변화에 빠르게 대응한다.
- 트렌드 변화에 맞춰 콘텐츠 기획 방향과 포맷도 유연하게 조정한다.
- 특히, 릴스·해시태그 전략·쇼핑 기능 같은 최신 기능을 적극 활용한다.

2) 일관된 콘텐츠 전략과 제작 기술 강화

- 브랜드의 색깔과 컨셉을 명확하게 정하고, 그에 맞는 콘텐츠를 지속적으로 제작한다.
- 콘텐츠 제작 기술도 필수다.
    - 사진: 브랜드 컬러·분위기에 맞춘 촬영 및 보정 스킬 강화
    - 영상: 짧지만 강렬한 메시지를 담는 릴스 편집 기술 습득
    - 캡션: 단순 설명이 아니라 감성을 자극하는 스토리텔링 방식 적용
    - 디자인 편집: Canva, 미리캔버스 등을 활용해 피드 통일감 유지

3) 꾸준한 소통과 피드백 반영

- 댓글과 DM 응답 속도를 최대한 빠르게 유지해 신뢰도를 높인다.
- 팔로워의 반응을 정기적으로 분석하고, 콘텐츠 방향을 유연하게 조정한다.
- 콘텐츠마다 소통을 유도하는 문구를 넣어, 자연스럽게 대화가 이어지도록 한다.

4) 알고리즘과 친해지는 꾸준함

- 인스타그램 알고리즘은 '활성 계정'을 우선적으로 노출한다.
- 하루 1개가 이상적이지만, 최소 주 3~4회는 꾸준히 업로드한다.
- 정해진 업로드 패턴과 루틴을 지키는 계정이 알고리즘 신뢰도를 확보한다.

5) 최신 기능 적극 활용

- 자동 댓글 DM, 마켓플레이스 등 최신 기능을 놓치지 않고 활용한다.

- 신기능을 먼저 테스트하고 빠르게 적응하는 계정이 트렌드 주도권을 갖는다.

6) 관계형 마케팅 강화

- 단순 노출이 아니라, DM·댓글·스토리로 팔로워와 꾸준히 관계를 쌓는다.
- 관계가 이어지는 계정은 자연스럽게 입소문이 나고, 충성도 높은 팔로워를 확보할 수 있다.

지금까지 인스타그램에서 사진, 영상, 스토리, 릴스까지 다양한 콘텐츠를 제대로 업로드하고, 업로드 후 어떻게 관리·운영해야 효과적인지까지 핵심 포인트를 모두 정리했다.

결국 인스타그램 성공의 핵심은 단순히 '좋은 콘텐츠를 많이 올리는 것'이 아니라, '알고리즘이 좋아하는 방식'으로, '팔로워와 끊임없이 소통하며', '지속적으로 꾸준히' 운영하는 데 있다. 특히, 인스타그램은 단발성 이벤트로 끝나는 플랫폼이 아니다. 하루아침에 떡상하고 잊히는 계정이 아닌, 브랜드 스토리를 지속적으로 쌓아가며, 팔로워와 관계를 단단히 만들어가는 과정이 무엇보다 중요하다.

하지만 여기서 한 가지 꼭 기억해야 할 점이 있다. 많은 팔로워와 높은 조회수를 자랑하는 계정이 모두 수익화로 이어지는 것은 아니다. 인스타그램에서 '잘된다'는 것과, '돈이 된다'는 것은 전혀 다른 이야기다. 콘텐츠는 브랜드로 연결되어야 하고, 브랜드는 자연스럽게 매출로 이어지는 흐름이 만들어져야 한다.

5. 꼭 알아야 할 실전 활용 팁 & 추천 도구

(1) 릴스 올리고 꼭 해야 하는 5가지

릴스를 올렸다고 끝이 아니다. 인스타그램 알고리즘은 단순히 콘텐츠 품질만 보는 것이 아니라, 콘텐츠를 올린 후 '얼마나 적극적으로 소통하느냐'도 중요하게 평가한다. 아래 5가지는 인스타그램이 공식적으로 추천한 '릴스 후속 액션'이다.

① 스토리 공유하기

- 내가 올린 릴스를 스토리에 공유하면, 기존 팔로워에게 자연스럽게 노출된다.
- 릴스를 단순히 [탐색 탭] 노출에만 의존하지 말고, 내 팔로워부터 보게 만들어야 반응률이 높아진다.

② 고정 댓글 활용하기

- 릴스에 사람들이 댓글을 달도록 유도하는 고정 댓글을 먼저 남긴다.
예) "여러분은 어떻게 생각하세요?" "비슷한 경험 있으신가요?" 등
- 댓글을 유도할수록 알고리즘은 '소통이 활발한 콘텐츠'로 판단해 더 많이 노출시킨다.

③ 이전 콘텐츠와 연결하기 (대댓글 달기)

- 과거에 올린 릴스·게시물의 댓글에 새 댓글을 달아 연결 대화를 이어간다.
- 이 과정에서 상대방이 내 계정에 재방문하는 확률이 높아지고, 인스타그램은 이를 '관계 강화 신호'로 인식한다.

④ DM으로 연결하기

- 댓글·좋아요를 남긴 사람에게 DM으로 감사 인사를 보내거나 추가 정보를 제공한다.
- DM 소통이 활발할수록, 해당 팔로워는 이후 내 콘텐츠를 더 자주 보게 되는 구조다.

⑤ 내 카테고리 인기 릴스에 댓글 달기

- 내가 활동하는 분야의 인기 릴스를 찾아가서 댓글로 자연스럽게 소통한다.
예) "이 정보 정말 유용해요!" "저도 비슷하게 해봤는데 효과 좋았어요!"
- 비슷한 관심사를 가진 사람들이 내 계정으로 유입되는 자연스러운 유인책이 된다.

(2) 콘텐츠 제작 속도 2배로 올리는 '무료 사이트 3가지'

콘텐츠 제작에 시간이 너무 많이 걸린다면, 아래 3가지 무료 사이트를 적극 활용해보자. 초보자도 쉽고 빠르게 프로급 콘텐츠를 완성할 수 있는 비밀 도구들이다.

① 비드클루(VidClue)

- 인기 있는 숏폼 영상 스타일을 모아둔 라이브러리
- 원하는 스타일의 영상을 골라, 내 콘텐츠로 빠르게 리믹스 가능
- 트렌드 분석부터 영상 아이디어 발굴까지 한 번에 해결

사이트: https://vidclue.com

② 지터(Jitter)

- 애니메이션이 들어간 텍스트, 버튼, 아이콘을 빠르게 제작하는 모션 그래픽 편집 도구
- 이미 완성된 템플릿을 활용해 몇 번의 클릭만으로 '감각적인 모션 그래픽 영상' 완성
- 인트로·아웃트로·인트로 자막 디자인까지 해결

사이트: https://jitter.video

③ 목업.포토(Mockup.photos)

- 핸드폰, 노트북, 책상 위 등 실제 환경에 내가 만든 콘텐츠를 자연스럽게 합성해주는 사이트
- 제품 홍보, 썸네일 제작, 브랜드 스토리텔링에 활용도 높음
- 이미지 드래그&드롭만으로 전문가급 목업 이미지 완성

사이트: https://mockup.photos

(3) 자동 댓글 DM 활용법 - 소통+유입+신뢰+수익, 이걸로 다 잡는다!

자동 댓글 DM은 이제 선택이 아닌 필수다. 특히 릴스와 게시물에서 댓글을 달면, 자동으로 DM을 보내주는 기능은 반응률과 DM 소통을 폭발적으로 끌어올리는 핵심 장치다.

자동 DM, 어렵지 않다! 초보자도 바로 할 수 있는 쉬운 가이드

자동 DM이란?

· 댓글을 달면, 그 즉시 DM이 자동으로 발송되는 기능이다.
· 예를 들어, "이 자료 받고 싶으면 '자료'라고 댓글 달아주세요"라고 안내하면,
· '자료'라고 댓글을 다는 순간, DM으로 자료 다운로드 링크나 메시지가 자동으로 전송된다.

왜 필요한가?

· 릴스만 보고 지나치는 잠재 고객을 DM으로 끌어들여 대화 시작
· 한번 DM을 주고받으면, 그 사람은 '소통한 계정'으로 분류되어 이후 콘텐츠 노출률이 급상승
· 자료 제공, 쿠폰 발송, 이벤트 참여 유도 등 다양한 마케팅에 활용 가능

설정 방법은?

인스타그램 자체 기능에는 자동 DM 기능이 없다. 따라서, 외부 툴을 연결해서 사용해야 한다. 대표적인 서비스가 바로 매니챗(Manichat)이다.

매니챗으로 자동 DM 설정하는 방법

① 매니챗 홈페이지 접속 후 회원가입 (구글 계정 연동 가능)
② 내 인스타그램 비즈니스 계정과 매니챗 연결 (연결 과정에서 권한 허용 필수)
③ 매니챗 대시보드에서 '인스타그램 자동 DM 플로우' 메뉴 선택
④ 트리거 설정 → 특정 댓글 키워드 입력 ('자료', '신청', '할인정보' 등)
⑤ 댓글이 달리면 보낼 DM 내용 작성 (링크, 메시지, 이미지 등 자유롭게 구성)
⑥ 저장 후 활성화 버튼 클릭
⑦ 이제 릴스, 피드에서 '댓글 이벤트'를 진행하면 자동으로 DM이 발송된다.

자동 DM에서 꼭 기억해야 할 핵심 팁

· 너무 홍보 티 나는 DM은 바로 스팸으로 신고당할 수 있다
· 자연스러운 대화 형식으로 구성할 것
· 제공하는 자료가 진짜 유용해야 DM 참여율이 높아진다
· DM 마지막에 팔로우 요청, 다음 콘텐츠 예고 등으로 자연스럽게 연결

자동 DM 활용 예시

· 무료 PDF 자료 제공 이벤트
· 한정 쿠폰 발송 이벤트
· 댓글 참여 이벤트 응모 확인 메시지
· 당첨자 발표 & DM 개별 안내

📌 무료 사이트 3가지 활용방법과 매니챗의 가입부터 사용방법에 이르기까지 자세한 방법은 책 앞날개에 있는 '수니다움' 네이버 블로그 QR을 통해 확인할 수 있다.

(4) 바로 써먹는 후킹문구 모음

SNS 콘텐츠, 인스타그램 캡션, 라이브방송 타이틀에 바로 활용할 수 있는 실전 후킹 문구 40개를 정리했다. 필요에 따라 문구를 조합하거나 변형하여 사용하면, 더 강력한 클릭 유도와 관심 끌기가 가능하다.

왜 후킹문구가 중요할까? 인스타그램을 비롯한 모든 SNS에서는 '첫 3초' 안에 사용자의 시선을 사로잡아야 한다. 아무리 좋은 콘텐츠라도 첫 문장이 평범하면 쉽게 스크롤을 넘기게 된다. 강력한 후킹문구는 사용자의 관심을 끌고, 더 많은 클릭과 반응을 이끌어내는 가장 중요한 시작점이다. 특히 릴스, 쇼핑라이브 제목, 이벤트 문구에 따라 결과가 크게 달라질 수 있으니, 후킹문구를 전략적으로 활용해보자.

1. 왜 99%의 (타깃)는 (내용)을 하지 않을까?
2. 만약 당신이 (내용)을 못 하고 있다면, 이것을 해야 합니다.
3. 당신이 (내용)에 대해 알고 있는 건 다 잘못됐어요.
4. (내용) 이거 하나로 종결합니다.
5. 이것을 하지 않으면, 당신은 결코 (내용)할 수 없습니다.
6. (내용)하는 사람들이 꼭 알아야 하는 (구체적 숫자)
7. ~만에 (몇초/몇분/하루만에) 올리자마자 몇 분만에 완판된
8. 하루라도 빨리 시작해야 후회하지 않습니다. 오늘 바로 도전하세요!
9. 선착순 100명만! 특별 할인 혜택, 지금 바로 신청하세요.
10. 절대 놓치면 안 되는 꿀팁! 지금 바로 확인하세요.
11. 조건 성공하는 인스타그램 릴스 운영법 공개!
12. 반드시 알아야 할 쇼핑라이브 매출 상승 전략.
13. 압도적인 조회수를 만드는 릴스 제목 작성법!
14. 집에서도 ~누워서
15. 00 없이도 간편하게
16. 00분만에 뚝딱
17. ~~이 인정하는
18. 무조건 도움되는
19. 연예인도 매일 쓰는
20. 인생을 바꾼 (인생템)
21. 쇼핑 절대로 실패하지 않는
22. 00전문가가 알려주는 단계별 00법
23. 사장이 as 책임지는
24. 절대로 이 글을 클릭하지 마세요
25. 이것만 알면 이제부터 당신도 전문가
26. 천만 명이 선택한 00
27. 다시 오지 않을 이 기회 놓치지 마세요!
28. 24시간 내내, 사용해도 사용비는 단돈 3000원
29. 10년 고생 단 4일만에 해결
30. 40년 전통의 300시간의 정성

31. 2주만에 요요없이 3kg 감량
32. 릴스 초보가 절대 해서는 안 되는 3가지 실수!
33. 릴스 숨겨진 새기능? 아직도 몰라요?
34. 한 달만에 매출 1000만원 늘어난 비법
35. 0살로 다시 돌아간다면 절대 하지 않을 0가지
36. 0년 동안 00하면서 달라진 0가지
37. 평범한/누구나 00할 수 있는 방법
38. 무조건 저장! 나만 알고 싶은 000
39. (최소의 효과)로 (최대의 결과)를 만드는 법
40. 돈/시간을 2배 아껴주는 000

지금까지 인스타그램 콘텐츠 업로드와 운영법, 실전에서 바로 활용할 수 있는 자동 DM과 무료 사이트까지, 브랜드 계정을 성공적으로 운영하기 위한 핵심 도구와 방법을 모두 다뤘다. 특히, SNS 콘텐츠의 완성도를 높이는 데 중요한 역할을 하는 후킹문구도 소개했다. 후킹문구는 시선을 끌기 위한 강력한 도구지만, 과장된 표현보다는 브랜드의 진정성과 자연스럽게 연결되도록 활용하는 것이 더욱 효과적이다. 자신만의 톤과 메시지를 담아 후킹문구를 전략적으로 조합하면, 콘텐츠의 매력과 반응을 극대화할 수 있다.

이제 여러분은 'SNS 초보자'에서 한 단계 더 성장한 '실전형 마케터'로 나아갈 준비가 되었다. 플랫폼의 기능과 알고리즘을 정확히 이해하고, 내 브랜드만의 색깔을 담아 꾸준히 소통하는 것, 그것이 바로 인스타그램에서 살아남는 법이다. 다음 단계는 '라이브커머스'로 연결하는 방법을 배울 차례다. SNS 콘텐츠는 단순 노출로 끝나는 것이 아니라, 판매로 이어져야 진짜 마케팅이 된다.

다음 장에서는 인스타그램 라이브부터 네이버 쇼핑라이브까지, 라이브커머스 기초부터 플랫폼 선택, 수수료 비교, 필수 장비 준비까지 실전 노하우를 아낌없이 정리한다. 이제, 본격적으로 라이브커머스 완전 정복으로 출발해 보자. 이 책 한 권으로, 프로페셔널한 인스타그램 운영과 라이브커머스까지! 이제, 여러분의 브랜드 스토리를 인스타그램에 펼쳐보자.

Part 3

라이브커머스
완전 정복하기

6장.

라이브커머스 기초부터 플랫폼 선택까지

1. 라이브커머스 개념과 중요성

온라인 쇼핑이 진화하면서, 라이브커머스(Live Commerce)는 단순한 제품 판매를 넘어 실시간 소통과 신뢰 형성 을 중심으로 한 새로운 마케팅 방식으로 자리 잡았다.

기존 홈쇼핑과 달리, 라이브커머스는 고객이 직접 참여하여 진행자와 실시간으로 소통하고, 즉각적인 피드백을 받을 수 있다는 점에서 차별화된다. 소비자는 궁금한 점을 바로 질문하고, 판매자는 이를 해결하며 더욱 설득력 있는 구매 경험을 제공한다.

이제 라이브커머스는 높은 전환율, 브랜드 팬층 구축, 누구나 쉽게 시작할 수 있는 강력한 마케팅 도구로 떠오르고 있다.

본 장에서는 라이브커머스의 개념, 필요성, 주요 플랫폼, 그리고 실전 준비 과정을 살펴보며, 효과적인 활용법을 알아본다.

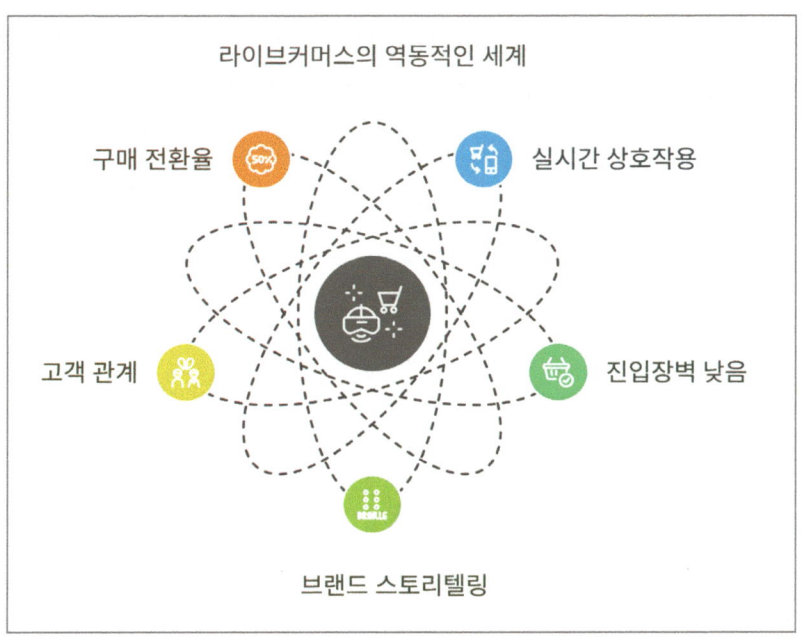

1) 라이브커머스란 무엇인가?

라이브커머스(Live Commerce)는 라이브 스트리밍과 전자상거래(E-commerce)가 결합된 형태로, 실시간 방송을 통해 제품을 소개하고 고객과 소통하며 판매까지 이어지는 새로운 마케팅 방식이다. 단순한 제품 홍보를 넘어, 고객과 실시간으로 소통하고 즉각적인 피드백을 반영하는 것이 가장 큰 장점이다.

과거 홈쇼핑이 일방적인 방송을 통해 제품을 소개했다면, 라이브커머스는 소비자와 쌍방향 소통이 가능하다. 고객이 댓글을 통해 질문을 남기면 진행자가 즉각 답변해 주고, 상품을 구매하는 과정을 더욱 신뢰할 수 있도록 돕는다. 또한, 한정 수량 특가나 방송 중 특별 이벤트를 진행할 수도 있어 구매 전환율이 높다.

라이브커머스의 핵심은 단순히 "상품을 판다"는 개념이 아니다. 경험을 공유하고, 브랜드의 스토리를 전달하며, 고객과 관계를 형성하는 것이 더욱 중요하다. 브랜드가 직접 고객과 소통하며 신뢰를 형성하면 재구매율이 높아지고, 단골 고객이 생기며, 팬층이 형성된다.

2) 왜 라이브커머스를 해야 할까?

최근 국내 라이브커머스 시장은 빠르게 성장하고 있다. 미래에셋증권의 발표에 따르면, 2023년에는 3조 원, 2024년에는 약 3.5조 원으로 전년 대비 15% 증가한 것으로 나타났다. 이 같은 성장세는 앞으로도 지속될 것으로 보이며, 2028년에는 약 24조 원 규모에 이를 것으로 전망된다.

라이브커머스가 주목받는 이유는 단순한 유행이 아니라, 이미 시장에서 검증된 강력한 판매 전략이기 때문이다. 이제 라이브커머스는 선택이 아닌 필수다.

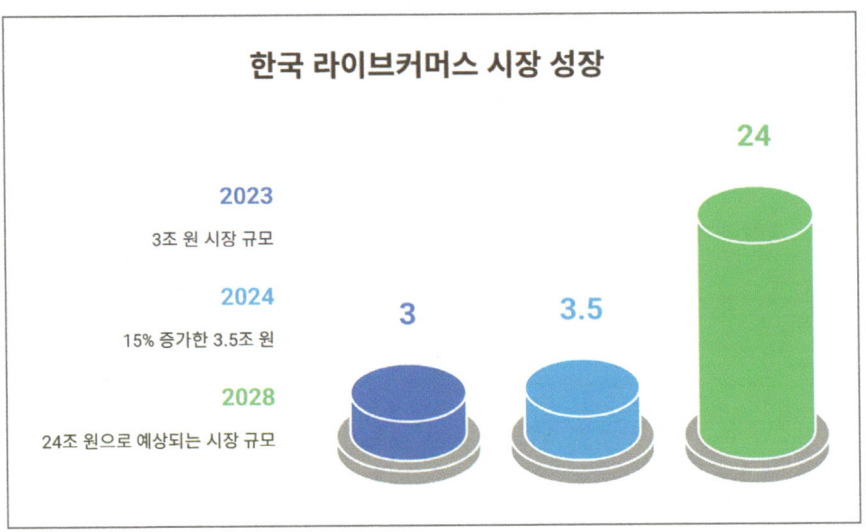

① SNS와 쇼핑의 결합

현대 소비자는 단순한 제품 광고보다, 실시간으로 소통하며 직접 확인하고 구매하는 방식을 선호한다. SNS 플랫폼 안에서 쇼핑이 이루어지는 환경이 자연스럽게 형성되면서, 고객은 콘텐츠를 즐기다가 자연스럽게 제품을 접하고 구매까지 이어지는 흐름에 익숙해졌다.

② 높은 전환율과 즉각적인 피드백

일반적인 온라인 쇼핑몰과 비교해 라이브커머스는 구매전환율이 훨씬 높다. 라이브 방송에서는 진행자가 직접 제품을 시연하고, 고객의 궁금증을 실시간으로 해결해준다. 이 과정에서 제품에 대한 신뢰도가 빠르게 높아지면서, 즉각적인 구매로 이어지는 경우가 많다.

③ 충성 고객 확보

라이브커머스를 통해 브랜드와 고객이 실시간으로 소통하게 되면서, 단순히 제품을 판매하는 것을 넘어 고객과의 관계를 강화하는 효과를 얻을 수 있다. 댓글, 이벤트 참여, Q&A 등 양방향 소통이 활발해질수록 고객의 브랜드 충성도는 높아지고, 자연스럽게 팬층이 형성된다.

④ 소상공인과 1인 사업자의 강력한 마케팅 도구

라이브커머스는 거대한 광고비 없이도 높은 매출을 기대할 수 있는 효율적인 마케팅 도구다. 대형 브랜드뿐만 아니라, 소규모 개인 사업자나 창업자도 스마트폰 하나로 바로 방송을 진행하고 제품을 소개하며 판매까지 이어갈 수 있다. 특히, 친근하고 진솔한 소통 방식이 중소상공인에게는 더 큰 강점으로 작용한다.

⑤ 라이브 쇼핑 시장의 빠른 성장

네이버 쇼핑라이브, 카카오 쇼핑라이브, 인스타그램 라이브 등 다양한 플랫폼이 빠르게 성장하며, 라이브커머스는 이미 주요 판매 채널로 자리 잡았다. MZ세대는 모바일을 중심으로 쇼핑하는 비중이 높고, 영상 콘텐츠에 익숙하기 때문에 라이브커머스에 대한 거부감이 없다. 오히려 방송을 통해 제품 정보를 더욱 신뢰하고, 재미있는 방송을 즐기면서 자연스럽게 구매로 이어지는 경우가 많다.

3) 라이브커머스의 3가지 강점

① 편리하다

소비자는 사진이 아닌 실시간 영상으로 제품을 확인할 수 있다. 상품의 실제 크기, 질감, 사용 방법 등을 생생하게 볼 수 있어 구매 결정이 쉬워진다.

② 판로 확대가 가능하다

기존 오프라인 매장이나 온라인몰에만 의존하지 않고, 라이브 방송을 통해 새로운 고객층을 확보할 수 있다. 특히, 기존 고객뿐만 아니라 라이브 방송 알림을 보고 유입되는 신규 고객까지 공략할 수 있다.

③ 쌍방향 소통이 가능하다

라이브 방송 중 고객의 궁금증을 실시간으로 해결할 수 있다. 방송 중 실시간 댓글로 소통하며 제품 정보를 보완 설명하거나, 즉각적인 피드백을 주고받을 수 있다.

이처럼 라이브커머스는 단순한 판매 채널을 넘어, 고객과의 실시간 소통과 신뢰 형성을 통해 구매전환율을 일반 온라인 쇼핑보다 약 20% 이상 높일 수 있는 강력한 마케팅 도구로 자리 잡고 있다. 이제 라이브커머스는 선택이 아니라, 반드시 활용해야 할 필수 전략이다.

2. 라이브커머스, 어디에서 할 수 있을까?

라이브커머스를 시작할 때 가장 중요한 결정 중 하나는 어떤 플랫폼을 선택할 것인가다. 현재 이미 다양한 플랫폼에서 라이브커머스가 활발히 운영되고 있으며, 앞으로도 더 많은 라이브 전용 플랫폼이 등장할 것으로 보인다.

해당 이미지는 그 중에서도 판매자와 브랜드들이 실제로 자주 활용하는 대표적인 플랫폼들을 보여준다.

이 중에서 실제로 많이 활용되는 4가지 플랫폼 네이버쇼핑라이브, 카카오쇼핑라이브, 그립(GRIP), 쿠팡라이브를 중심으로 각각의 특징과 활용법을 살펴보자.

1) 네이버쇼핑라이브

주요 타겟

- 스마트스토어를 이미 운영하거나, 네이버 검색·트래픽을 적극 활용하고 싶은 소상공인·브랜드
- 오프라인 매장을 운영 중이면서, 온라인 판매를 병행하고 싶은 판매자

플랫폼 특징

- 네이버 스마트스토어와 연동하여 상품 등록 및 결제 시스템을 간편하게 운영

- 실시간 채팅 기능으로 시청자와 소통, 방송 종료 후에도 VOD 형태로 재시청 가능
- 별도의 라이브 수수료는 없으며, 스마트스토어 이용 수수료가 적용

입점 및 진행 방법

- 네이버 스마트스토어를 개설 후, 쇼핑라이브 기능을 신청
- PC 혹은 모바일 앱에서 방송 진행, 방송 중 쿠폰 발행 등 이벤트로 구매 전환 유도
- 방송 종료 후 VOD로 노출되어 장기 홍보 가능

2) 카카오쇼핑라이브

주요 타겟

- 카카오톡 사용자층을 적극적으로 공략하고 싶은 소상공인·브랜드
- 카카오톡 채널 구독자를 보유하거나, 채널을 통해 알림·홍보를 하고 싶은 판매자

플랫폼 특징

- 카카오톡 채널과 연동되어, 구독자에게 방송 알림 전송 가능
- 라이브 방송 중 채팅 기능과 결제 링크 제공으로 실시간 소통 및 전환율 향상
- 카카오톡 기반이라 접근성이 높고, 빠른 시청자 확보에 유리

입점 및 진행 방법

- 카카오톡 채널 개설 후, 카카오쇼핑라이브 기능 신청
- 방송 시작 시 채널 구독자에게 자동 알림 발송
- 결제·구매 링크를 통해 방송 중 실시간 구매 유도

3) 그립(GRIP)

주요 타겟

- 초보 판매자, 자본이 적은 1인 창업자나 소상공인
- 모바일 중심으로 간편하게 라이브커머스를 시작하고 싶은 개인·브랜드

플랫폼 특징

- 전용 앱을 통해 간편하게 방송 가능, 진입 장벽이 낮음
- 실시간 채팅 및 앱 내 결제 기능 제공
- 수수료는 결제 대행 수수료 + 플랫폼 수수료로 구성 (정책에 따라 변동)

입점 및 진행 방법

- 그립 앱에서 판매자 등록 후 방송 신청 (간단한 심사 포함)
- 모바일 기기만으로 방송 시작, 쿠폰 발행 등 이벤트 가능
- 방송 종료 후 앱 내 재방문 유도

4) 쿠팡라이브

주요 타겟

- 쿠팡 입점 판매자 또는 쿠팡의 물류 시스템을 활용하고자 하는 판매자
- 로켓배송, 할인 프로모션을 통해 높은 구매 전환을 기대하는 브랜드

플랫폼 특징

- 쿠팡 앱 내에서 라이브커머스 진행, 빠른 배송과 연계
- 방송 중 한정 할인, 쿠폰 발행 등으로 즉시 구매 유도
- 방송 후 분석 리포트를 통해 전략 수립 가능

입점 및 진행 방법

- 쿠팡 판매자 센터에서 라이브 방송 신청 (쿠팡 입점 판매자 대상)
- 쿠팡 앱을 통해 방송 송출 및 이벤트 운영
- 방송 종료 후 성과 분석 리포트 제공

각 플랫폼마다 장단점이 있기 때문에 나의 브랜드와 제품, 타깃 고객층에 맞는 플랫폼을 선택하는 것이 중요하다.

3. 플랫폼별 수수료 비교와 선택 기준

라이브커머스 플랫폼을 선택할 때 수수료는 매우 중요한 고려 요소 중 하나다. 같은 상품이라

도 어떤 플랫폼을 이용하느냐에 따라 수익률이 달라질 수 있기 때문이다. 특히 소규모 브랜드나 개인 사업자의 경우, 수수료 구조가 실제 수익에 미치는 영향이 크므로 사전에 충분히 비교하고 선택하는 것이 중요하다. 아래는 대표적인 라이브커머스 플랫폼의 수수료 구조를 비교한 내용이다.

(1) 플랫폼별 수수료 비교

1) 네이버쇼핑라이브

네이버 스마트스토어와 연동되어 운영된다. 별도의 라이브 전용 수수료는 부과되지 않는다. 2025년 6월 2일부터 수수료 체계가 변경되어, 판매자가 직접 마케팅을 진행하는 경우 0.91%, 네이버가 마케팅을 지원하는 경우 2.73%의 수수료가 적용된다. 브랜드스토어는 각각 1.82%, 3.64%의 수수료율이 적용된다. 또한, 초기 창업자를 대상으로 지원하던 '스타트 제로 수수료' 프로그램은 2025년 6월 30일자로 종료되며, 이후에는 모든 판매자가 변경된 일반 수수료 체계를 적용받게 된다.

2) 카카오쇼핑라이브

카카오가 직접 진행을 한다. (셀럽, 인플루언서, 대행사 중심으로 진행) 기본적으로 채널 운영 수수료 외에 라이브 방송 자체에 대한 별도 수수료는 없으나, 결제 대행 수수료나 기타 부가 서비스 비용이 발생할 수 있다. 일반적으로 10~30% 정도의 수수료 범위 내에서 적용될 가능성이 있다.

3) 그립 (GRIP)

모바일 중심의 라이브커머스 플랫폼으로, 그리퍼를 통해 판매 대행을 하거나 독립몰 방송 솔루션을 제공한다. 판매자 등록 후 라이브 방송을 진행할 때 플랫폼 이용 수수료와 결제 대행 수수료가 적용된다. 보통 이 수수료는 그리퍼(진행자) 5~20%, 밴더(기본수수료 9%+ 방송수수료 3%= 12%) 책정된다.

4) 쿠팡라이브

쿠팡 판매자 센터를 통해 진행되며, 쿠팡의 강력한 물류 시스템과 연계되어 있다. 크리에이터를 통해 밴더 상품 판매를 대행한다. 판매 수수료는 제품 카테고리 및 기타 조건에 따라 다르지만, 오픈마켓 카테고리별 5~11%, 로켓 20~45% 정도의 수수료가 적용된다.

이와 같이 각 플랫폼은 판매 방식과 수수료 구조가 서로 다르다. 앞서 살펴본 네 가지 주요 라이브커머스 플랫폼의 수수료 구조를 표로 정리하면 다음과 같다. 수수료율뿐만 아니라 판매 방식과 특징에서도 차이가 있으므로, 입점 전에는 반드시 최신 정책을 확인해야 한다. 또한, 플랫폼의 수수료 정책은 변경될 수 있으므로, 최신 정보를 수시로 확인하고 대응하는 것이 필요하다.

라이브커머스 플랫폼별 수수료 비교표

플랫폼	주요 수수료율	특징 요약
네이버 쇼핑라이브	판매자 마케팅 시 0.91%, 네이버 마케팅 시 2.73% (브랜드스토어는1.82%~3.64%)	스마트스토어 연동, 별도 라이브 수수료 없음, 가장 낮은 수수료 구조
카카오쇼핑라이브	약 10~30%	채널 운영 수수료 + 결제 수수료 발생, 셀럽/인플루언서 중심
그립(GRIP)	약 12% (밴더 기준) + 진행자 수수료 5~20%	독립몰 또는 대행 판매 가능, 모바일 중심
쿠팡라이브	오픈마켓(쿠팡 마켓플레이스) 5~11%, 로켓배송(쿠팡 직매입) 20~45% (상품 마진율에 따라 매우 다양)	쿠팡 물류 연계, 카테고리별 수수료 차등, 오픈마켓(개별 판매자)과 로켓배송(쿠팡 직매입) 방식에 따라 수수료 차이 큼

(2) 라이브커머스 플랫폼 선택은?

라이브커머스를 시작할 때 가장 중요한 결정 중 하나는 어떤 플랫폼에서 방송을 진행할 것인가이다. 판매자의 브랜드 성격, 상품 종류, 타겟 고객층, 운영 환경에 따라 최적의 플랫폼은 달라질 수 있다. 그중에서도 특히 많은 판매자들이 선택하는 대표 플랫폼이 바로 네이버쇼핑라이브다. 왜일까? 아래에서 네이버쇼핑라이브의 강점들을 살펴보자.

① 네이버 생태계와의 강력한 연계

네이버 스마트스토어와 밀접하게 연결되어 있어, 이미 네이버에서 상품을 검색하고 구매하는 소비자들에게 자연스럽게 노출된다. 검색 엔진 최적화(SEO) 효과와 네이버 트래픽을 활용해 브랜드 인지도를 높이고, 판매 전환을 촉진할 수 있다.

② 효율적인 방송 운영 기능

오픈라이브 기능을 통해 복잡한 절차 없이 누구나 쉽게 라이브 방송을 시작할 수 있다. 쇼핑라이브캘린더를 사용하면 방송 일정을 체계적으로 관리하고, 소비자들이 쉽게 확인할 수 있다. 실시간 채팅과 댓글 관리 기능을 통해 고객과 원활하게 소통하며, 방송 후 VOD로 재노출되어 장기적인 효과를 얻을 수 있다.

③ 비용 효율성

별도의 라이브 전용 수수료 없이 스마트스토어의 일반 판매 수수료 범위 내에서 운영되므로, 초기 비용 부담이 적다.

④ 안정적인 기술 지원과 업데이트

네이버의 지속적인 기술 개선과 안정적인 인프라 덕분에, 방송 중 발생할 수 있는 문제에 신속하게 대응할 수 있으며, 사용자 편의가 극대화된다. 이러한 이유로 네이버쇼핑라이브는 많은 판매자들이 선택하는 플랫폼이며, 효과적인 라이브커머스 운영을 위해 강력한 도구로 자리 잡고 있다.

4. 라이브커머스 시작을 위한 필수 장비 및 준비사항

성공적인 라이브커머스를 위해서는 단순히 카메라를 켜고 방송하는 것이 아니라 철저한 준비가 필요하다. 방송 전 반드시 체크해야 할 기본 준비 사항은 다음과 같다.

① 제품 선정 및 기획

라이브 방송에서 소개할 핵심 제품을 선정하고, 방송 기획을 세운다. 한정 수량 특가, 할인 혜택 등 고객의 관심을 끌 요소를 준비한다.

② 방송 스크립트 구성

방송 흐름을 정리하고, 예상 질문과 답변을 준비한다. 처음, 중간, 마무리 멘트를 미리 작성해 방송이 매끄럽게 진행될 수 있도록 한다.

③ 촬영 환경 세팅

조명, 마이크, 카메라 등 방송 장비를 체크하고, 조용하고 깔끔한 촬영 공간을 마련한다. 라이브 방송은 시청자의 시각적, 청각적 요소가 중요하기 때문에 준비가 필수다.

④ 홍보 및 사전 공지

라이브 방송 일정과 혜택을 사전 홍보하여 고객 유입을 높인다. 인스타그램, 카카오톡 채널, 네이버 블로그 등 다양한 채널을 활용하여 방송 참여를 유도한다.

⑤ 테스트 방송 진행

라이브 시작 전에 테스트 방송을 진행하여 화면, 음향, 인터넷 연결 상태를 점검한다. 방송 진행자의 말투와 분위기도 연습하여 더욱 자연스럽게 소통할 수 있도록 준비한다. 라이브커머스는 단순한 상품 판매 채널이 아니라, 브랜드와 고객이 직접 소통하며 신뢰를 쌓는 강력한 마케팅 도구이다. 성공적인 라이브커머스를 위해서는 철저한 준비와 꾸준한 실전 경험이 필요하다.

이제 인스타그램 라이브와 라이브커머스를 활용해 실제 마케팅을 실행하는 방법을 하나씩 배워보자.

7장.

인스타그램 라이브 완벽 활용법

1. 인스타그램 라이브 기초 세팅법과 필수 체크리스트

네이버 쇼핑라이브를 본격적으로 진행하기 전, 인스타그램 라이브는 실전 경험을 쌓고 고객과의 소통 능력을 향상시키기에 최적의 연습 무대. 라이브 방송을 처음 접하는 사람들에게도 진입 장벽이 낮고, 팔로워 기반의 충성 고객 확보에 유리하다.

또한, 이원방송(라이브룸스) 기능을 활용하면 공동 방송을 진행할 수도 있다. 최대 4명까지 동시에 참여할 수 있어 브랜드 협업, 제품 시연, Q&A 세션 등을 보다 효과적으로 운영할 수 있다.

이제, 인스타그램 라이브를 어떻게 활용하여 네이버 쇼핑라이브와 연계할 수 있는지 살펴보자.

1) 인스타그램 라이브를 활용하기

인스타그램 라이브는 단순한 실시간 방송이 아니라, 브랜드와 고객이 직접 소통할 수 있는 강력한 마케팅 도구다. 특히 네이버 쇼핑라이브를 진행하기 전, 고객 반응을 미리 확인하고 제품 설명 방식을 테스트할 수 있는 완벽한 연습장 역할을 한다.

① 편한 접근성 – 추가 장비 없이 스마트폰만 있으면 즉시 방송 가능
② 실시간 소통 – 고객의 질문을 즉각 해결하며 신뢰 형성
③ 콘텐츠 테스트 – 네이버 쇼핑라이브 전에 고객 반응을 미리 점검 가능
④ 팔로워 기반 판매 유도 – 기존 팔로워들과 긴밀한 관계 형성
⑤ 이원방송(라이브룸스) 활용 가능 – 최대 4명까지 동시 진행 가능

2) 성공 라이브를 위한 필수 체크포인트

성공적인 인스타그램 라이브를 위해서는 단순히 카메라를 켜고 말하는 것 이상의 준비가 필요하다.

① 라이브 기획

- 방송 목적 설정: 단순 소통, 제품 홍보, 이벤트 진행 등 명확한 목표를 사전에 설정한다.
- 방송 흐름 구성: 인트로 → 본 내용 → 마무리 멘트 순으로 자연스럽게 구성한다.
- 방송 시간대 고려: 타깃 고객이 가장 많이 접속하는 시간대를 분석해 방송 시간을 설정한다.

② 시청자 참여 유도 방법

- 라이브 전 사전 홍보: 스토리, 피드, DM 등을 활용해 방송 시간과 내용을 미리 알린다.
- 실시간 질문·답변 적극 활용: 고객이 직접 참여하도록 유도해 몰입감을 높인다.
- 라이브 한정 혜택 제공: 특별 할인, 선착순 사은품 등으로 즉시 반응을 끌어낸다.

③ 기술적 요소 체크

- 카메라·조명 세팅: 밝고 깔끔한 화면을 위해 사전 세팅을 점검한다.
- Wi-Fi 상태 점검: 방송 중 끊김 없이 원활하게 진행되도록 네트워크 상태를 확인한다.
- 소리 테스트: 외부 소음을 최소화하고 마이크 상태를 사전에 점검한다.

3) 라이브방송 세팅하기

인스타그램 라이브 방송을 시작하기 전에 반드시 알아두어야 할 설정 방법을 정리한다. 라이브는 단순히 카메라를 켜는 것이 아니라, 사전 세팅과 기능을 적절히 활용해야 더욱 효과적인 방송이 된다.

(1) 라이브 진입하기

라이브를 시작하는 방법은 아래 이미지에서 보이는 것처럼 두 가지가 있다.

① 홈 화면 하단의 [+] 버튼을 누르기

인스타그램 홈 화면에서 하단 중앙의 [+] 버튼을 누른다. [라이브]를 선택하면 바로 라이브 방송 세팅 화면으로 진입할 수 있다.

② 프로필 상단의 [+] 버튼을 누르기

프로필 화면 우측 상단의 [+] 버튼을 선택한다. [만들기] 메뉴에서 [라이브 방송]을 선택하면 동일하게 라이브 설정 창으로 이동한다.

(2) 라이브 제목 설정과 공개 범위 조정

라이브 방송을 시작하기 전, 방송 제목을 설정하는 것은 매우 중요하다. 제목이 구체적이고 명확할수록 더 많은 사람들이 관심을 갖고 방송에 참여할 가능성이 높아진다. 해당 이미지를 보면, 라이브 화면 좌측 아이콘 중 ①번을 누르면 방송 제목을 입력할 수 있는 창이 나타난다. ②번은 공개 범위를 설정하는 메뉴로 연결된다.

① 제목 작성

- 핵심 키워드를 포함하여 짧고 직관적으로 작성한다.
- 예: "✨ 오늘만 특가! 한정 수량 판매" / "📢 Q&A 라이브 – 무엇이든 물어보세요!"
- 명확한 키워드를 사용하면 시청자 유입률이 높아진다.

② 라이브 공개 범위 옵션

- 전체 공개: 모든 사용자가 참여 가능하다.
- 친한 친구 전용 (Close Friends Live, '친친 라이브'): 특정한 친구들만 방송을 시청할 수 있다. → 친한 친구로 지정된 사람에게만 라이브 시작 알림이 전송된다.

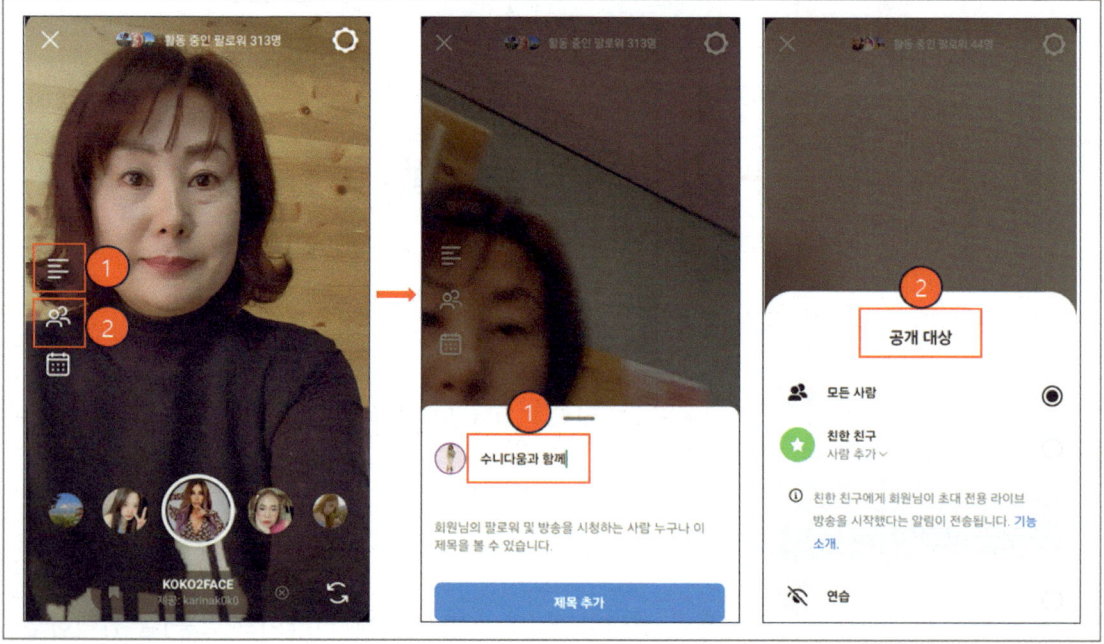

친한 친구 전용 라이브 방송

최근 인스타그램에 업데이트된 [친한 친구 전용 라이브] (Close Friends Live, '친친 라이브') 기능은, 선택한 친구들에게만 라이브 방송을 공개할 수 있는 기능이다. 선별된 팔로워와 더 친밀하고 집중도 높은 소통이 가능하기 때문에, 브랜드 신뢰도를 높이거나 멤버십 운영 시 전략적으로 활용하기에 적합하다.

친친 라이브 활용법 활용하는 대표적인 경우는 다음과 같다.

① 한정된 그룹과 소통하고 싶을 때 활용한다.

→ 예: 멤버십 고객 대상 특별 방송

② 소규모 커뮤니티를 운영할 때 효과적이다.

→ 예: 브랜드 앰배서더 전용 Q&A

③ 공개적인 라이브보다 프라이빗하게 진행할 때 유용하다.

→ 예: 특정 팔로워 대상 깜짝 라이브

라이브 시작 전 [친한 친구] 목록을 미리 설정하고, 공개 범위를 해당 그룹으로 지정해야 '친친 라이브'가 가능하다.

(3) 라이브 방송 예약 기능 활용

라이브 방송을 사전 예약하면 팔로워들에게 미리 방송 정보를 알릴 수 있어 방송 참여율을 높이는 데 효과적이다. 특히 사전 알림 기능을 통해 팔로워들의 기대감을 높이고, 방송 시간에 맞춰 시청하도록 유도할 수 있다. 해당 이미지를 참고하면 예약 기능 사용 방법을 쉽게 이해할 수 있다.

예약 설정 방법은 스케줄 아이콘을 클릭하면, 아래와 같이 라이브 방송 예약 설정 화면으로 진입할 수 있다.

① 시작 시간

→ 실제 방송이 시작될 날짜와 시간을 입력한다.

② 공개 대상

→ 전체 공개 또는 친한 친구 전용 등 원하는 시청 범위를 설정한다. ③ 라이브 방송 예약 버튼
→ 모든 설정을 마친 뒤 눌러 예약을 확정한다.
→ 예약된 방송은 프로필 상단에 미리 표시되며, 팔로워는 알림을 통해 사전 인지할 수 있다.

예약 기능은 단순한 방송 알림을 넘어, 브랜드의 신뢰도를 높이고, 기대감을 형성하는 중요한 전략 요소로 활용할 수 있다.

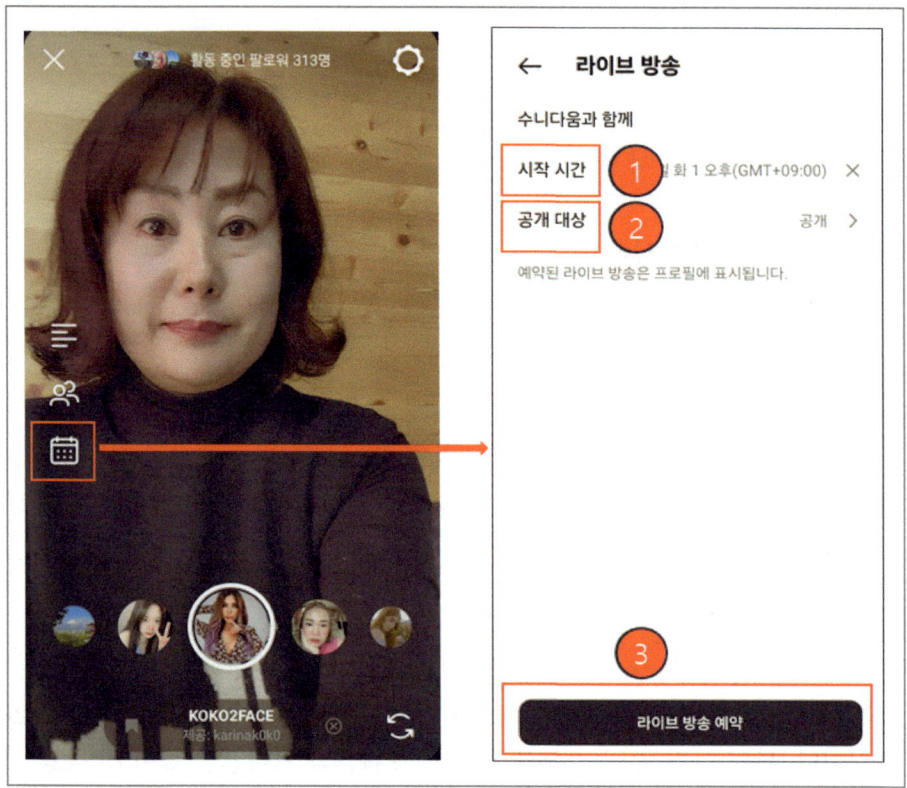

(4) 필터 & 화면 전환 기능 활용

인스타그램 라이브에서는 방송을 시작하기 전, 상황과 분위기에 맞는 필터를 미리 적용할 수 있다. 적절한 필터를 선택하면 얼굴을 자연스럽게 보정하거나 브랜드 감성에 맞는 화면 톤을 연출할 수 있어, 라이브의 첫인상과 전체 분위기를 효과적으로 설정하는 데 도움이 된다. 이미지와 함께 내용을 확인하면 더욱 쉽게 이해할 수 있다.

① 필터 기능 활용

이미지 좌측 화면의 ①번 영역처럼, 하단에 표시된 다양한 필터 중 하나를 선택해 적용한다.

필터는 브랜드 색깔에 맞게 화면 분위기를 조절할 수 있으며, 방송을 시작하기 전에 적용해야 한다. 필터를 통해 방송 퀄리티를 높이고, 시청자의 몰입도를 높이는데 효과적이다.

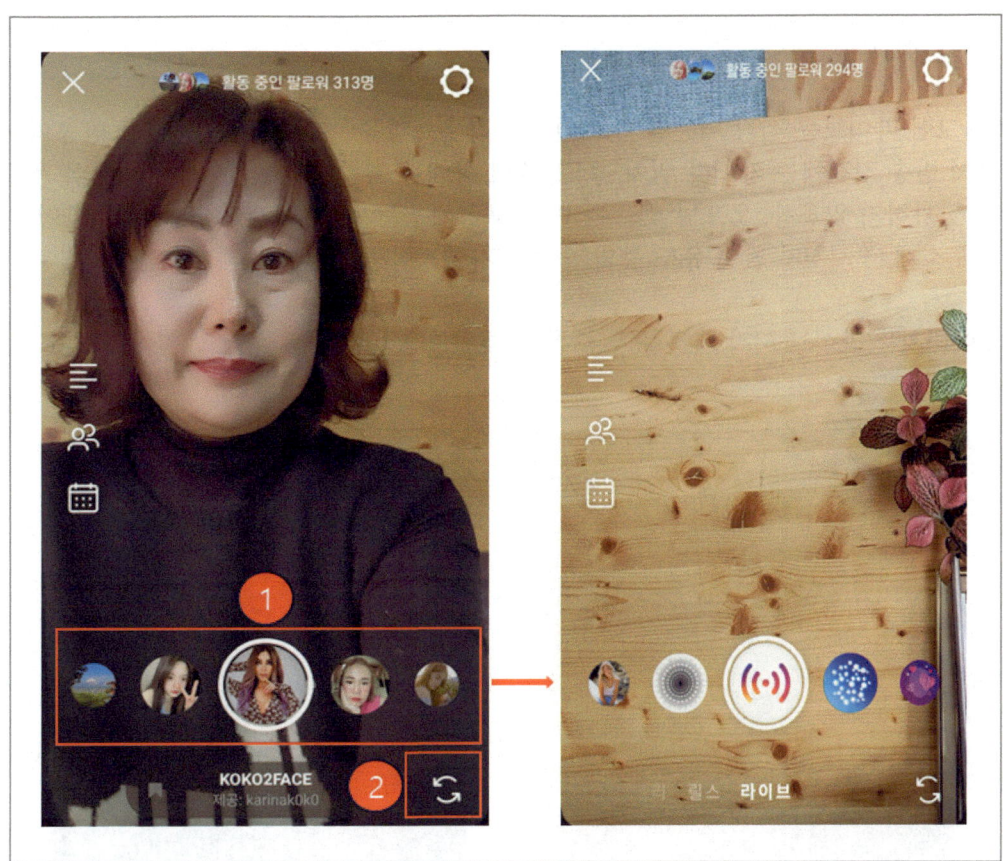

② 화면 전환 기능 활용

전면/후면 카메라를 전환하는 버튼이다. 필요에 따라 제품을 다양한 각도로 보여주거나, 공간 전체를 자연스럽게 소개할 수 있다.

이미지 우측처럼 후면 카메라로 전환하면 제품 클로즈업, 촬영 환경, 현장 분위기 등을 실시간으로 공유할 수 있다.

필터와 화면 전환 기능은 단순한 효과가 아니라, 브랜드의 연출력과 프로페셔널한 방송 준비도를 보여주는 요소다. 방송 전, 미리 필터와 카메라 방향을 테스트하여 라이브의 완성도를 높이는 습관을 들이자.

앞서 살펴본 필터와 화면 전환은 라이브 시작 전 단계에서 적용하는 기능이었다면, 이번에는 라이브 방송 도중에 할 수 있는 화면 조정 방법을 정리한다.

(5) 라이브시작

인스타그램 라이브는 시작 버튼을 누르면 3초 카운트다운이 진행되며, 곧바로 방송이 시작된다. 따라서 방송 직전에는 카메라 위치, 조명, 필터 상태를 최종 점검한 후 시작 버튼을 누르는 것이 좋다. 당황하지 않도록, 오프닝 멘트는 미리 구성해두는 것이 효과적이다. 예를 들어 인사 → 방송 주제 소개 → 시청자 참여 유도 등의 순서로 자연스럽게 연결해 보자.

아래 이미지는 라이브 시작 버튼을 누른 후의 흐름을 보여준다.

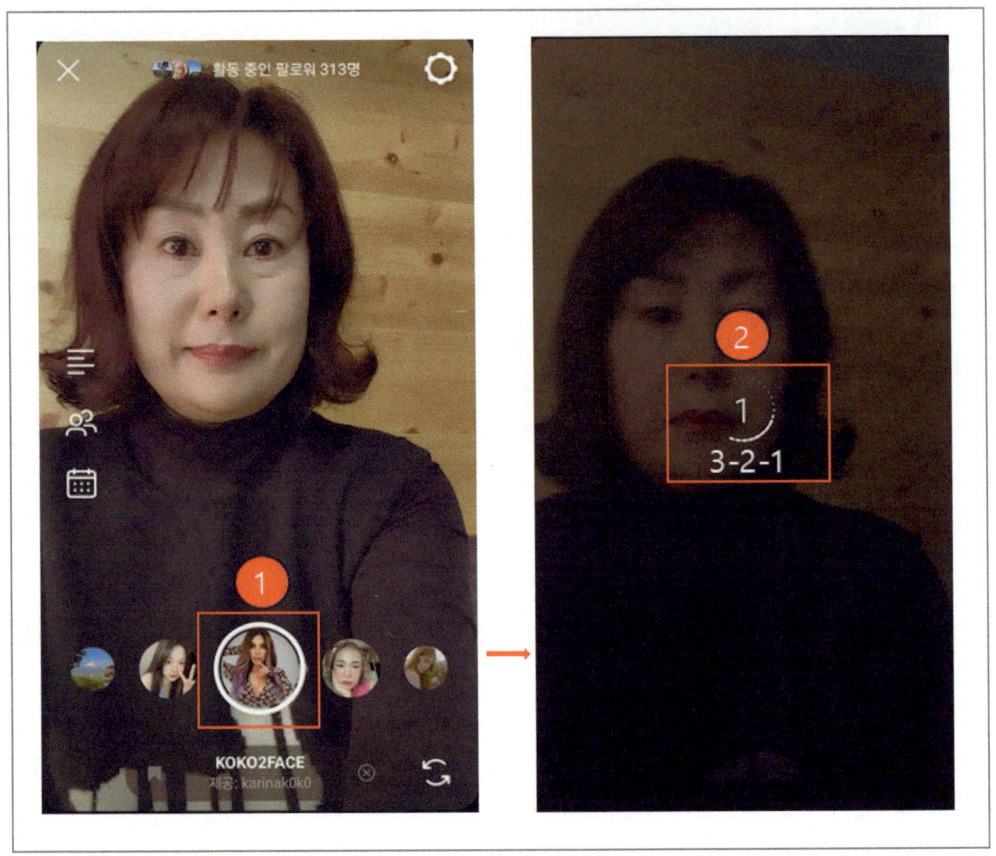

① 필터 선택 버튼은 단순히 필터를 적용하는 기능일 뿐만 아니라, 라이브 시작 버튼의 역할도 한다. 원하는 필터를 적용한 뒤 해당 버튼을 누르면, 바로 라이브 방송이 시작된다.

② 카운트다운 화면이 나타나며 3-2-1 숫자가 순차적으로 사라진다. '1' 숫자가 사라지면서 곧바로 방송이 시작되며, 화면 상단에 '방송 중입니다'라는 표시가 나타난다. 이때 바로 자연스럽게 오프닝 멘트를 시작해야 한다.

(6) 라이브방송 중 화면조정

라이브 방송 중에도 음성·카메라·화면전환·필터 설정을 실시간으로 조정할 수 있다. 라이브 방송 중 실시간으로 조정할 수 있는 핵심 기능 4가지는 아래와 같이 화면 우측 상단에 배치되어 있다. 각 기능의 특징과 활용 방법을 살펴보자.

① 마이크 설정 (음소거 기능)

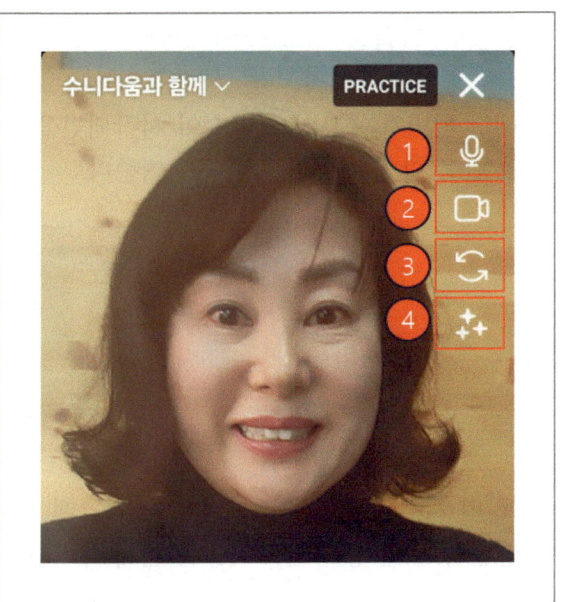

라이브 방송 중 일시적으로 마이크를 끌 수 있는 기능이다. 잡음이 심할 때나 배경 소음을 차단하고 싶을 때, 또는 특정 상황에서 음소거가 필요할 때 유용하다. 다시 터치하면 마이크가 바로 활성화된다.

② 비디오 화면 끄기 (오디오 라이브)

비디오 화면을 끄면 얼굴이 노출되지 않은 상태에서 오디오만 송출되는, 일명 '라디오 스타일' 방송이 된다. 화면은 검은 배경에 프로필 사진만 표시되며, 진행자의 목소리만 전달된다. 영상 노출이 부담스러운 상황이나, 음성 중심의 방송을 원할 때 효과적이다.

③ 카메라 전환 기능

라이브 방송 중 전면 카메라와 후면 카메라를 자유롭게 전환할 수 있다. 제품을 가까이서 보여주거나, 촬영 공간을 자연스럽게 소개할 때 유용하다. 화면 전환 아이콘을 누르면 즉시 카메라 방향이 전환되어 생동감 있는 화면 구성이 가능하다.

④ 화면 필터 & 효과 적용

방송 도중에도 다양한 필터와 효과를 실시간으로 적용할 수 있다. 얼굴을 자연스럽게 보정하는 필터, 배경을 흐리게 처리하는 효과, AR 필터 등 상황에 맞게 선택하여 활용한다.

화면의 비디오 아이콘을 눌러 원하는 필터를 선택하면 즉시 적용되어 방송 분위기 다채롭게 연출할 수 있다.

(7) 라이브 방송 중 실시간 소통 방법

인스타그램 라이브의 핵심은 단순한 일방향 전달이 아닌, 실시간 쌍방향 소통에 있다. 라이브 방송 중 제공되는 다양한 소통 기능을 잘 활용하면, 팔로워와의 신뢰를 높이고, 방송의 집중도를 극대화할 수 있다.

1) LIVE 알림 & 시청자 참여 확인

해당 이미지는 라이브 방송이 시작되었을 때 팔로워에게 어떻게 노출되는지와 실시간 시청자 수와 반응 확인 기능의 구성을 보여준다.

① 라이브 방송이 시작되면, 인스타그램 스토리 프로필 사진에 빨간 테두리와 [LIVE] 표시가 나타난다. 이를 통해 팔로워들은 현재 라이브 방송이 진행 중임을 즉시 확인할 수 있다.

② 라이브 화면 상단에는 현재 방송을 시청 중인 인원 수가 실시간으로 표시되며, 하단 댓글창을 통해 시청자와 직접 대화하거나 반응을 읽으며 소통할 수 있다.

③ 화면을 위로 스크롤하면, 방송에 입장한 시청자 목록을 확인할 수 있고, 시청자가 보내는 이모지 리액션(예: 👋손 흔들기)을 통해 즉각적인 반응을 파악할 수 있다.

이처럼 실시간 채팅과 리액션 기능을 적극 활용하면, 팔로워와의 쌍방향 커뮤니케이션이 가능해지고, 브랜드에 대한 신뢰감과 몰입도도 함께 높아진다.

2) 라이브 상호작용 기능

실시간 라이브에서는 시청자의 참여를 유도하고, 방송의 몰입도를 높이는 다양한 기능들이 마련되어 있다. 아래 이미지는 라이브 중 화면 하단에 나타나는 3가지 주요 쌍방소통 기능을 보여준다.

① 질문 보내기 기능

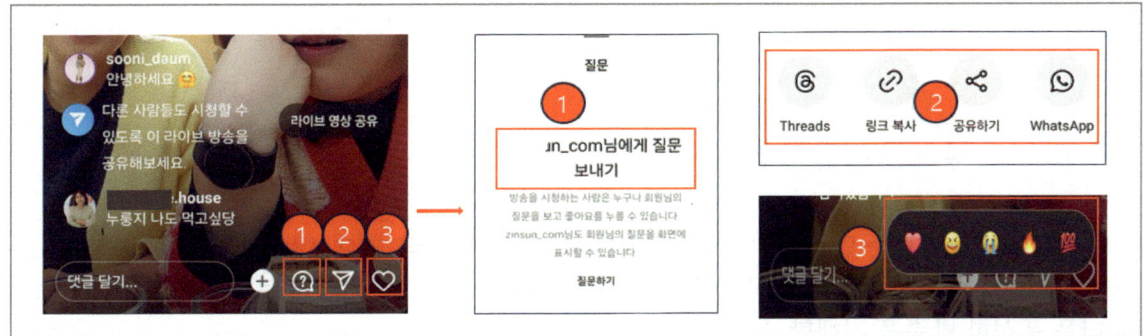

하단의 물음표 아이콘을 누르면, 시청자가 진행자에게 질문을 직접 보낼 수 있다. 진행자는 이 질문을 라이브 화면에 고정하여 띄울 수 있고, 다른 시청자들도 함께 확인하며 참여할 수 있다. → 실시간 Q&A 방식의 소통이 가능해져 쌍방향 방송으로 전환된다.

② 라이브 영상 공유 기능

비행기 모양 아이콘을 클릭하면 방송 링크를 다양한 채널로 공유할 수 있다. 시청자는 이 기능을 통해 지인이나 팔로워에게 방송을 바로 전달할 수 있으며, 공유된 링크를 통해 더 많은 유입이 가능하다. → 라이브 시청자 수를 자연스럽게 늘리는 데 효과적이다.

③ 이모티콘 실시간 반응 기능

다양한 감정을 표현하는 이모티콘(예: 하트, 웃음, 불꽃, 박수 등)이 나타난다. 시청자는 이 중 원하는 이모지를 선택해 실시간으로 반응을 전달할 수 있다. → 방송 분위기를 더욱 활기차게 만들고, 참여자와의 정서적 교감을 높인다.

이와 같은 실시간 상호작용 기능은 단순한 상품 소개를 넘어, 시청자와 함께 만들어가는 참여형 라이브로 완성해주는 중요한 요소이다.

라이브 방송 중에는 시청자의 참여를 유도하는 멘트를 적극적으로 활용하는 것이 효과적이다. 예를 들어, "지금 방송 함께 보고 계신 분들, 댓글로 인사 한 번 남겨주세요!" "궁금한 점은 질문 버튼을 눌러 바로 남겨주세요~!" 와 같은 문장은 시청자와의 쌍방향 소통을 자연스럽게 유도할 수 있다.

무엇보다, 인스타그램 라이브를 시작하기 전 주요 기능을 미리 숙지하고 준비하는 과정이 필수적이다. 라이브 제목과 공개 범위 설정, 라이브 예약 기능 활용, 필터 및 화면 전환 기능 익히기, 친한 친구 전용 라이브 설정, 실시간 소통 방법까지 사전에 점검해두면, 보다 원활하고 반응이 좋은 라이브 방송을 진행할 수 있다.

2. 라이브 룸스를 활용한 방송 확장법

인스타그램 라이브는 단순히 1인 방송만 가능한 것이 아니라, 최대 4명까지 참여할 수 있는 라이브 룸스(Live Rooms) 기능을 제공한다. 이를 통해 브랜드와 고객, 협업 파트너, 게스트 등을 초대해 더욱 풍성한 방송을 진행할 수 있다.

(1) 라이브 룸스(Live Rooms)란?

라이브 룸스는 한 번의 라이브 방송에 최대 4명까지 동시에 참여할 수 있는 기능이다. 이 기능을 활용하면 다양한 형태의 방송을 기획하고, 참여자와의 소통 폭을 넓힐 수 있다. 먼저, 브랜드 간 콜라보 방송이 가능해져, 서로의 팔로워층을 자연스럽게 공유할 수 있다. 이를 통해 브랜드 협업 방송, 인터뷰, 패널 토론, 전문가 초청 방송 등 다양한 콘텐츠 구성이 가능하다.

또한, 브랜드와 팬이 함께하는 라이브를 진행할 수 있어 팔로워들과 더욱 가까이 소통하며 친밀감을 높이는 효과도 기대할 수 있다. 기존의 단독 방송에서 벗어나, 온라인 토론, 강의, 토크쇼, 이벤트 방송 등 다양한 콘텐츠를 시도할 수 있어 라이브 방송의 활용 범위를 더욱 확장할 수 있다.

이미지는 실제 인스타그램 라이브 룸스를 활용하여 2~4명이 함께 참여한 방송 예시 장면이다. 게스트를 초대해 자연스럽게 대화를 나누는 방식으로 방송이 진행되며, 실시간 댓글과 반응도 함께 소통할 수 있다.

인스타그램 강의를 진행하다 보면 이론으로 배울 때는 쉽게 할 수 있을 것 같지만, 막상 라이브 방송을 시작하려면 긴장해서 망설이는 수강생들이 많다. 이럴 때 효과적인 연습 방법 중 하나가 2원 라이브 방송(게스트 초대 라이브)이다.

처음에는 카메라 앞에서 얼굴이 빨개지고 말도 더듬거리지만, 수강생을 게스트로 초대해 토크 형식으로 진행하면 점점 편안해진다. 마치 마주 보고 대화하는 것처럼 자연스럽게 방송에 적응하게 되고, 시간이 흐르면 "라이브 방송이 생각보다 어렵지 않다"는 것을 직접 체험하게 된다.

여기에 조금 더 익숙해지면, 한 명을 더 초대해 3원 라이브 방송도 시도해 볼 수 있다. 서로 자기소개를 하며 자연스럽게 방송을 시작하고, 진행자가 던지는 질문에 게스트들이 답하는 방식으로 대화를 이어간다. 이 과정에서 참여자들은 긴장감을 덜고, 실시간 소통 능력도 함께 기르게 된

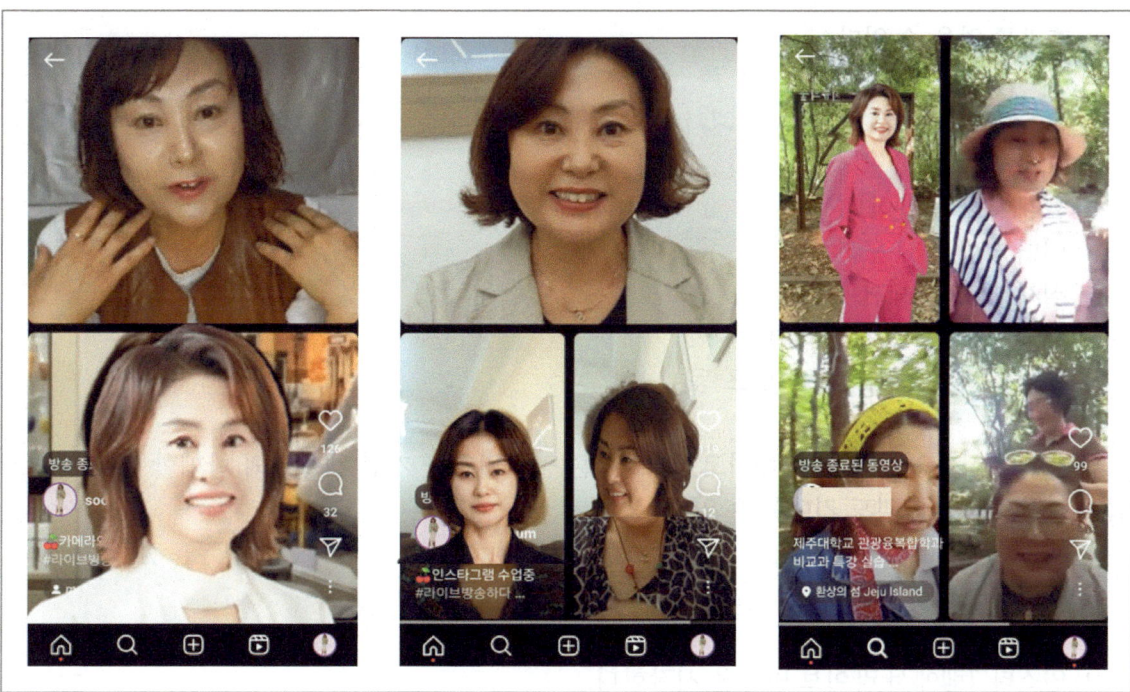

다. 또한, 댓글을 통한 실시간 소통 연습도 자연스럽게 유도해 라이브 방송의 흐름을 더욱 풍성하게 만들 수 있다.

(2) 라이브 방송은 실내에서만 가능할까?

답은 "아니다". 데이터를 사용할 수 있는 곳이라면 어디서든 라이브 방송이 가능하다.

해당 이미지(오른쪽) 속 4원 라이브 방송은 제주대학교 관광융복합학과 비교과 라이브 실습 과정 중 진행된 야외 라이브 방송 장면이다. 각기 다른 장소에서 게스트들을 초대하여 진행하는 방식으로, 실내가 아닌 야외에서도 충분히 라이브 방송이 가능함을 보여주는 좋은 사례다.

(3) 라이브 룸스 활용법

라이브 방송은 이제 더 이상 혼자서만 진행하는 방식에 국한되지 않는다. 인스타그램의 라이브 룸스(Live Rooms) 기능을 활용하면, 최대 4명(진행자 1명 + 게스트 3명)까지 함께 방송할 수 있어 더욱 풍성한 콘텐츠 구성이 가능하다. 혼자 진행하는 라이브가 부담스럽거나, 다양한 의견을 나누는 방송을 원한다면 라이브 룸스를 적극 활용해 보자.

게스트와 함께하는 방송은 자연스럽고 편안한 진행을 돕고, 시청자와의 소통도 더욱 활발해지는 효과를 얻을 수 있다.

1) 라이브 룸스에서 가능한 방송 예시

- 브랜드 협업 라이브
- 인터뷰 방송
- 실시간 Q&A 세션
- 패널 토론, 공동 제품 리뷰
- 팬과 함께하는 참여형 콘텐츠 등

다양한 형식의 방송이 가능해지고, 서로 다른 팔로워층을 가진 게스트와 함께할 경우 자연스럽게 시청자 유입 효과도 기대할 수 있다.

2) 라이브 룸스 시작 방법

① 인스타그램에서 라이브 방송을 시작한다.
② 방송 제목, 카메라 설정, 마이크, 필터 등 기본 세팅을 완료한다.
③ 방송 설정을 마친 후, 아래 이미지의 빨간 박스로 표시된 화면 하단에 위치한 아이콘(■또는 ♣+)을 눌러 초대 방식을 선택할 수 있다.

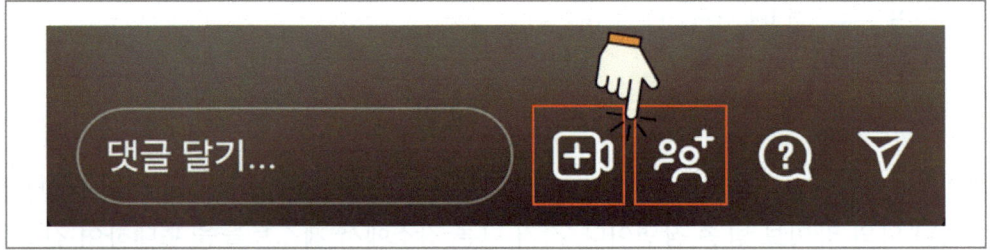

④ 초대 방식은 두 가지가 있다. 왼쪽의 (■) 아이콘은 게스트 참여 요청 목록 확인, 오른쪽의 (♣+) 아이콘은 게스트를 직접 초대하는 기능을 의미한다.

참여 요청 (■) : 방송을 시청하던 시청자가 '방송 참여 요청' 버튼을 눌러 직접 참여 의사를 전달할 수 있으며, 호스트가 이를 승인하면 바로 라이브에 합류할 수 있다. 이 방식은 다음과 같은 상황에서 효과적으로 활용할 수 있다.

- 실시간으로 시청자의 질문을 받는 Q&A 세션
- 브랜드 팬들과의 소통 이벤트나 팬미팅

- 즉석에서 고객의 궁금증을 해결하는 상담 라이브

방송 초대(👥+): 팔로워 중에서 원하는 게스트를 검색해 직접 초대할 수 있다. 이 방식은 다음과 같은 상황에서 유용하게 활용할 수 있다.

- 사전에 섭외한 게스트와 인터뷰를 진행하는 경우
- 협업 브랜드와 함께 공동 방송을 기획한 경우
- 방송 시작 전에 초대할 게스트를 미리 정해둔 경우

⑤ 최대 3명까지 게스트를 초대할 수 있으며, 방송 중에도 게스트를 교체하거나 새롭게 추가할 수 있다.

이처럼 라이브 룸스 기능을 적극 활용하면, 기존의 일방적인 방송에서 벗어나 보다 입체적이고 풍성한 소통형 라이브로 완성할 수 있다.

(4) 라이브 룸스를 활용한 다양한 방송 형식

라이브 룸스 기능을 활용하면, 진행자 계정을 포함해서 최대 4개의 계정이 동시에 라이브 화면에 참여할 수 있다. 초대 계정 수에 따라 다음과 같이 다양한 방송 형식으로 활용할 수 있다.

(※ 여기서 말하는 2원·3원·4원 라이브는 진행자 계정을 포함해서 화면에 동시에 참여하는 계정 수를 의미한다.)

① 2원 라이브

1:1로 진행하는 방식이다. 한 명의 게스트와 함께 인터뷰를 하거나, 제품을 함께 소개하는 기본적인 라이브 협업 형태에 해당한다.

② 3원 라이브

1:2 방식으로, 진행자 한 명과 두 명의 게스트가 함께 참여해 보다 다채로운 대화를 나눌 수 있다. 브랜드 간 협업 방송이나 공개 토론 등 다양한 형식으로 응용할 수 있다.

③ 4원 라이브

1:3 형태로, 총 4명이 동시에 참여하는 방식이다. 이 경우 토크쇼 형식, 그룹 토론, 팀별 제품 리

뷰 등 더욱 풍성한 콘텐츠 구성이 가능하다.

라이브 룸스를 활용하면 참여자가 많아질수록 각자의 팔로워에게 라이브가 노출되고, 자연스럽게 방송이 공유되는 효과를 얻을 수 있다. 결과적으로 라이브 방송의 도달률과 참여율이 높아지는 장점도 함께 누릴 수 있다.

(5) 라이브 룸스를 성공적으로 운영하는 꿀팁

- 방송 시작 전 게스트와 역할 분담
  라이브 흐름을 미리 정리해 두면 원활한 진행이 가능하다

- 방송 주제 미리 공지 & 홍보
  사전 홍보를 통해 더 많은 시청자 확보가 가능하다

- 참여 요청을 적극 활용
  시청자의 실시간 참여를 유도하여 더욱 활발한 소통을 이끌어낸다

- 기술 체크 필수
  인터넷 연결, 카메라, 마이크 등을 사전에 점검하여 방송 사고를 방지한다

- 엔게이지먼트 유도
  시청자와 지속적으로 대화하며 적극적인 참여를 유도한다

엔게이지먼트(Engagement) 유도란 SNS 마케팅에서 사용자(팔로워, 시청자)와의 적극적인 상호작용을 유도하는 것을 의미한다. 즉, 단순히 콘텐츠를 게시하는 것이 아니라 댓글, 좋아요, 공유, DM, 클릭, 참여 등의 행동을 이끌어 내어 브랜드와 사용자 간의 소통을 활성화하는 것을 뜻한다.

(1) 엔게이지먼트를 높이는 기본 전략

SNS에서 브랜드와 팔로워 간의 소통을 강화하고, 참여도를 높이기 위해 다음과 같은 전략을 활용한다.

① 질문 던지기
▸ "이 제품, 여러분은 어떻게 사용하세요?" 등 고객의 경험을 유도하는 질문을 던진다.

② 설문조사 활용
▸ 인스타그램 스토리의 "투표", "퀴즈" 기능 등을 활용해 가벼운 피드백을 수집한다.

③ 이벤트 및 경품 제공
▸ 댓글 남기기, 친구 태그하기 등 참여 조건을 설정해 자연스럽게 행동을 유도한다.

④ 실시간 소통 강화
▸ 댓글을 읽고 반응하거나, 질문에 즉시 답변하는 방식으로 소통의 밀도를 높인다.

⑤ 스토리 & 릴스 활용
▸ 짧고 가볍게 소비할 수 있는 콘텐츠를 통해 팔로워의 자발적인 반응을 이끌어낸다.

(2) 라이브커머스에서의 엔게이지먼트 실전 활용

위 전략들을 실시간 라이브 방송에 적용하면 다음과 같이 구체적으로 실천할 수 있다.

① 방송 중 시청자 이름 불러주기
▸ "OO님, 질문 주셨네요!"처럼 직접 언급해 친밀감을 높인다.

② 댓글 참여 유도
▸ "지금 보고 계신 분들은 댓글로 인사 한 번 남겨주세요!"와 같이 즉각적인 반응을 유도한다.

③ 퀴즈 & 깜짝 할인 이벤트
▸ "댓글로 정답 맞추면 10% 할인 쿠폰 드려요!"와 같은 실시간 참여형 이벤트를 진행한다.

④ CTA(Call to Action) 활용
▸ "지금 링크 클릭해서 구매하세요!"처럼 즉각적인 행동을 유도하는 멘트를 사용한다.

엔게이지먼트가 높을수록 인스타그램 알고리즘에 긍정적인 신호를 주며, 더 많은 사용자에게 라이브 방송이 노출될 확률이 높아진다. 단순히 설명하는 방송을 넘어서, 팔로워와 함께 만들어가는 '참여형 라이브'를 지향하는 것이 핵심이다. 즉, 단순 방송이 아니라 시청자와 활발히 소통하는 라이브가 더욱 효과적이다.

라이브 룸스는 단순한 1:1 방송을 넘어서 더 확장된 소통을 가능하게 하는 기능이다. 특히, 브랜드 협업, 고객과의 실시간 상담, 전문가 패널 토론 등에 적합하며, 게스트 초대 방식도 호스트 초대 방식 & 시청자 요청 방식을 선택할 수 있어 더욱 유연한 운영이 가능하다. 라이브커머스를 효과적으로 운영하려면 이 기능을 적극 활용하여 더욱 매력적인 라이브 방송을 기획해 보자.

3. 팔로워가 구매하는 라이브 진행 팁과 사례

(1) 라이브 룸스를 성공적으로 운영하는 전략

라이브 룸스를 활용하면 단순한 1인 방송이 아닌, 게스트와 함께하는 풍성한 콘텐츠를 기획할 수 있다. 게스트 초대 전에는 반드시 역할을 분담하고, 방송 흐름을 사전 기획해두면 훨씬 매끄럽게 진행할 수 있다. 또한, 방송 주제를 미리 알리고 사전 홍보를 통해 시청자 기대감을 높이면 라이브 참여율을 끌어올릴 수 있다. 방송 중에는 참여 요청 기능을 적극 활용해 시청자가 실시간으로 방송에 참여하도록 유도하면, 자연스럽게 쌍방향 소통이 강화된다. 물론, 원활한 방송을 위해 카메라, 마이크, 인터넷 환경 등 기술 점검은 필수다.

(2) 엔게이지먼트를 높이는 실전 방법

라이브커머스에서 성공적인 판매로 이어지기 위해서는 엔게이지먼트(Engagement)가 핵심이다. 단순히 제품 설명만 하는 방송이 아니라, 시청자와 끊임없이 대화하고 반응을 이끌어내며 참여를 유도하는 방송이 구매로 연결될 가능성이 훨씬 높다.

- 질문 던지기: "이 제품, 여러분은 어떻게 활용하세요?"
- 실시간 설문조사: 방송 중 즉석 투표로 의견 수집
- 깜짝 이벤트: "댓글 남겨주신 분들 중 추첨해 사은품 증정!"
- 실시간 퀴즈: "정답 맞히면 라이브 특가 쿠폰 드립니다!"
- 시청자 이름 불러주기: "지금 들어오신 OOO님, 반갑습니다!"

이처럼 시청자가 방송에 참여할 이유를 꾸준히 만들어주면, 자연스럽게 시청자 수는 물론 구매전환율까지 함께 높아진다.

(3) 실제 성공 사례

제주에서 수제청을 판매하는 A 브랜드는, 평소 인스타그램 피드와 스토리로 꾸준히 팔로워들과 소통해왔다. 이후, 라이브 룸스를 활용해 제주 로컬 카페 사장님과 함께 콜라보 방송을 진행했다. 수제청을 활용한 음료 레시피를 함께 소개하고, 실시간으로 팔로워들의 질문에 답하면서 자연스러운 제품 홍보가 이루어졌다. 방송 말미에는 "지금 구매하시는 분들께 무료 배송 혜택"을 걸며 즉각적인 구매를 유도했고, 단 한 번의 라이브로 평소 하루 매출의 3배를 기록했다. 이처럼 라이브커머스는 팔로워와의 관계를 활용해 '보고 바로 사는' 즉각 구매를 유도하는 데 매우 효과적이다.

(4) 구매 유도 멘트 & 참여 유도 멘트 예시

라이브 진행 중 어떤 멘트를 하느냐에 따라 구매율이 크게 달라질 수 있다. 방송 흐름에 맞춘 구매 유도 멘트와 참여 유도 멘트를 미리 준비해두면, 방송 중 당황하지 않고 자연스럽게 제품 홍보와 구매 전환을 이끌어낼 수 있다.

- "이 제품은 방송 끝나면 정상가로 돌아갑니다. 지금 바로 구매하셔야 혜택 받아요!"
- "라이브 특가 놓치지 마세요. 지금 댓글로 '구매완료' 남겨주시면 특별 사은품 드려요."
- "지금 보고 계신 분들, 궁금한 점은 바로 댓글 남겨주세요. 라이브 중에만 답변 드립니다!"

(5) 라이브 특화 이벤트 아이디어

- 라이브 한정 타임세일
- 선착순 구매 이벤트
- 퀴즈 이벤트 (정답자 쿠폰 지급)
- 댓글 참여 이벤트 (친구 태그하면 추가 혜택)

이처럼 다양한 이벤트와 멘트를 적극 활용하면, 단순한 방송을 넘어 시청자들이 참여하고 싶어지는 즐거운 쇼핑 경험을 만들어낼 수 있다.

이제 라이브를 재미있고 효과적으로 진행하는 방법을 알았다면, 본격적으로 라이브를 통해 수익을 만들어내는 방법까지 알아볼 차례다. 단순한 홍보용 라이브를 넘어서, 실질적인 매출로 이어지는 수익 창출 전략을 구체적으로 살펴보자.

4. 인스타그램 라이브로 수익 창출하기

인스타그램 라이브 방송을 하다 보면, 처음에는 단순 소통만 하던 방송이 점차 다양한 기회로 이어지는 경우가 많다. 라이브를 통해 자신의 제품을 직접 판매할 수도 있지만, 반드시 판매할 제품이 있어야만 라이브커머스를 시작할 수 있는 것은 아니다. 처음에는 내가 실제로 사용해보고 만족했던 제품을 추천하는 방식으로 시작해도 충분하다. 점차 협찬을 받아 제품을 소개하는 기회로 이어지고, 나아가 나만의 제품을 개발해 직접 판매하는 단계로 확장할 수 있다.

(1) 추천 방송부터 자연스럽게 시작하기

라이브 방송 초보자라면, 처음부터 판매를 목적으로 하기보다는, 내가 실제로 사용해보 좋았던 제품을 진솔하게 추천하는 방식이 부담이 덜하다. 특히, 평소 친분이 있는 인스타그램 친구(인친)가 판매하는 제품을 자연스럽게 소개하는 것도 좋은 시작점이 된다.

이렇게 진정성 있는 경험 공유를 통해 시청자들의 신뢰를 얻고, 점차 제품 추천에서 판매로 이어지는 흐름을 만들어갈 수 있다.

예시 멘트

"이 제품, 제가 실제로 써봤는데요. 요즘 라이브 방송할 때 꼭 필요한 아이템이에요."
"인친이 직접 만든 수제청인데, 저도 한 번 마셔보고 반했어요. 여러분께도 꼭 소개하고 싶었어요."

해당 이미지는 인친들과 평소 소통해오던 가운데, 인친이 만든 제품을 직접 사용해본 후 그 경험을 바탕으로 라이브 방송에서 자연스럽게 소개한 장면다. 판매보다는 진심 어린 추천에 가까운 방식으로, 시청자들에게도 부담 없이 다가갈 수 있었다.

(2) 협찬 라이브 방송으로 신뢰도와 영향력 쌓기

라이브 방송을 꾸준히 진행하다 보면, 자연스럽게 브랜드나 소상공인으로부터 협찬 제안을 받는 기회도 생긴다. 이때 중요한 것은, 협찬을 받기 위해서도 꾸준한 방송 활동과 진정성 있는 소통으로 신뢰도를 쌓아가는 과정이 반드시 필요하다는 점이다.

그렇다면, 협찬을 받기 위한 실질적인 준비 방법은 무엇이 있을까?

① 꾸준히 라이브 방송을 진행하며, 내 콘텐츠와 자연스럽게 연결될 수 있는 제품을 선별한다.
② 작은 브랜드부터 협업을 시작해 경험을 쌓고, 점차 규모 있는 브랜드와의 협업으로 확장한다.
③ 일상 콘텐츠에도 제품 후기를 꾸준히 올리며 브랜드와의 접점을 만든다.
④ 브랜드 측에 DM을 보내 협찬 라이브 방송을 직접 제안하는 것도 좋은 전략이다.

(3) 나만의 제품을 개발해 판매하기

팔로워들과 꾸준히 소통하며 관계를 쌓다 보면, 자연스럽게 나만의 브랜드를 만들고 직접 제품을 기획·제작해 판매하는 단계로 이어질 수 있다. 특히, 팔로워들이 관심을 가질 만한 아이템을 발굴하거나, 내가 좋아하는 분야와 연결한 제품을 개발하면, 라이브 방송을 통해 신뢰와 재미를 동시에 전달할 수 있다. 다양한 분야의 예시는 다음과 같다.

- SNS 컨설팅 전문가
라이브 방송에서 SNS 운영 노하우를 공유하고, 관련 강의나 워크북을 판매한다.

- 핸드메이드 브랜드 운영자
직접 만든 액세서리를 착용하고 시연하면서 실시간 소통을 통해 판매한다.

- 로컬 특산품 판매자
제품의 원산지, 생산 과정, 활용 방법 등을 보여주며 신뢰를 형성하고 판매로 연결한다.

- 푸드 크리에이터
요리 과정을 라이브로 보여주며 레시피북이나 식재료 키트를 함께 소개하고 판매한다.

- 라이프스타일 인플루언서
일상에서 사용 중인 생활용품을 실사용 리뷰하며 제품 링크를 안내해 구매를 유도한다.

- 뷰티 콘텐츠 크리에이터
메이크업 시연을 통해 사용하는 뷰티 제품을 세트 구성으로 소개하고 판매한다.

- 독서 콘텐츠 운영자

추천 도서를 소개하며 책갈피, 독서노트 등 굿즈와 함께 패키지로 구성해 판매한다.

- 취미 클래스 운영자

다육이, 화분 만들기 등 취미 활동을 소개하고 관련 키트 또는 클래스 등록을 유도한다.

이처럼 제품을 잘 만드는 것도 중요하지만, 그 제품에 담긴 나만의 이야기와 진정성을 어떻게 전할지도 정말 중요하다. 결국, 라이브에서 제품을 매력적으로 소개하고, 시청자들 공감대를 형성해 자연스럽게 구매로 이어지게 만드는 힘이 바로 스토리텔링이다.

(4) 수익을 만드는 스토리텔링의 힘

라이브 방송을 처음 시작할 때는 어색함이 컸다. 무엇을 말해야 할지, 어떻게 진행해야 할지 고민이 많았지만, 몇 번의 경험을 거치면서 점점 자연스럽게 말하고 시청자들과 소통하는 감각이 생겼다. 그 과정에서 탄생한 방송이 바로 [수니다움과 함께 뚜벅이여행] 라이브였다.

제주의 아름다운 풍경을 배경으로 걷다 보면, 어느 순간 카메라를 들고 시청자들에게 말을 걸고 있는 나를 발견했다. 단순히 내 눈앞의 풍경을 보여주는 것에서 벗어나,

"지금 보이는 이 길을 따라가면 어디로 이어질까요?", "이곳에는 어떤 이야기가 숨어 있을까요?" 이런 질문을 던지면서, 마치 친구들과 함께 여행하는 기분으로 진행하게 되었다.

이미지는 '뚜벅이여행' 시리즈 라이브 방송 진행 장면을 캡처한 것으로, 실제로 제주의 장소를 걸으며 방송을 진행했던 기록이다.

하지만, 한 시간 넘게 걸으며 라이브 방송을 진행하는 것은 쉽지 않았다. 걸어가는 도중에 보여줄 게 없는 순간이 생기면, 뭔가 말을 이어가야 한다는 부담감도 있었다. 그래서 단순한 방송을 넘어, 좀 더 정확하고 알찬 정보를 전달하고 싶다는 생각이 들었다.

그때부터 방송 전에 자료를 찾아보고, 대본을 준비하는 습관이 생겼다. 그냥 무작정 시작하는 것이 아니라, 어떤 이야기로 풀어갈지, 어떤 장면을 보여줄지 미리 정리해 두면 훨씬 풍성한 라이브를 만들 수 있었다. 시청자들이 궁금해할 만한 것들을 미리 정리해 놓고 진행하니, 방송이 훨씬 매끄럽게 흘러갔다. 그 과정에서 배운 것이 많았다.

① 카메라와 친해지기

처음에는 어색했지만, 반복하면서 점점 자연스럽게 이야기할 수 있게 되었다. 표정, 말투, 카메라 각도까지 신경 쓰다 보니 방송의 완성도가 높아졌다.

② 즉흥적인 대화 능력 키우기

시청자들의 댓글을 보며 즉각적으로 반응하는 것이 중요했다. 일방적으로 정보를 전달하는 것이 아니라, 함께 이야기를 만들어가는 느낌이 있어야 했다.

③ 돌발 상황 대처하기

갑자기 바람이 세게 불거나, 비가 내리거나, 주변이 예상보다 시끄러워질 때는 물론, 방송이 끊길 때도 있었다. 이런 여러 상황을 겪으며 어떻게 자연스럽게 상황을 넘길지 고민하고 진행하는 능력이 향상되었다.

④ 처음부터 완벽할 필요는 없다

라이브 방송을 하면서 깨달은 것은, 결국 모든 것이 연습이라는 점이었다. 처음부터 완벽할 필요는 없었고, 시도하고 경험을 쌓아가면서 점점 나아지는 것이 중요했다. 특히, 네이버 쇼핑라이브와 같은 본격적인 라이브 커머스를 준비하는 과정에서, 이런 경험들이 큰 도움이 되었다.

(5) 꾸준한 실습과 데이터 분석으로 완성하기

라이브 방송은 한 번에 완성되는 것이 아니다. 처음에는 지인들과 함께하는 테스트 방송부터 시작해, 경험을 쌓으며 자신의 스타일을 찾는 것이 중요하다. 브랜드의 성격에 맞춘 톤 앤 매너(Tone & Manner)를 설정하고, 방송 후 데이터 분석을 통해 개선점을 찾는 과정도 반드시 필요하다.

주요 체크 포인트

- 시청자 수, 평균 시청 시간, 댓글·좋아요·공유 수 등 데이터 분석
- 반응이 가장 좋았던 콘텐츠 유형 파악
- 라이브 중 시청자 이탈 시점과 원인 분석

이런 과정이 반복되면서, 점차 팔로워가 믿고 구매하는 라이브커머스로 자리 잡을 수 있다.

이러한 과정을 꾸준히 반복하다 보면, 점차 팔로워가 믿고 구매하는 라이브커머스로 성장할 수 있다. 인스타그램 라이브는 초보자도 부담 없이 시작할 수 있으며, 꾸준한 실습을 통해 실력과 감각이 자연스럽게 쌓인다. 단순한 소통 방송에서 시작하더라도, 시간이 지나면 협찬과 판매로 이어지는 흐름 속에서 라이브커머스의 기본기를 탄탄히 다지는 기회가 된다.

결국, 매 회차의 방송은 단순한 이벤트가 아닌, 브랜드를 성장시키는 자산이 되는 셈이다.

이제, 인스타그램을 넘어 실제 판매로 이어지는 플랫폼, 네이버 쇼핑라이브의 실전 운영 전략을 구체적으로 살펴볼 차례다.

8장.

네이버 쇼핑라이브 실전 전략

인스타그램 라이브 방송에 어느 정도 익숙해졌다면, 이제는 본격적으로 네이버 쇼핑라이브에 도전할 차례다. SNS를 통해 브랜드를 알리고 고객과 소통하는 단계를 넘어, 실질적인 매출로 이어지는 라이브커머스의 핵심 무대가 바로 네이버 쇼핑라이브다.

네이버 쇼핑라이브는 네이버 스마트스토어와 연동되어, 실시간으로 제품을 소개하고 바로 판매할 수 있는 강력한 플랫폼이다. 특히 고객과 실시간으로 소통하며 신뢰를 쌓고, 시청자의 반응을 즉각 반영할 수 있다는 점에서 기존의 온라인 쇼핑몰과는 뚜렷한 차별점을 가진다. 하지만 이 플랫폼을 성공적으로 활용하기 위해서는 스마트스토어 개설, 상품 등록, 기본 판매 실적 확보 등 사전 준비 단계가 반드시 필요하다.

또한, 네이버 스마트스토어센터는 단순한 판매 공간이 아니라, 고객 데이터를 분석하고 비즈니스를 성장시키는 핵심 도구라는 점도 반드시 이해해야 한다. 지금부터는 네이버 쇼핑라이브를 위한 첫걸음을 어떻게 시작할지, 그 실전 전략을 하나씩 살펴보자.

1. 스마트스토어 개설과 상품 등록 방법

네이버 쇼핑라이브는 국내 최대 포털인 네이버에서 제공하는 라이브커머스 플랫폼으로, 네이버 스마트스토어를 운영하는 판매자라면 누구나 쉽게 참여할 수 있다. 방송 중 소개한 상품을 바로 구매로 연결할 수 있어, 실시간 소통과 즉각적인 매출 전환이 가능한 강력한 마케팅 도구다. 네이버 쇼핑라이브는 다음과 같은 장점을 가진다.

① 네이버 검색과 자동 연동되어 쇼핑라이브 방송이 네이버 검색 결과에 노출되므로 높은 유입률을 기대할 수 있다.

② 스마트스토어와 바로 연결되므로, 시청자가 방송 중 소개된 상품을 즉시 클릭해 바로 결제까지 이어질 수 있다.

③ 실시간 소통 기능을 통해 시청자가 남긴 댓글에 즉각적으로 응답할 수 있어, 라이브 특유의 현장감을 살릴 수 있다.

④ 무료로 방송할 수 있어 초기 비용 부담 없이 누구나 쉽게 시작할 수 있다.

⑤ 방송 중 다양한 프로모션 운영이 가능하다. 한정 수량 특가, 실시간 쿠폰 발급, 선착순 이벤트 등 다양한 혜택을 통해 시청자의 참여와 구매를 동시에 이끌어낼 수 있다.

(1) 스마트스토어 개설

네이버 쇼핑라이브를 시작하려면 가장 먼저 준비해야 할 것이 바로 스마트스토어 개설이다. 네이버 쇼핑라이브는 스마트스토어와 연동되어 진행되는 서비스이기 때문에, 스마트스토어 개설과 상품 등록이 반드시 선행되어야 한다. 스마트스토어 개설을 위한 기본 절차는 다음과 같다.

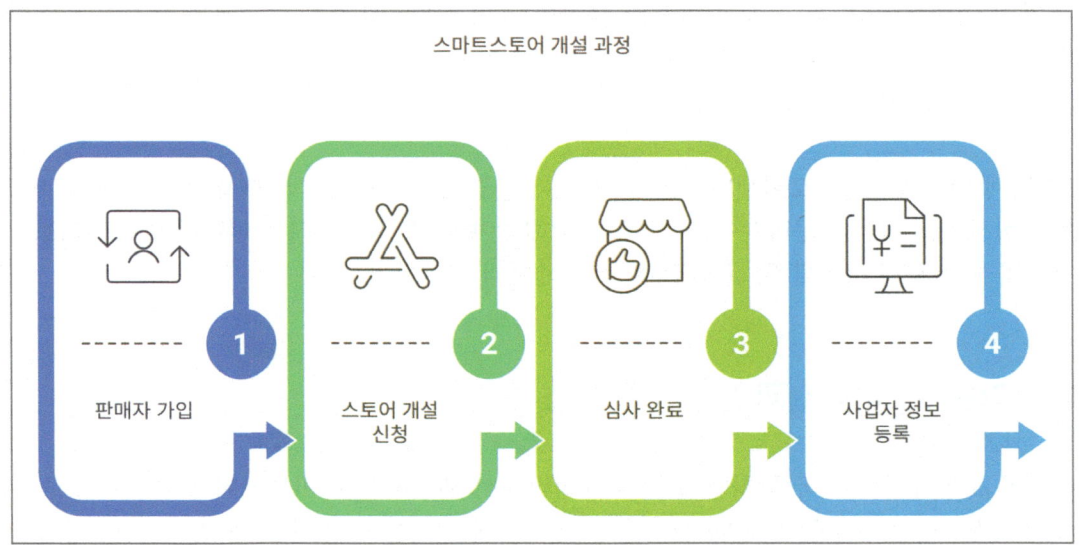

스마트스토어는 단순히 상품을 올리는 쇼핑몰이 아니라, 네이버 검색과 바로 연결되고, 고객 데이터를 분석할 수 있는 강력한 판매 플랫폼이다. 따라서 이 과정에서 준비부터 설정까지 꼼꼼하게 신경 써야 라이브커머스 성공의 첫걸음을 제대로 내디딜 수 있다.

각 단계에서 필요한 내용과 준비 서류, 주의할 점까지 살펴보며 차근차근 준비해 보자.

1) 네이버 커머스 ID 생성 방법

네이버 쇼핑라이브를 시작하려면 스마트스토어센터에 로그인할 수 있어야 한다. 기존의 개인 네이버 아이디만으로는 바로 접속할 수 없기 때문에, 반드시 네이버 커머스 ID(비즈니스 계정)를 만들어야 한다. 일반 네이버 아이디만 있다면 → 비즈니스 ID로 전환하거나 새롭게 생성해야 한다. 해당 이미지는 네이버 스마트스토어 로그인 화면 예시로, 비즈니스 계정 생성 또는 전환을 위해 접속했을 때 가장 먼저 보게 되는 페이지이다.

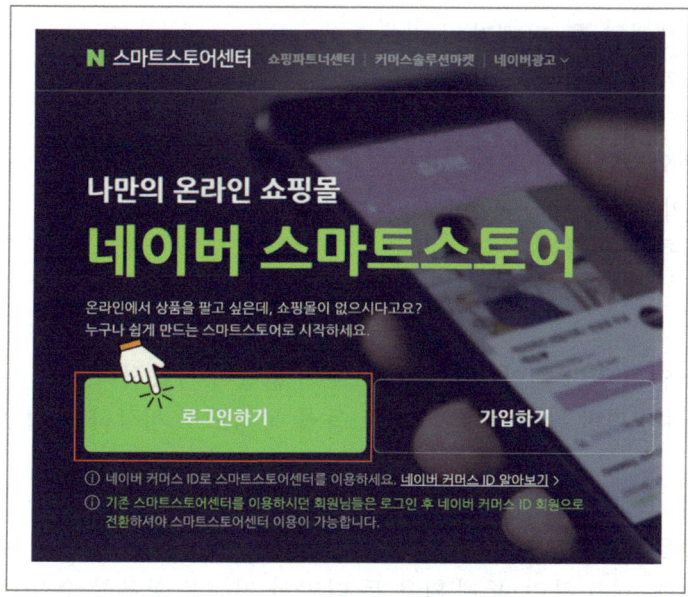

- 네이버에 로그인한 뒤 스마트스토어센터에 접속한다.
- '로그인하기' 버튼을 클릭해 개인 아이디로 로그인한다.
- 안내에 따라 '스마트스토어 판매자 가입'을 진행하며, 비즈니스 계정이 없을 경우 새롭게 생성해야 한다.
- 이후 커머스 ID 전환 또는 신규 생성 절차를 따라 등록을 완료한다.

2) 2단계 인증 진행

비즈니스 계정 생성 또는 전환 도중에는 보안을 위한 2단계 인증 절차가 필수로 진행된다. 이 인증은 구매자 정보 보호 및 계정 보안을 위한 필수 절차이며, 최초 한 번만 설정하면 된다. 2단계 인증 방식은 아래 이미지와 같이 두 가지 중 선택할 수 있다.

① 이메일 방법 선택시 등록된 이메일(로그인 이메일과 다른 이메일) 주소로 6자리 인증번호를 전송받아 입력한다.

② 휴대전화 방법 선택시 등록된 휴대전화로 문자 인증번호를 받아 인증을 진행한다.

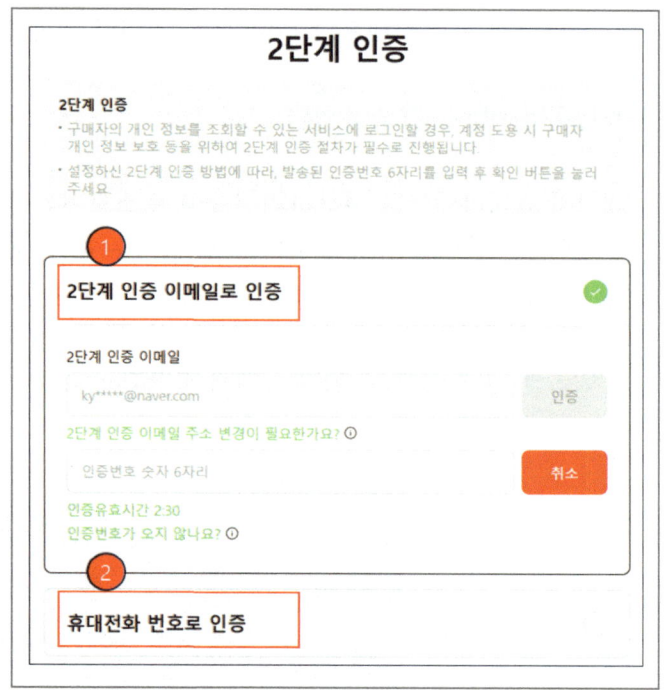

3) 판매자 유형 선택

비즈니스 계정을 생성한 후, 판매자 유형을 선택하는 단계가 진행된다. 아래 이미지는 판매자 유형 선택 화면이며, 개인, 사업자, 해외사업자 중 하나를 선택할 수 있다. 이미지 속 ①~③은 각각 선택 가능한 유형을 의미한다.

① 개인 판매자
- 사업자등록증 없이 일반 개인 자격으로 스토어 운영이 가능하다.
- 소규모 창업, 취미 기반 판매, 제품 테스트 등을 목적으로 시작하는 경우에 적합하다.

② 사업자 판매자
- 사업자등록증을 보유한 사용자만 선택 가능하다.
- 세금계산서 발행, 재고 관리, 통계 활용 등 다양한 기능을 활용할 수 있다.

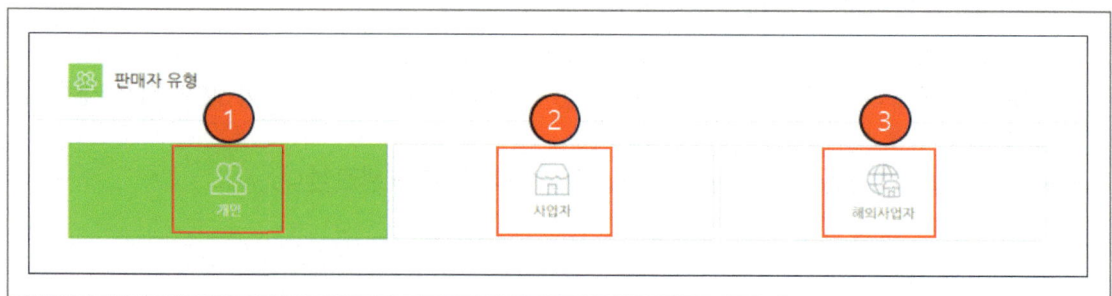

③ 해외사업자
- 국외에 거주하거나 해외 법인을 운영하는 판매자를 위한 옵션이다.
- 국내 소비자를 대상으로 하는 해외 셀러의 진입을 위한 항목이다.

처음 온라인 판매를 시작하는 경우, ①번 개인 판매자 항목을 선택해 가볍게 시작해보는 것을 추천한다. 이후 사업자등록 후 판매자로 전환하는 것도 가능하다.

(2) 스마트스토어 가입 및 개설 신청

1) 스토어 기본 정보 입력

스마트스토어 가입과 개설 신청은 기본 정보 입력부터 사업자 정보 등록, 심사 과정까지 순차적으로 진행되는 절차다. 이 과정에서 입력하는 정보는 실제 스토어 운영의 기반이 되므로, 신중하게 작성해야 한다. 아래 이미지는 가입 절차 중 '정보입력' 단계에서 스마트스토어 정보 입력 항목이다.

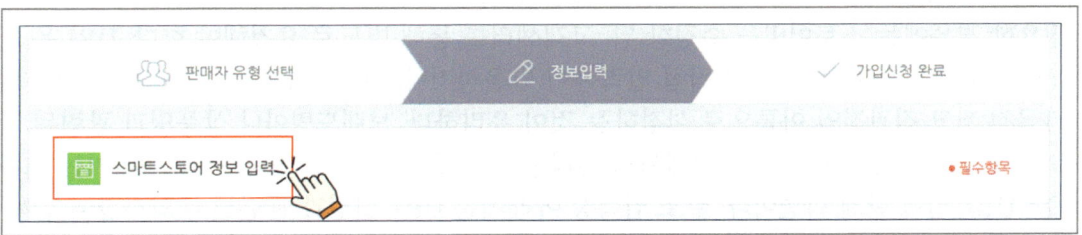

스마트스토어 가입 화면에서는 다음과 같은 필수 정보를 입력해야 한다.

- 스토어명
- URL
- 대표 이미지
- 소개글
- 고객센터 전화번호

이 단계는 스토어의 첫인상을 결정짓는 중요한 부분이므로, 브랜드 정체성과 맞는 톤으로 신중하게 기획해야 한다.

① 스토어스토어 이름 설정
스토어명은 브랜드의 정체성을 드러내는 가장 중요한 요소 중 하나이며, 향후 검색 노출에도 직접적인 영향을 미친다. 브랜드명과 연관성 있는 이름을 정하는 것이 가장 좋고, 검색에 유리한

키워드가 함께 포함되면 더욱 효과적이다. 아래의 이미지는 필수 정보 항목중 스토어명 화면이다.

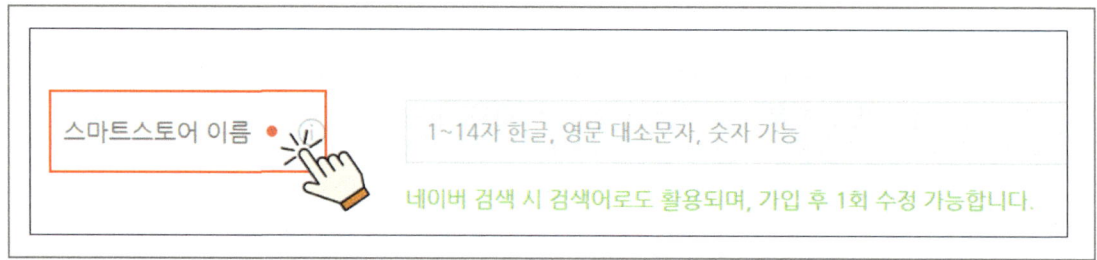

스토어명은 1~14자 이내로 설정해야 하며, 한 번 등록한 이후에는 단 한 번만 변경할 수 있기 때문에 신중하게 결정해야 한다. 처음에는 가볍게 정하고 나중에 바꾸겠다는 생각은 금물이다. 초기부터 브랜드 방향성과 일관되게 설정하는 것이 무엇보다 중요하다.

② 스토어 URL 설정

스토어 URL은 가입 시 최초 1회만 설정 가능하며, 이후에는 변경할 수 없다. 부득이하게 변경이 필요한 경우에는 스토어명을 수정한 뒤, 고객센터를 통해 별도로 요청해야 한다. URL은 스마트스토어의 고유 주소로, 고객이 직접 입력하여 방문하거나, 외부 채널에 링크를 걸 때 사용되므로 가급적 짧고 직관적인 이름으로 설정하는 것이 유리하다. 브랜드명이나 상품명과 관련된 키워드를 포함하면 기억하기 쉽고, 검색에서도 유리한 효과를 기대할 수 있다. 아래 이미지는 스마트스토어 URL 입력 단계 화면이다. 주소 입력창 아래에는 URL 설정과 관련된 주의사항이 함께 표시되며, 반드시 확인 후 입력해야 한다.

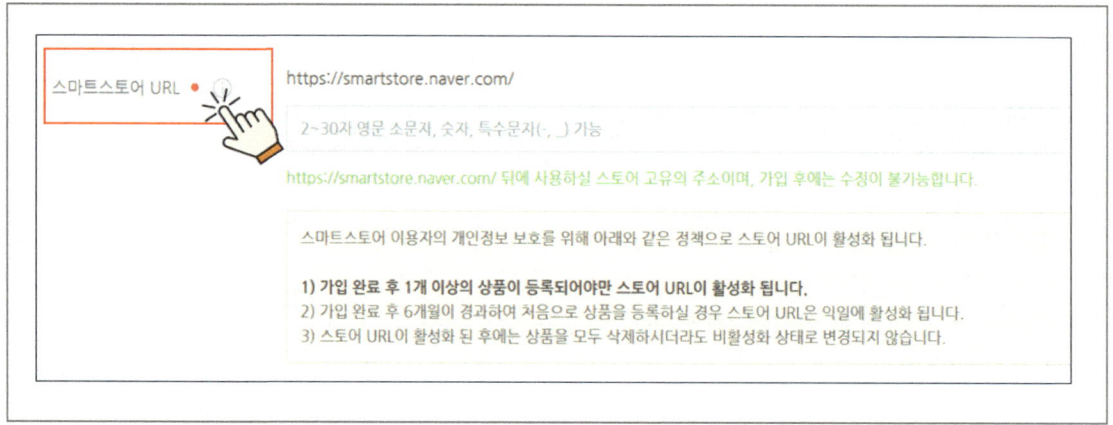

예를 들어,
- 가입 완료 후 1개 이상의 상품이 등록되어야만 URL이 활성화된다는 조건이 있으며,

- 가입 후 6개월 이상이 지나 상품을 처음 등록하는 경우, 익일에 URL이 활성화된다는 안내도 함께 제공된다.

이처럼 URL 설정은 단순한 주소 입력 이상의 의미를 가지므로, 브랜드 정체성과 일관성 있는 네이밍 전략을 고려해 신중하게 결정하는 것이 중요하다.

③ 대표 이미지(로고)

스토어 대표 이미지는 네이버 쇼핑 검색 결과, 스마트스토어 프로필 화면 등 다양한 노출 지점에서 브랜드를 시각적으로 보여주는 요소다. 고객이 스토어를 처음 접할 때 가장 먼저 보게 되는 이미지이므로, 브랜드의 아이덴티티를 잘 담아내야 한다. 특히, 작은 모바일 화면에서도 명확하게 인식될 수 있도록 가로 세로 정비율의 정사각형 형태로 디자인하는 것이 좋다. 등록 가능한 대표 이미지는 다음 조건을 따른다.

- 최소 사이즈는 160×160px 이상
- 권장 사이즈는 가로 1,300px 이상
- 파일 형식은 jpg, jpeg, gif, png
- 파일 용량은 최대 20MB 이내

이미지를 업로드하면 내부 검수 후 등록이 완료되며, 이는 영업일 기준 1~2일 소요된다. 아래 이미지는 대표 이미지 등록 단계의 실제 화면으로, 이미지 업로드 버튼과 사이즈 안내 문구, 검수 상태 등을 함께 확인할 수 있다.

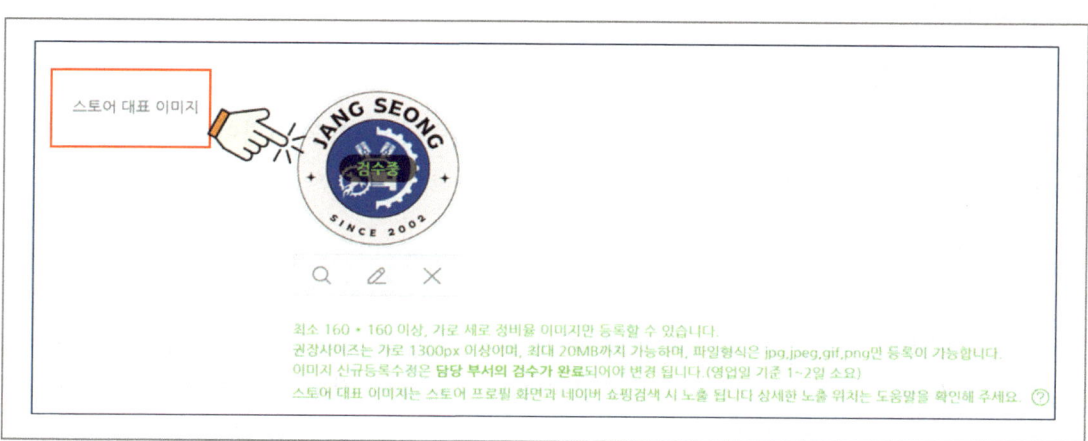

④ 스토어 소개글 작성

스토어 소개글은 방문자에게 스토어의 콘셉트와 주요 상품을 간단명료하게 전달하는 핵심 문구다. 이 문장은 스토어 메인 화면, 네이버 검색 결과, 사이트 설명 영역 등에 함께 노출되며, 첫인상 형성에 중요한 역할을 한다.

따라서 소개글은 다음 기준에 맞추어 작성한다.
- 스토어의 콘셉트를 명확하게 표현한다
- 주요 상품이나 판매 포인트를 간결하게 담는다
- 브랜드 톤과 맞는 문체로 작성한다
- 최대 50자 이내로 작성해야 하며, 추후에는 언제든 수정이 가능하다

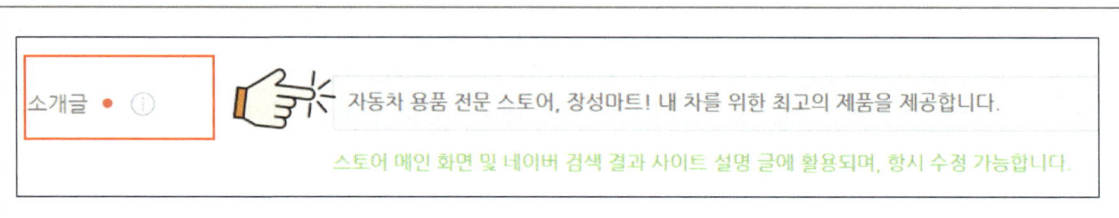

해당 이미지를 참고하여 몇 가지 예를 들면 다음과 같다.

- 제주 감성을 담은 수제청 전문 스토어
- 매일 입고 싶은 편안한 데일리룩 제안
- 귀여움 한 스푼, 감성 두 스푼 핸드메이드 액세서리

이처럼 핵심 메시지를 담은 짧고 임팩트 있는 문장을 구성하면, 고객의 관심을 끌고 신뢰를 높이는 데 효과적이다.

⑤ 고객센터 전화번호 등록
고객 문의 응대를 위한 필수 정보다. 정확한 번호를 입력하고, 이후 변경이 필요할 경우 빠르게 업데이트하는 것이 중요하다.

2) 판매 상품 및 배송·정산 정보 입력

기본 정보 입력이 완료되면, 다음 단계로 판매 상품과 배송·정산 관련 정보를 설정해야 한다. 이 과정은 실제 상품 판매와 고객 응대에 직접 연결되기 때문에 매우 중요한 절차다. 이 단계에서는 아래 항목들을 순차적으로 입력한다.

① 대표 상품 카테고리 선택
스마트스토어 개설 시, 판매할 상품의 대표 카테고리를 정확히 설정하는 것은 매우 중요하다. 카테고리는 고객이 상품을 검색하거나 쇼핑할 때 가장 먼저 필터링되는 기준이므로, 상품 특성과

가장 잘 맞는 항목을 선택해야 검색 노출률, 구매 전환율, 운영 효율성까지 모두 향상될 수 있다. 예를 들어, 의류, 주방용품, 식품, 가전 등 상품군에 따라 카테고리를 정확히 설정하면, 네이버 검색과 노출 최적화에 도움이 된다. 해당 이미지는 스마트스토어 개설 단계에서 상품 카테고리를 선택하는 화면이다.

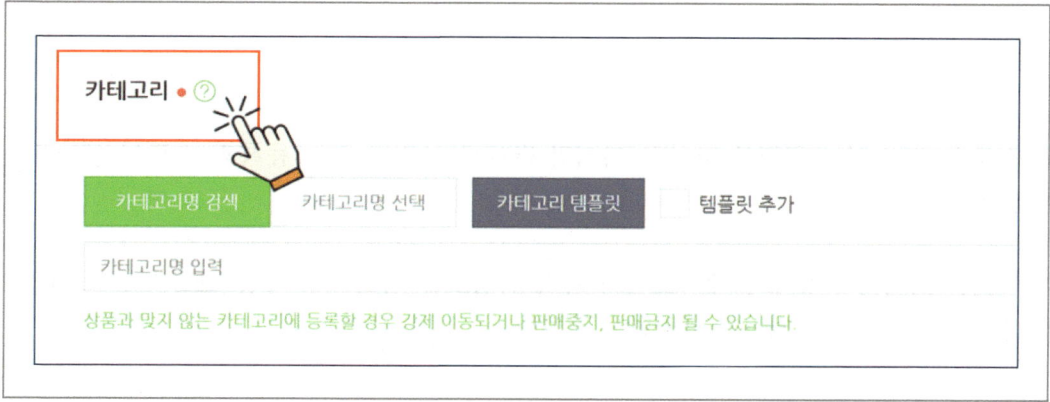

- 카테고리는 상품 등록과 동시에 자동 적용되며, 템플릿 설정을 통해 반복 등록 시에도 활용 가능하다.
- 상품과 맞지 않는 카테고리에 등록할 경우, 강제 이동, 판매 중지, 또는 판매 금지 등의 불이익이 발생할 수 있으므로 신중히 선택해야 한다.
- 네이버에서는 '카테고리명 검색'과 '템플릿 추가' 기능을 통해 판매자 편의성을 높이고 있다.

② 판매 방식 설정
상품 등록 방식과 옵션 구성, 판매 단위 등을 설정하는 단계다. 단일 상품 또는 옵션 선택형 상품을 구분하고, 가격·수량·구매 제한 등의 항목을 입력할 수 있다.

③ 배송지 정보 입력
배송 출발지 주소를 입력하는 단계로, 실제 발송이 이루어지는 창고, 물류센터, 매장 주소 등을 등록한다. 사업자 등록 주소와 동일하게 설정할 수 있으며, 별도의 물류센터를 활용하는 경우에는 해당 주소로 지정해야 한다.

④ 반품·교환지 정보 입력
고객이 반품이나 교환 요청 시 물건을 보내야 하는 주소를 입력한다. 배송지와 동일하게 설정할 수 있으나, 물류 구조나 고객 응대 체계에 따라 분리해서 설정하는 것이 일반적이다. 반품 시 발생하는 비용 부담 주체(구매자 또는 판매자)도 함께 명시해야 한다.

⑤ 정산 계좌 정보 입력

판매 대금 정산을 위해 은행 계좌 정보를 등록하는 단계다. 예금주명과 사업자 등록 정보가 일치해야 하며, 추후 세금계산서 발행 및 매출 증빙과도 연결된다. 사업자용 계좌를 사용하는 것이 권장된다.

이 모든 항목은 구매자의 실제 경험과 직결되는 중요한 요소들로, 신중하게 작성해야 한다.

3) 사업자 정보 등록 및 스토어 심사

판매·배송 관련 정보 입력을 마치면, 마지막 단계로 사업자 정보 등록과 스토어 심사 요청 절차를 진행한다.

이 단계는 네이버가 실제 판매자로서의 자격과 정보를 검토하는 과정으로, 제출한 사업자 정보가 정확하고 신뢰할 수 있는지 확인받는 절차다.

① 사업자 정보 등록 (개인 판매자는 생략 가능)
스마트스토어를 사업자 회원으로 개설할 경우, 아래와 같은 필수 서류를 제출해야 한다. 이 서류들은 네이버의 심사 기준에 따라 확인되며, 통신판매업 신고까지 마친 뒤에야 상품 판매가 가능해진다.

사업자등록증 사본
- 국세청 홈택스에서 발급 가능
- 사업자등록번호와 대표자 정보가 명확하게 보이는 이미지 파일 제출

대표자 본인 확인 서류
- 대표자 명의의 신분증 사본(주민등록증 또는 운전면허증)
- 또는 공동인증서(구 공인인증서)를 통한 본인 인증

통장 사본
- 사업자 명의의 통장 사본
- 스마트스토어 정산 계좌와 일치해야 함

고객확인제도 관련 서류
- 금융거래 법률에 따라 대표자 정보 및 계좌 정보 입력 후 심사 필요
- 입력 후 승인을 받아야 정산 가능

추가 서류 (해당 업종일 경우)

- 건강기능식품, 의약품, 전통주, 해외 구매대행 등은 관련 허가증 또는 신고증 첨부 필요

통신판매업 신고증
- 스토어 관리 메뉴에서 사업자 정보란에 신고번호를 등록해야 함
- 신고번호 등록 후 네이버 심사 승인 절차를 거쳐야 상품 판매 가능

📌 참고
- 개인 판매자라도 월 매출이 1,200만 원을 초과하면 사업자 등록 및 통신판매업 신고가 의무다.
- 통신판매업 신고 시에는 네이버페이 구매안전서비스에 가입한 후 발급되는 구매안전서비스 이용확인증이 반드시 필요하다.

해당 정보는 국세청 및 공공기관 데이터와 연동되어 실시간으로 진위 여부가 검토되므로, 반드시 사업자등록증과 동일한 내용으로 입력해야 한다.

※ 통신판매업 신고번호가 없는 경우, 사전 발급 후 등록하는 것을 권장한다.

② 스토어 심사 요청
모든 정보 입력이 완료되면, 최종적으로 스토어 심사 요청을 진행한다.
- 심사 기간: 일반적으로 영업일 기준 1~3일 소요
- 심사 결과는 등록된 이메일 또는 관리자 페이지에서 확인 가능
- 보완 요청이 있을 경우, 안내에 따라 수정 및 재제출해야 한다

심사 승인이 완료되면, 스마트스토어 운영이 공식적으로 가능해지며, 이후 상품 등록 및 쇼핑라이브 연동 등 판매 활동을 본격적으로 시작할 수 있다. 이로써 스마트스토어 개설을 위한 모든 초기 절차가 마무리된다. 다음 단계에서는 본격적인 상품 등록 및 네이버 쇼핑라이브 준비 과정으로 이어진다. 이를 통해 온라인 매장을 넘어, 실시간 판매까지 아우르는 라이브커머스 환경을 효과적으로 운영할 수 있게 된다.

📌 스마트스토어 개설부터 통신판매업 신고까지의 자세한 방법은 책 앞날개에 있는 '수니다움' 네이버 블로그 QR을 통해 확인할 수 있다.

(3) 네이버 스마트스토어 상품 등록

스마트스토어 개설이 완료되면, 이제 판매할 상품을 하나씩 등록하는 과정이 필요하다. 스마트스토어에서는 단순히 상품 정보만 입력하는 것이 아니라, 고객이 상품을 검색하고, 상세 정보

를 확인하고, 구매까지 이어지는 흐름을 고려하여 등록해야 한다.

특히, 네이버 쇼핑 검색에 잘 노출되기 위해서는 검색 키워드가 포함된 상품명 설정, 고객 신뢰를 얻을 수 있는 상세페이지 구성, 정확한 배송 정보 입력 등이 매우 중요하다.

상품 등록은 단순한 게시 작업이 아니라, 스토어 운영의 시작점이자 판매 실적을 쌓기 위한 기본적인 작업이다. 이 단계에서 얼마나 꼼꼼하게 상품 정보를 입력하느냐에 따라 검색 노출률과 실제 판매율에 큰 차이가 발생한다.

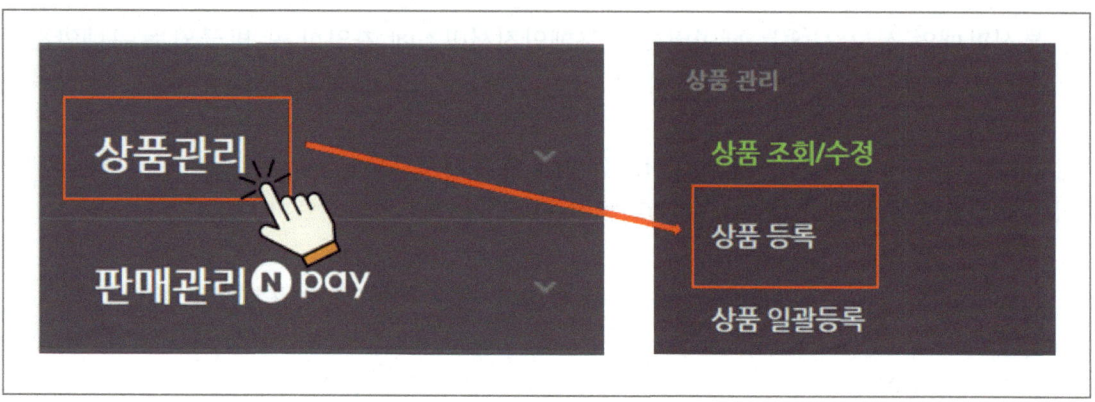

해당 이미지는 스마트스토어센터 홈 화면에서 상품을 등록하기 위한 경로를 보여주는 화면이다. 왼쪽 사이드바 메뉴에서 [상품관리]를 클릭하면 하위 메뉴가 확장되고, 그 중 [상품 등록] 메뉴를 선택하면 상품 등록 화면으로 이동할 수 있다.

상품 등록 화면으로 진입하면, 가장 먼저 상품의 기본 정보 입력 단계가 시작된다. 이 단계는 단순한 입력이 아닌, 검색 노출과 고객의 첫인상에 직결되는 핵심 작업이므로 각 항목을 신중하게 작성해야 한다.

1) 카테고리 선택

상품 등록의 첫 단계는 상품 카테고리 지정이다. 스마트스토어에서는 상품군에 따라 다양하게 분류된 카테고리 중에서, 판매하려는 상품과 가장 정확하게 일치하는 카테고리를 선택해야 한다. 카테고리 선택은 단순한 분류 작업이 아니라, 네이버 쇼핑 검색 결과에 노출되는 방식과 직결되는 핵심 요소이기 때문에 신중하게 결정해야 한다.

카테고리명 검색 기능을 활용하면 원하는 카테고리를 빠르게 찾을 수 있으며, 해당 이미지처럼 단계적으로 세부 항목을 클릭하여 최종 카테고리를 지정할 수 있다.

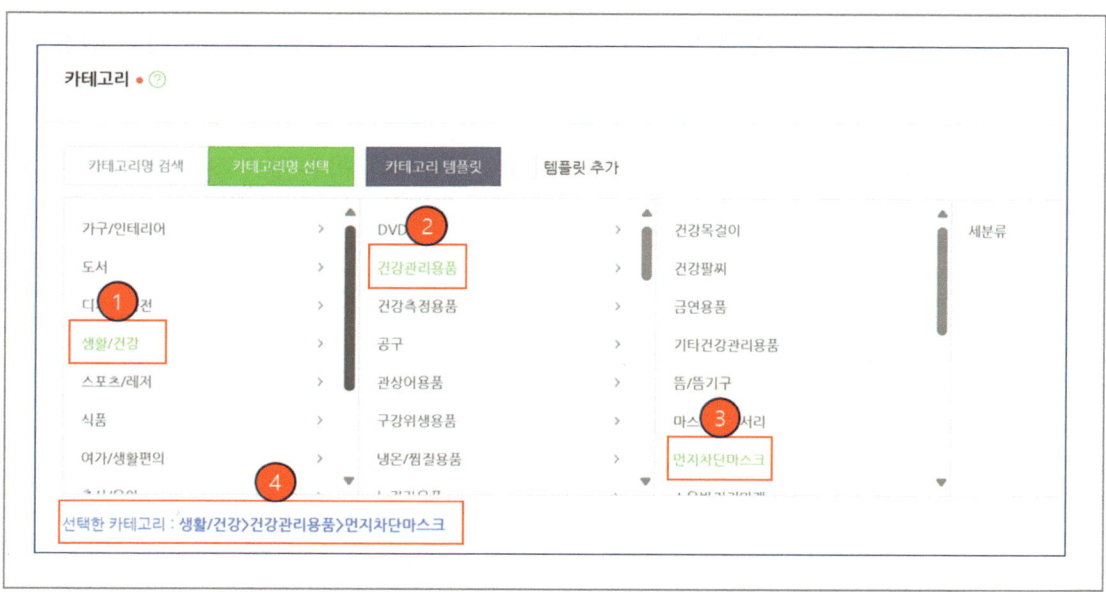

　이미지는 '생활/건강' → '건강관리용품' → '먼지차단마스크' 순으로 카테고리를 선택한 과정을 보여준다. 선택한 최종 카테고리는 이미지 하단에 [선택한 카테고리 : 생활/건강 > 건강관리용품 > 먼지차단마스크]로 표시된다.

　▲주의: 상품의 실제 성격과 맞지 않는 카테고리에 등록할 경우, 네이버 측에서 강제 이동 조치가 이루어지거나 판매 제한이 발생할 수 있다. 따라서 상품과 가장 밀접하게 연관된 카테고리를 반드시 선택해야 한다.

2) 상품명 입력

　상품명은 검색 노출과 직접적인 연관이 있기 때문에, 핵심 키워드를 포함해 고객이 어떤 상품인지 한눈에 파악할 수 있도록 작성해야 한다. 네이버는 상품명에 과도한 광고 문구나 타 브랜드, 또는 검색을 유도하기 위한 스팸성 키워드가 포함될 경우 판매 제한 조치를 취할 수 있다. 따라서, 상품명 작성 시에는 네이버가 제시하는 [상품명 검색 최적화 가이드]를 참고하는 것이 좋다. 상품명 검색품질 체크 기능을 통해 입력한 상품명이 적합한지 미리 점검할 수 있는 기능도 제공하고 있다.

　해당 이미지는 상품명 입력 후 상품명 검색 품질 체크 절차를 보여주는 화면이다.

① 상품명 예시: "국내산 KF94 먼지차단마스크 100매입 대형/중형/소형 선택가능"
- 상품명은 제품명 + 속성 + 용량/형태 순으로 작성하면 검색에 최적화된다.
- 스팸 키워드 대신, 정확한 제품 정보와 특징을 중심으로 구성하는 것이 중요하다.

② 상품명 검색품질 체크: 상품명이 네이버의 가이드에 맞게 작성되었는지 사전 점검할 수 있다.

③ 결과 확인: '검색품질 체크항목에 맞게 잘 입력되었습니다.'라는 문구를 통해 적합 여부를 확인할 수 있다.

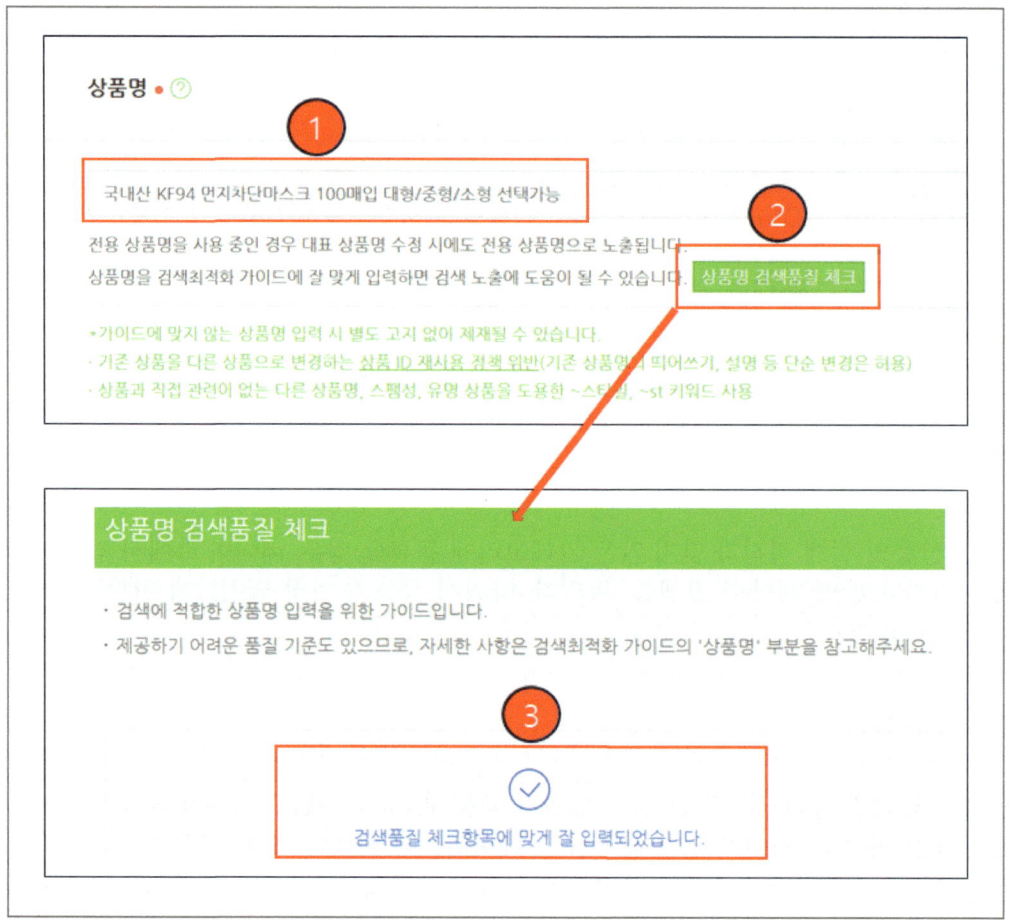

신뢰와 구매를 부르는 상품 요약 한 줄

상품 요약 설명은 고객이 상품명을 보고 난 후, 한눈에 상품의 핵심 특징과 장점을 파악할 수 있도록 간단하고 명확하게 작성하는 항목이다. 상품명은 주로 검색 최적화를 고려해 키워드 위주로 구성하는 반면, 상품 요약 설명은 고객의 관심을 끌고, 상품의 특장점을 직관적으로 전달하는 데 목적이 있다.

예를 들어, 'KF94 마스크'라는 상품명만으로는 어떤 제품인지 정확히 알기 어렵지만, 요약 설명에 '국내산 4중필터·식약처 허가·편안한 착용감'이라고 작성하면 고객이 상품의 신뢰도와 특장점을 바로 이해할 수 있다. 또한 요약 설명은 검색 결과나 상품 리스트 화면에서 상품명과 함께 노출되는 경우가 많아, 구매 결정에 영향을 주는 중요한 정보 중 하나다.

작성 시 주의할 점은 다음과 같다.

- 요약 설명은 최대 100자까지 입력 가능하다.
- 상품명과 중복되는 표현은 피하고, 상품의 강점과 차별점을 부각하는 내용을 담는 것이 좋다.
- 너무 장황하게 설명하기보다는, 핵심 키워드를 중심으로 간결하게 작성해야 한다.
- 품질 인증, 원산지, 특수 기능 등 고객이 궁금해 할 포인트를 중심으로 구성하면 효과적이다

예시:
- 국내산 KF94 마스크 4중필터, 편안한 착용감과 식약처 허가 완료 제품
- KF94 먼지차단마스크 대형·중형·소형 선택, 황사·미세먼지 강력 차단

2) 판매가 설정하기

상품 등록 과정에서 판매가 설정은 매우 중요한 항목이다. 스마트스토어에서는 기본 판매가를 설정하는 것은 물론, 즉시할인·예약할인·판매기간·부가세 적용 여부까지 세부적으로 지정할 수 있도록 구성되어 있다. 이를 통해 소비자에게 더 나은 가격 혜택을 제공하고, 스토어 운영 전략에 따라 유연한 프로모션도 가능하다. 해당 이미지는 스마트스토어 상품 등록 화면에서 판매가 설정 항목별 입력 예시를 보여준다. 항목별로 입력해야 할 정보를 아래와 같이 확인할 수 있다.

① 판매가 입력
판매가는 소비자가 상품을 구매할 때 결제하는 기본 가격을 의미한다. 스마트스토어에서는 기본적으로 원화(₩) 단위로 입력하며, 제품의 원가와 예상 마진을 고려하여 신중하게 결정해야 한다.

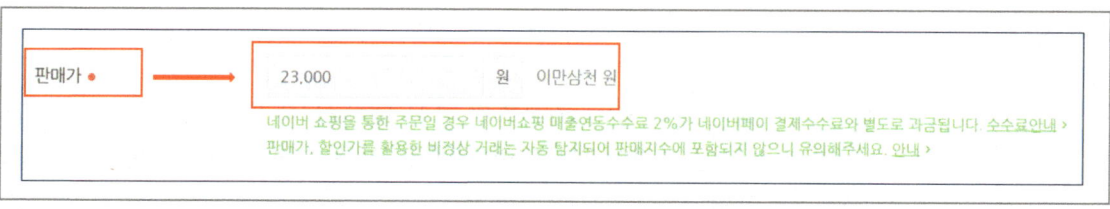

- 기본 판매가를 입력하면, 네이버 쇼핑 수수료가 부과될 수 있으므로 이를 고려하여 가격을

설정하는 것이 중요하다.
- 네이버 쇼핑을 통한 주문 시, 네이버 쇼핑 매출 연동 수수료(2%)와 네이버페이 결제 수수료가 추가로 발생할 수 있다.

② 할인 설정

스마트스토어에서는 즉시 할인이 가능한 다양한 할인 유형을 설정할 수 있다. 이미지에서 확인할 수 있는 할인 설정 항목을 살펴보면 다음과 같다.

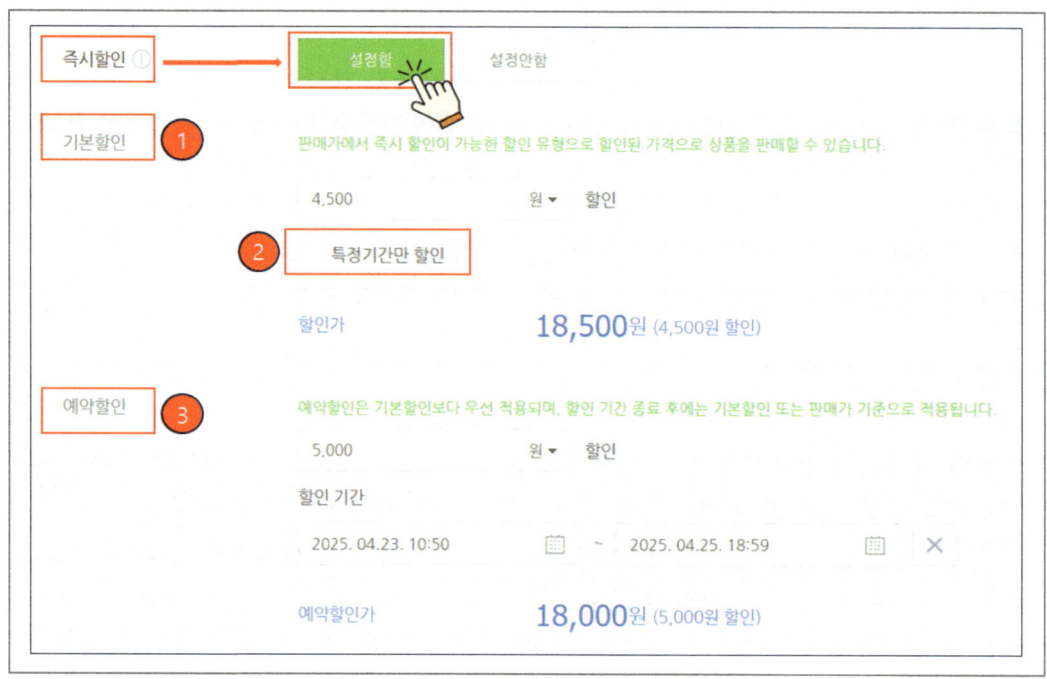

- ① 기본 할인: 설정한 할인 금액만큼 즉시 할인이 적용되며, 소비자는 할인된 가격으로 상품을 구매할 수 있다.

예를 들어, 기본 판매가가 23,000원일 때, 4,500원을 할인하면 최종 소비자 구매가는 18,500원이 된다.

- ② 특정기간만 할인 (기본할인 설정 내 옵션): 기본할인 항목 내에서 '특정기간만 할인'을 체크하면, 설정한 기간 동안에만 할인 가격이 적용되며 이벤트, 시즌 한정 할인 등 짧은 기간 동안의 프로모션 운영에 적합하다.

예를 들어, 기본 판매가 23,000원에서 4,500원 할인된 가격인 18,500원으로 설정하고, '특정 기간만 할인' 체크 후 기간을 지정하면 해당 기간 동안만 할인 가격이 노출된다.

- ③ 예약할인: 기본할인보다 우선적으로 적용되는 할인 정책이다. 할인 적용 기간이 지나면 자동으로 기본할인 또는 판매가 기준으로 되돌아간다. 사전 예약 구매 유도나 한정 이벤트 운영 시 효과적이다.

예를 들어, 예약할인 가격으로 5,000원 할인을 적용하면, 기본가 23,000원 → 예약할인가 18,000원이 자동 설정된다. 할인 적용 기간은 2025년 4월 23일 10:50 ~ 4월 25일 18:59로 설정해두면, 그 기간 동안 예약할인이 우선 적용된다.

③ 판매 기간 설정
할인이 특정 기간 동안만 적용되도록 설정하고 싶다면, [설정함]을 선택하여 시작일과 종료일을 지정할 수 있다. 반대로, 할인을 적용하지 않고 기본 가격으로 계속 판매하려면 [설정안함]을 선택하면 된다.

해당 이미지는 상품의 판매 기간을 직접 설정하는 화면이다. 이 기능은 특정 기간에만 상품을 노출하거나, 이벤트성 한정 판매를 기획할 때 유용하게 활용된다.

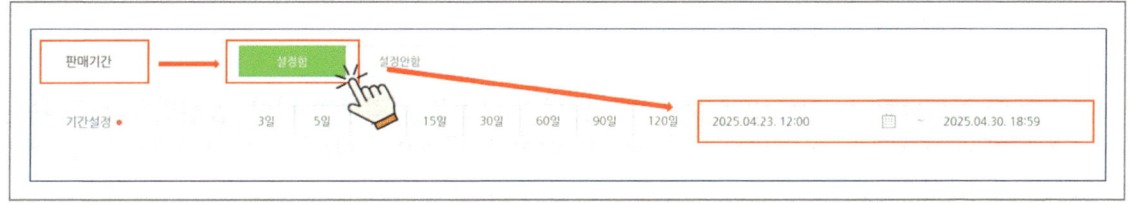

④ 부가세 설정
스마트스토어에서는 판매 상품의 부가세 여부를 선택할 수 있다. 선택 가능한 항목은 다음과 같다.

- 과세상품: 부가가치세(VAT) 포함된 가격으로 판매하는 일반적인 상품.
- 면세상품: 부가세가 면제되는 상품.
- 영세상품: 일부 영세 사업자에게 해당하는 상품 유형.

부가세 설정은 상품의 카테고리와 법적 요건에 따라 적절히 선택해야 한다.

주의할 점

- 할인 설정 시, 실제 마진을 고려하여 적용해야 하며, 과도한 할인이 지속되면 수익성이 떨어질 수 있다.
- 네이버 쇼핑을 통한 판매에서는 추가 수수료가 발생하므로, 가격을 설정할 때 이를 반영하는 것이 필요하다.
- 부가세 설정을 잘못 선택할 경우 세금 신고 시 문제가 발생할 수 있으므로, 정확한 상품 유형을 확인하고 설정해야 한다.

위와 같은 과정을 통해 판매가를 설정하면, 소비자에게 합리적인 가격을 제시할 수 있으며, 네이버 쇼핑라이브나 프로모션과 연계하여 효과적으로 상품을 홍보할 수 있다.

3) 재고수량 및 옵션설정

스마트스토어에서 상품을 등록할 때, 재고와 옵션 설정은 구매자의 선택 가능성을 결정짓는 중요한 요소이다. 특히, 옵션 구성 방식에 따라 상품 노출 방식도 달라지므로, 정확한 설정이 필요하다. 아래는 각 단계별 설명과 함께 예시를 정리한 내용이다.

① 재고 수량 입력
판매 가능한 상품의 총 재고 수량을 입력한다. 옵션별 재고를 따로 설정할 예정이라면, 이 항목에 입력한 수치는 옵션 설정 시 자동으로 반영될 수 있다.

예를 들어, KF94 마스크를 40개 보유하고 있다면 [40]을 입력하면 된다. 옵션별로 재고 수량을 따로 입력할 경우에는, 이곳에서 전체 재고를 입력하지 않아도 된다. 아래 이미지는 재고 수량 입력란의 예시 화면으로, 실제 입력 방식과 안내 문구가 함께 표시되어 있다.

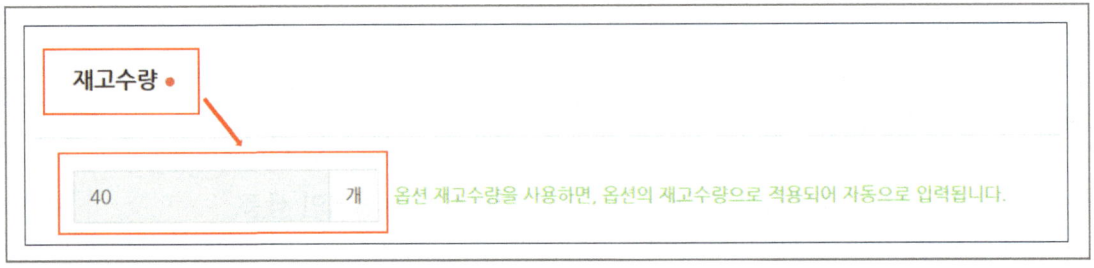

② 옵션 설정 활성화
옵션이 있는 상품이라면 반드시 [설정함]을 선택해야 한다. 설정을 활성화하면 사이즈, 색상 등 다양한 항목을 조합하여 옵션을 추가할 수 있는 입력창이 활성화된다. 옵션이 없는 단일 상품이라면 [설정안함]을 선택하면 되고, 이 경우 옵션 구성 없이 단일 가격과 재고만 입력하면 된다. 해당 이미지는 스마트스토어 상품 등록 화면에서 옵션 설정을 활성화한 상태를 보여주는 예시이다.

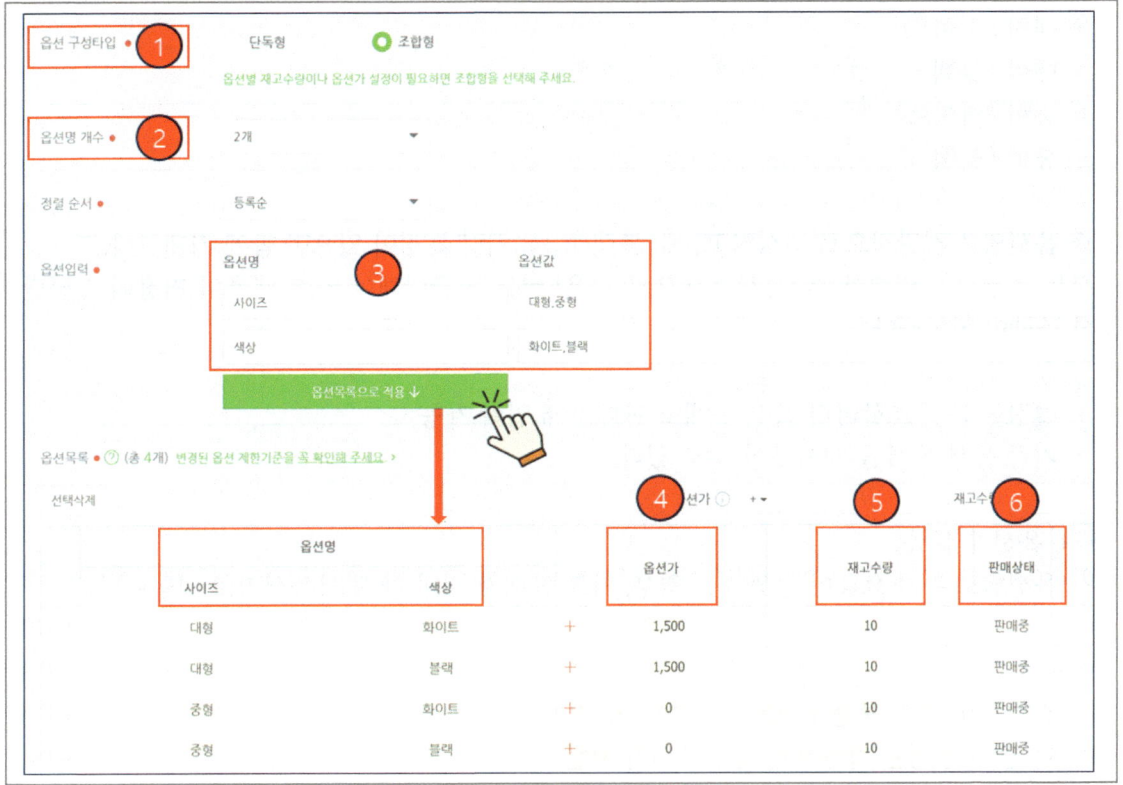

- ① 옵션 구성 타입 선택

옵션이 하나만 있는 상품은 단독형, 여러 옵션을 조합해야 하는 경우는 조합형을 선택한다.

- 단독형 예시: 500ml 단일 용량의 세정제
- 조합형 예시: KF94 마스크 (사이즈 [대형/중형] + 색상 [화이트/블랙])

※ 조합형을 선택하면, 각 옵션 조합마다 개별 가격과 재고를 설정할 수 있다.

- ② 옵션명 개수 입력

상품에 적용할 옵션 항목 수를 지정한다.

- 색상만 있는 경우 → "1개"
- 색상 + 사이즈가 있는 경우 → "2개"

예: KF94 마스크는 [사이즈 + 색상] = 2개

- ③ 옵션명 입력: 실제 고객이 선택할 수 있는 옵션명을 입력하는 단계이다.

예시 (KF94 마스크):

- 대형 / 화이트
- 대형 / 블랙
- 중형 / 화이트
- 중형 / 블랙

※ 옵션명은 직관적으로 작성하고, 예: 블랙(고급형)처럼 특징이 있으면 함께 기재한다.
모든 옵션값을 입력한 후 [옵션목록으로 적용] 버튼을 클릭해야 입력 내용이 저장되고 하단에 옵션 조합이 생성된다.

- 설정한 옵션 조합마다 옵션가·재고·판매상태 입력 가능
- 기존 옵션 목록을 재사용할 수도 있다.

• ④ 옵션가 설정
각 옵션별로 추가 요금이 발생하는 경우, 기본 판매가 대비 차액을 옵션가로 입력한다.

예시:
- 소비자가 기준: 중형 18,000원, 대형 20,000원
- 이 경우, 중형은 기준가이므로 옵션가: 0원
- 대형은 기준가보다 1,500원 비싸므로 옵션가: +1,500원 입력

※ 주의: 스마트스토어는 상품 등록 시 기준가(기본형)의 옵션가를 "0"으로 설정하고, 추가 금액이 발생하는 옵션만 차액을 별도로 입력하는 방식이다.

• ⑤ 재고 수량: 옵션별로 각각의 재고 수량을 설정한다.

예시:
- 대형 화이트: 10개
- 대형 블랙: 10개
- 중형 화이트: 10개
- 중형 블랙: 10개
→ 총 재고 수량: 40개

※ 옵션별 재고를 설정하면, 전체 재고 수량은 각 옵션의 수량을 합산한 값으로 자동 계산된다.

• ⑥ 판매 상태 설정: 상품의 판매 상태는 다음 중에서 선택할 수 있다:

- 판매중
- 일시중지

※ 재고 수량이 0개가 되면, 해당 옵션은 자동으로 '품절' 상태로 표시된다.

옵션 설정 시 헷갈릴 수 있는 부분 정리

단독형 vs. 조합형 선택 기준

- 단독형: 하나의 옵션만 있는 경우 (예: 1kg 단일 상품)
- 조합형: 두 개 이상의 옵션이 함께 선택되어야 하는 경우 (예: 색상과 사이즈가 있는 의류)
- 옵션별 가격 차이가 있으면 반드시 조합형을 선택해야 한다.

옵션 입력 시 주의할 점

- 네이버 검색에서 잘 노출되도록 간결하면서도 직관적인 옵션명 작성이 필요하다.
- [화이트 대형], [블랙 대형]처럼 순서를 정해서 깔끔하게 정리하면 가독성이 좋아진다.
- 중복된 옵션을 실수로 입력하면 상품 등록 시 오류가 발생할 수 있으니 확인해야 한다.

이 과정을 완료하면 옵션별 재고와 가격을 개별적으로 설정할 수 있으며, 판매 상태를 실시간으로 관리할 수 있다. 옵션 설정이 정확해야 구매자가 쉽게 원하는 제품을 선택할 수 있어 판매 효율이 높아진다.

4) 상품 이미지 등록

상품 이미지는 고객이 제품을 구매하는 데 있어 가장 중요한 요소 중 하나이다. 네이버 스마트 스토어에서는 대표 이미지, 추가 이미지, 동영상 등록이 가능하며, 이를 통해 제품을 보다 효과적으로 홍보할 수 있다. 각 항목별로 이미지 등록 방법과 주의할 점을 살펴보자.

① 대표 이미지 등록

- 대표 이미지는 상품 목록에서 가장 먼저 보이는 이미지이므로, 제품의 핵심을 잘 보여주는 사진을 선택해야 한다.
- 권장 이미지 크기는 1000 × 1000 픽셀이며, 최소 750 × 1000 이상을 권장한다.
- 등록 시 유의할 점

- 네이버 쇼핑 검색에 노출되기 위해서는 가이드라인을 준수해야 한다.
- 과도한 텍스트나 불필요한 배경이 포함된 이미지보다, 제품 자체가 잘 보이는 이미지가 효과적이다.
- 예를 들어, 의류 상품이라면 전체적인 핏과 원단 질감을 강조한 이미지가 적합하다.

② 추가 이미지 등록

- 대표 이미지만으로 제품을 설명하기 부족할 경우, 추가 이미지를 등록할 수 있다.
- 최대 9개까지 추가 등록 가능하며, 다양한 각도와 사용 예시를 포함하는 것이 좋다.
- 권장 이미지 크기는 대표 이미지와 동일하게 1000 × 1000 픽셀 이상이다.
- 추가 이미지 활용 예시
  - 가구 상품의 경우 → 정면, 측면, 뒷면, 디테일 확대 이미지
  - 전자제품의 경우 → 작동 모습, 구성품 설명, 실제 사용 모습
  - 화장품의 경우 → 질감 및 발색 테스트, 피부에 바른 후의 변화

③ 동영상 등록

- 동영상은 최대 1분 길이까지 등록 가능하며, gif, mp4 등의 형식을 지원한다.
- GIF 미리보기를 통해 영상을 확인할 수 있다.
- 동영상을 활용하면 좋은 제품 예시
    - 전자제품: 기능 설명과 사용법 시연
    - 의류 및 신발: 실제 착용 모습과 핏 비교
    - 뷰티 제품: 사용 전후 변화 비교, 제형 테스트
- 좋은 동영상 촬영 팁
    - 흔들리지 않도록 삼각대를 활용한다.
    - 조명을 충분히 사용하여 제품이 선명하게 보이도록 한다.
    - 배경음악과 자막을 활용하면 더욱 효과적으로 정보를 전달할 수 있다.

5) 라이브 숏클립

대표 이미지 영역에 쇼핑라이브 숏클립 영상을 노출시키기 위한 설정으로, 라이브 콘텐츠 활용을 극대화하는 데 유용하다. 해당 이미지는 네이버 스마트스토어 상품 등록 화면에서 '라이브 숏클립' 설정 단계를 보여주는 예시이다.

① 대표 이미지 숏클립 노출 설정

- [설정함]을 클릭하면 숏클립을 상품 대표 이미지에 노출할 수 있다.

- 네이버 쇼핑라이브에서 만든 클립을 등록해 구매 전환율을 높이는 데 활용한다.

② 숏클립 설정 방식 선택

- 대표 숏클립 불러오기: 노출 가능한 상태의 클립 중 대표 클립을 자동으로 불러온다.
- 숏클립 ID 직접 입력하기: 사용자가 특정 클립의 ID를 알고 있다면 수동으로 등록도 가능하다.
- 이후 [숏클립 정보 조회] 버튼을 눌러 관련 정보를 확인할 수 있다.

③ 숏클립 정보 확인

- 숏클립 ID, 클립 제목, 썸네일 이미지가 화면에 표시된다.
- 썸네일은 해당 숏클립의 시각적 첫인상이므로, 시청 유도를 위한 중요한 요소다.

이 설정을 통해 고객이 상품 상세페이지를 방문했을 때 직관적인 영상 콘텐츠로 상품 특징을 빠르게 파악하게 하여, 구매 전환율을 높일 수 있다.

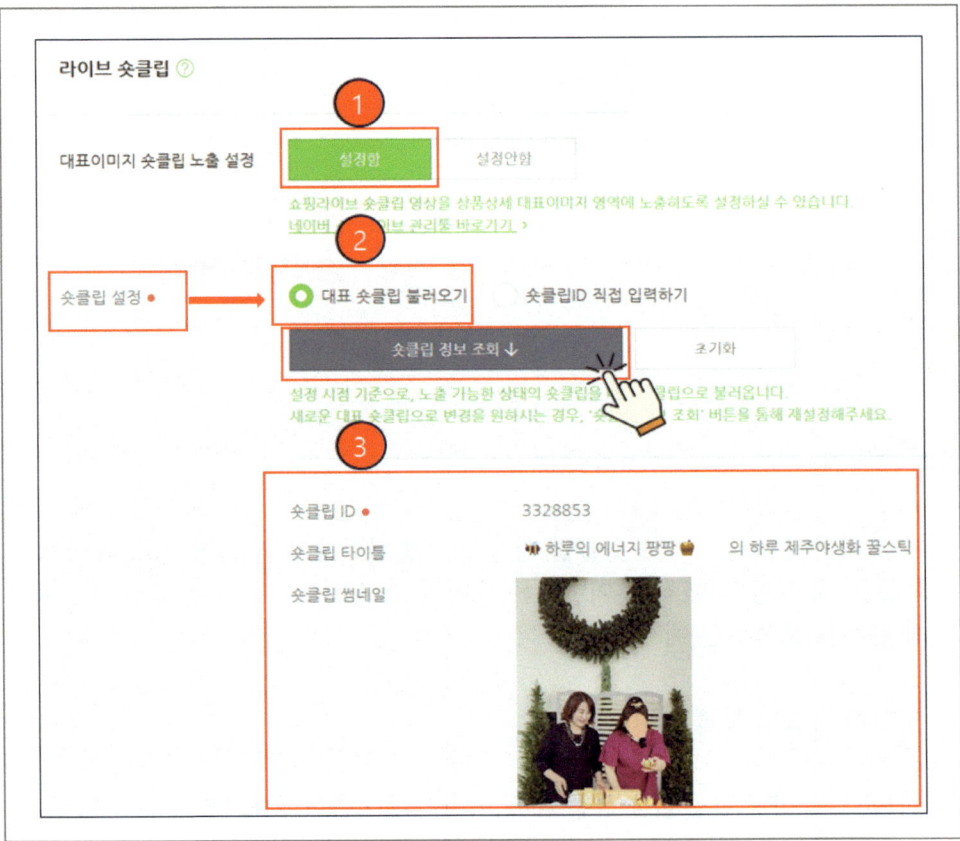

※ 특히 라이브 콘텐츠를 숏클립으로 재활용하여 활용도를 높이고 싶은 판매자에게 필수적인 기능이다.

상품 이미지 등록 시 주의할 점

• 해상도 유지
저화질 이미지는 상품의 신뢰도를 떨어뜨릴 수 있다. 권장 해상도 이상의 선명한 이미지를 사용한다.

• 파일 형식 제한
등록 가능한 이미지 형식은 jpg, jpeg, png, gif, bmp 외의 형식은 업로드되지 않음에 유의한다.

• 불필요한 요소 배제
상품과 관련 없는 과도한 텍스트, 브랜드 로고, 아이콘 등은 이미지 본연의 정보 전달을 방해할 수 있으므로 지양한다.

• 배경과 조명
제품이 명확하게 식별될 수 있도록 깔끔한 배경과 자연광 또는 부드러운 조명을 활용한다.

• 네이버 쇼핑 노출 기준 준수
네이버의 쇼핑 이미지 가이드라인을 지키지 않을 경우, 검색 노출이 제한될 수 있다. 등록 전 반드시 가이드라인을 사전 확인한다.

상품 이미지는 단순한 시각 자료가 아닌, 구매 전환을 유도하는 핵심 콘텐츠다. 제품의 특성과 장점을 효과적으로 전달할 수 있도록 다양한 이미지 각도 및 숏클립 영상을 함께 활용하는 것이 좋다.

6) 상세페이지 작성

상세페이지는 단순한 상품 소개가 아니라, 고객이 구매를 결정할 수 있도록 돕는 중요한 요소이다. 구매자가 원하는 정보를 명확하게 제공하고, 신뢰감을 높이는 구성을 갖추어야 한다.

① 상세페이지 작성 방법
스마트스토어의 상세페이지는 두 가지 방식으로 작성할 수 있다.

- ① 스마트에디터(직접 작성)

네이버에서 제공하는 스마트에디터를 활용하면 HTML 지식 없이도 텍스트, 이미지, 구성요소를 쉽게 삽입할 수 있다. 초보자나 디자이너 없이 운영하는 셀러에게 가장 추천되는 방법이다.

- ② HTML 편집

HTML 코드를 활용해 맞춤형 디자인의 상세페이지를 직접 구성할 수 있다. 브랜드 아이덴티티를 강조하거나, 시각적 완성도가 중요한 경우 적합하다.

스마트에디터를 사용해도 충분히 매력적인 상세페이지를 만들 수 있다. 필요에 따라 두 가지 방법을 병행하거나, 상황에 맞게 유연하게 선택하면 된다.

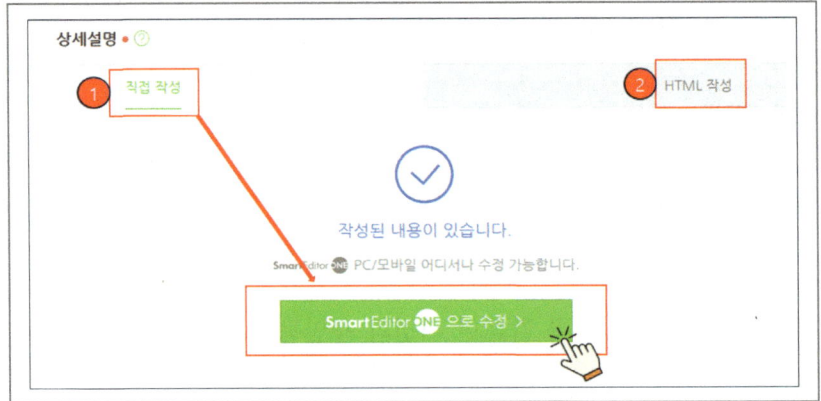

② 상세페이지 필수 구성 요소

① 상품명 & 간략한 소개

구성요소	설명
① 상품명 & 간략한 소개	한눈에 상품 특징을 파악할 수 있도록 요약
② 대표 이미지	고객이 가장 먼저 보는 이미지 (1000x1000px 권장)
③ 상품 특징 & 상세 설명	크기, 소재, 용도, 기능, 장점, 색상 등
④ 상품 스펙 & 옵션 정보	제품 상세 정보 (재질, 사이즈, 제조사 등)
⑤ 사용 방법 & 활용 예시	제품을 어떻게 사용하는지 이미지 또는 동영상 포함
⑥ 구매 전 유의사항	교환/반품 정책, A/S 안내, 유의사항
⑦ 실사용 후기 & 리뷰 강조	실제 고객 리뷰 및 사용 후기 포함 (가능하면 동영상 추가)
⑧ 배송 안내 & 반품 정책	배송 방법, 배송기간, 교환.환불 기준 명확히 기재

- 검색 최적화(SEO)를 위해 주요 키워드 포함 (예: 여름용 기능성 반팔 티셔츠)
- 가장 중요한 제품 특징을 강조 (예: 흡습속건 원단 사용, 시원한 착용감)

예시: 무료배송 여름용 남성 반팔 티셔츠 / 시원한 기능성 티 / 흡습속건 원단

② 대표 이미지 (상품 메인 이미지)

- 고해상도 이미지 사용 (1000x1000px 이상 권장)
- 밝고 깔끔한 배경, 상품이 돋보이도록 구성
- 정면, 측면, 뒷면 등 다양한 각도 이미지 포함

③ 상품 특징 & 상세 설명

- 제품의 핵심 기능과 장점 강조
- 비슷한 제품과의 차별점 언급
- 텍스트만 나열하지 않고, 시각적 요소(GIF, 도표, 강조 텍스트) 활용

예시 :
- 5가지 컬러 제공→ 다양한 스타일에 맞게 선택 가능
- 흡습속건 원단 사용 → 땀을 빠르게 흡수하고 빠르게 건조되어 쾌적함 유지
- 초경량 원단→ 무더운 여름에도 가볍고 시원한 착용감 제공

④ 상품 스펙 & 옵션 정보

구분	상세 내용
상품명	남성용 기능성 반팔 티셔츠
소재	폴리에스터 80%, 면 20%
색상	블랙, 화이트, 네이비, 그레이, 카키
사이즈	M, L, XL, XXL
제조국	대한민국
세탁 방법	찬물 단독 세탁 권장

표 형식을 활용하면 소재, 색상, 사이즈 등 주요 정보를 한눈에 정리할 수 있어, 고객이 상품의 특성과 옵션을 빠르게 파악할 수 있다. 깔끔한 표 구성은 상세페이지의 가독성을 높이는 데도 효과적이다.

⑤ 사용 방법 & 활용 예시

- 실제 사용 사진 및 동영상 포함 (고객이 쉽게 이해할 수 있도록)
- 일상 속 활용 방법을 이미지로 표현

예시:
• 운동할 때 – 땀이 많아도 빠르게 건조되어 쾌적함 유지
• 출근룩 & 캐주얼룩 – 심플한 디자인으로 다양한 스타일 연출 가능

⑥ 구매 전 유의사항 (교환/환불 정책 포함)

- 구매 후 착용 시 교환/환불이 어려울 수 있음을 안내
- 배송 일정 및 A/S 관련 정보 명확히 제공

예시:
• 제품 하자 시 – 수령 후 7일 이내 교환/반품 가능
• 단순 변심 시 – 왕복 배송비 5,000원 소비자 부담

⑦ 실사용 후기 & 리뷰 강조

- 실제 고객 후기를 활용하면 신뢰도가 증가
- 고객 리뷰 이미지 포함 시 구매 전환율 상승
- 리뷰가 부족할 경우, SNS 후기 또는 체험단 리뷰 활용

예시:
• "땀이 금방 마르고 너무 편해요!"
　　– ★★★★★김** 고객님
• "출근할 때 입는데 핏이 너무 예쁘고 고급스러워 보입니다."
　　– ★★★★★박** 고객님

⑧ 배송 안내 & 반품 정책

- 배송 일정 & 배송 방식 명확히 안내
- 교환/반품 관련 정보 상세 기재

예시:

- 출고 기준: 오후 3시 이전 주문 건은 당일 출고
- 택배사: CM대성통운 / 평균 배송일: 1~2일 소요
- 교환/반품 안내:
    - 제품 불량 시: 무료 교환 가능
    - 단순 변심 시: 왕복 배송비 5,000원 고객 부담

상세페이지 작성 시 주의할 점

- 과대 광고 금지- 사실과 다른 정보를 기재하면 법적 문제가 발생할 수 있음
- 대표 이미지 내 문구 주의- 할인, 무료배송 등의 문구는 대표 이미지에 삽입 금지
- 정보 과잉 지양- 텍스트가 지나치게 많으면 가독성 저하 꼭 필요한 정보만 간결하게 배치
- 반품/교환 정책 명확히 안내- 모호하게 작성할 경우 고객 불만과 CS 증가 가능

7) 상품 주요 정보

아래 이미지는 네이버 스마트스토어 상품 등록 화면 중 '상품 주요정보' 입력 단계를 보여주는 예시이다. 이 단계는 상품 정보 신뢰도와 노출 최적화에 매우 중요한 요소이므로, 실제 상품의 제조사, 브랜드 정보와 정확히 일치하도록 입력해야 한다.

- ① 카탈로그: '꿀보의생각 허니스틱'와 같이 카탈로그명을 입력한 후, [찾기] 버튼을 눌러 해당 카탈로그와 매칭한다. 카탈로그 매칭이 완료되면 수정은 불가능하며, 조회만 가능하다.

- ② 브랜드: 브랜드명을 입력하고, '자체제작 상품' 여부를 선택할 수 있다.
  이 예시에서는 '꿀보의생각'이라는 브랜드가 선택되어 있다.

- ③ 제조사: 상품의 실제 제조사를 입력하는 항목으로, 예시에서 '농업회사법인(주)'가 선택되어 있다.

해당 이미지는 식품류 상품 등록 시 표시되는 속성 입력 화면으로, 해당 항목이 어떤 경우에 나타나는지를 참고할 수 있다.

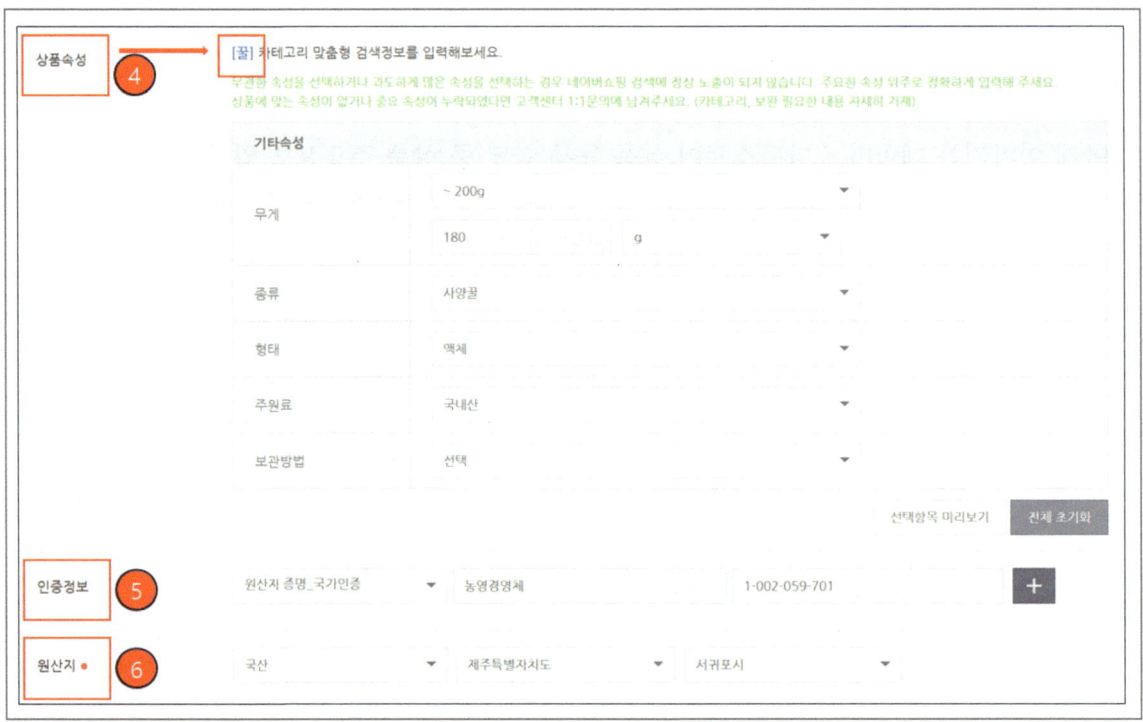

상품 속성, 인증 정보, 원산지 정보는 모든 상품에 공통으로 요구되는 것은 아니며, 식품, 건강기능식품, 농산물 등 특정 상품군에 해당하는 경우에만 필수 입력 항목으로 활성화된다.

- ④ 상품속성
중량, 종류, 형태, 원재료, 보관방법 등은 식품류 상품에서 주요하게 요구된다. 카테고리와 연관된 정보만 입력하면 되며, 과도한 속성 선택은 검색 노출에 불이익이 될 수 있다.

- ⑤ 인증정보

농산물, 건강기능식품, 유기농 제품 등에서 원산지 증명, 친환경 인증, HACCP 등을 입력하는 항목이다. 일반 공산품이나 의류 등에는 해당되지 않는다.

- ⑥ 원산지

식품, 농수산물의 경우 필수로 입력해야 하며, 국내산/수입산 등의 정보 외에도 지역 상세 입력이 필요한 경우도 있다.

해당 항목들은 상품 카테고리에 따라 자동 활성화되므로, 등록 화면에서 보이는 정보만 정확히 입력하면 된다.

8) 상품정보제공고시 입력

건강기능식품, 식품류, 화장품 등 특정 카테고리 상품을 등록할 때는 상품정보제공고시 항목을 반드시 설정해야 한다. 입력 항목은 선택한 상품군에 따라 자동으로 달라지며, 필수값을 누락할 경우 등록이 불가능하다.

- 상품군: 해당 상품에 맞는 분류를 선택 (예: 건강기능식품, 식품, 화장품 등)
- 제품명, 제조업소, 소재지: 제품 라벨에 명시된 정보 기준으로 정확히 입력
- 유통기한/소비기한: 캘린더 선택 또는 '제조일로부터 00일' 형식으로 직접 입력 가능
- 보관방법: 냉장/냉동/상온 등 제품에 맞게 지정

※ 수입품의 경우에는 수입업소명, 제조업소명, 수출국명 등의 정보도 반드시 포함해야 하며, 허위 기재 시 법적 문제가 발생할 수 있으므로 주의가 필요하다.

※ 건강기능식품, 의약외품 등 특수 관리 품목은 별도의 고시 항목 입력이 필요하다.
관련 상품을 등록할 경우, 네이버 스마트스토어의 입력 가이드를 반드시 확인한다.

9) 추가 정보 입력 항목

네이버 스마트스토어 상품 등록 시 상품 주요 정보 외에 추가로 입력 가능한 항목이며 구매자에게 더 명확한 정보를 제공하고, 스토어 운영에 필요한 조건을 설정하기 위한 보조 입력란이다.

- 배송 : 상품 배송 방법, 택배사, 배송비 조건 등을 입력하는 영역.
- 반품/교환 : 반품 및 교환 기준, 조건, 비용 부담 주체 등을 기재.
- A/S, 특이사항 : 제품의 품질보증, A/S 가능 여부 및 기타 주의 사항을 입력.

- 추가상품 : 본 상품과 함께 구매할 수 있는 연관 상품 또는 사은품 등록 가능.
- 구매/혜택 조건 : 특정 수량 이상 구매 시 할인, 쿠폰 제공 등의 조건을 설정하는 영역.
- 검색설정 : 검색 최적화를 위한 키워드, 노출 카테고리 등을 지정 가능.
- 판매자 코드 : 판매자가 내부에서 상품을 식별하거나 관리하기 위한 코드 입력란.

10) 노출 확인 및 저장하기

상품 정보를 모두 입력했다면, 마지막으로 노출 채널과 전시 상태를 확인한 후 저장해야 한다. 아래 단계에 따라 진행하면 된다.

① 노출 채널 설정

- 스마트스토어에서 상품을 노출할 채널을 선택하는 단계
- 기본적으로 [스마트스토어]가 선택되어 있다.
- 가격 비교 사이트 등록: 네이버 쇼핑과 연동할 경우, 가격 비교 페이지에 상품이 노출된다. 이 과정은 약 2~8시간 정도 소요될 수 있다.

② 전시 상태 설정

- 전시 중: 상품이 고객에게 노출되는 상태입니다. 판매를 즉시 시작하려면 [전시 중]으로 설정한다.
- 전시 중지: 상품이 고객에게 노출되지 않으며, 내부적으로만 관리할 수 있는 상태이다. 준비 중이거나 테스트 상품일 경우 설정한다.
- 상품이 정상적으로 등록되었는지 [미리보기] 기능을 활용해 확인하는 것이 좋다.

③ 저장하기 및 최종 점검

- 모든 정보가 입력되었다면, [저장하기] 버튼을 클릭하여 상품을 등록한다.
- 저장 후 네이버 쇼핑 검색 및 스마트스토어 내에서 정상적으로 노출되는지 확인해야 한다.
- 등록 후 일부 정보(상품명, 가격 등)는 수정이 제한될 수 있으므로, 신중하게 입력하는 것이 중요하다.

이제 모든 과정이 완료되었다. 상품이 정상적으로 등록되었는지 네이버스마트스토어에서 확인해 본다.

● 상세페이지 제작, 꼭 전문가에게 맡겨야 할까?

꼭 그렇지만은 않다. 요즘은 누구나 쉽게 활용할 수 있는 무료 디자인 도구들이 다양하게 제공되고 있어, 기획력과 약간의 감각만 있다면 직접 제작도 충분히 가능하다. 아래의 도구들을 활용하면, 전문 디자이너 못지않은 상세페이지를 만들 수 있다.

■ 상세페이지 제작을 도와줄 도구 추천 리스트

• Canva : 전 세계적으로 가장 많이 사용하는 디자인 편집 도구.
드래그 앤 드롭 방식으로 초보자도 쉽게 사용할 수 있으며, 모바일 버전도 편리하다.

• 미리캔버스 : 한글로 제공되는 한국형 디자인 툴.
상세페이지, SNS 콘텐츠, 포스터까지 다양한 템플릿이 제공된다.

• 망고보드 : 마케팅용 콘텐츠 제작에 최적화된 국내 디자인 플랫폼.
애니메이션 기능이 포함되어 있어 GIF 형태의 상세페이지 제작도 가능하다.

• Remove.bg : 상품 사진의 배경을 자동으로 제거해주는 사이트.

복잡한 배경 없이 제품만 강조할 수 있어 상세페이지 완성도를 높여준다.

• 네이버 스마트에디터 : 네이버 쇼핑과 블로그용 콘텐츠 제작에 특화된 공식 에디터. HTML 지식이 없어도 손쉽게 텍스트와 이미지를 조합해 상세페이지를 완성할 수 있다.

2. 네이버 쇼핑라이브 진행을 위한 필수 조건

(1) 네이버 쇼핑라이브 진행 조건

네이버 스마트스토어 개설과 상품 등록까지 완료했다면, 네이버 쇼핑라이브 진행을 위해 필요한 조건을 충족해야 한다. 네이버 쇼핑라이브는 아무나 진행할 수 있는 것이 아니라, 스마트스토어 판매자 등급과 기본 조건을 충족한 판매자만 가능하다.

① 네이버 쇼핑라이브 진행을 위한 판매자 조건
네이버 스마트스토어를 운영하는 판매자여야 하며 최근 3개월간 일정 이상의 판매 실적(판매 건수 및 판매 금액)이 있어야 한다. [새싹] 등급 이상부터 쇼핑라이브 진행이 가능하다.

② 네이버 스마트스토어 판매자 등급
해당 이미지는 네이버 스마트스토어에서 운영자에게 부여하는 판매자 등급을 안내하는 표이다. 판매자 등급은 총 6단계로 나뉘며, 판매 실적에 따라 매월 2일 자동으로 갱신된다.

등급표기		필수조건		
등급명	아이콘 노출	판매건수	판매금액	굿서비스
플래티넘		100,000건 이상	100억원 이상	조건 충족
프리미엄		2,000건 이상	6억원 이상	조건 충족
빅파워		500건 이상	4천만 이상	-
파워		300건 이상	800만원 이상	-
새싹	-	100건 이상	200만원 이상	
씨앗	-	100건 미만	200만원 미만	

판매자 등급 산정 기준은 다음과 같다.

- 최근 3개월간 판매 건수 & 판매 금액을 기준으로 반영
- 매월 1일부터 말일까지의 실적을 다음 달 2일에 자동 업데이트
- 적용 방식 예시: 1월 등급 기준 = 10월 1일 ~ 12월 31일 판매 실적 반영

[새싹] 등급은 판매 건수 100건 이상 & 판매금액 200만 원 이상일 때 부여된다.

③ 판매자 등급 산정 기준 (중요 포인트!)

판매 건수: [구매 확정]된 건수 기준
→ 추가 구성상품, 배송비, 구매확정 후 취소, 부정거래는 제외됨

판매 금액: [구매 확정]된 거래 기준
→ 배송비, 부정거래, 구매확정 후 취소된 거래는 반영되지 않음

(2) 고객을 스마트스토어로 유입하는 방법

네이버 스마트스토어를 개설했다고 해서 자동으로 판매가 이루어지는 것은 아니다. 고객이 내 스토어를 방문하고 제품을 구매하도록 유도하는 전략이 필요하다. 특히, 네이버 쇼핑라이브를 진행하려면 [새싹] 등급 이상이 되어야 하므로, 3개월 이내에 판매 실적을 쌓는 것이 매우 중요하다. 이를 위해 인스타그램과 오프라인 매장을 효과적으로 활용하여 스마트스토어에서 빠르게 판매 실적을 올리는 방법을 정리해 보았다.

1) 스마트스토어로 고객을 유입하는 핵심 전략

① 인스타그램을 적극 활용한다

최근 많은 소비자가 인스타그램을 통해 제품을 탐색하고 구매 결정을 내린다. 이러한 흐름을 활용하여 인스타그램을 효과적인 마케팅 채널로 삼을 수 있다.

- 제품을 소개하는 게시물, 스토리, 릴스를 활용하여 홍보한다.
- 제품 설명과 함께 스마트스토어 결제 링크를 삽입하여 즉시 구매를 유도한다.
- 인스타그램 콘텐츠에서 자연스럽게 네이버 스마트스토어로 연결하여 고객이 결제까지 이어지도록 유도한다.

예를 들어, 제품을 소개하는 게시물에 "상세 정보는 프로필 링크를 확인하세요"라고 안내할 수 있다. 또한, 댓글로 "이 제품은 어디서 구매하나요?"라는 질문이 올라오면 스마트스토어 링크를 제공하여 고객이 쉽게 결제할 수 있도록 돕는다.

② 오프라인 가게와 스마트스토어를 연계한다

오프라인 매장을 운영하는 경우, 스마트스토어와 연계하여 판매 실적을 높일 수 있다.

- 오프라인에서 제품을 판매하더라도 스마트스토어에서 결제하도록 유도한다.
- 스마트스토어에서 결제하 방식을 도입하면 판매 실적을 빠르게 쌓을 수 있다.
- 단골 고객을 대상으로 스마트스토어에서 주문하는 방법을 안내하면 자연스럽게 온라인 판매도 증가할 수 있다.

예를 들어, 오프라인 매장에 QR코드를 배치하여 고객이 직접 스마트스토어에서 결제하도록 유도할 수 있다. 또한, "온라인에서 결제하면 추가 할인 혜택을 제공합니다"와 같은 프로모션을 활용하면 온라인 결제 유입률을 더욱 높일 수 있다.

③ 3개월 이내에 [새싹] 등급을 달성하는 것을 목표로 한다

네이버 쇼핑라이브를 진행하기 위해서는 판매 등급을 올리는 것이 필수적이다. 따라서, 스마트스토어 방문자를 늘리고 결제 전환율을 높이는 전략을 실행해야 한다.

- 스마트스토어 신규 고객에게 첫 구매 할인 쿠폰을 제공하면 초기 유입을 늘릴 수 있다.
- 리뷰 이벤트를 진행하여 고객이 제품을 구매하고 후기를 남기도록 유도하면 신뢰도가 상승한다.
- SNS 광고를 활용하여 제품을 노출시키고, 클릭 유도를 통해 스마트스토어 방문자를 증가시킨다.

이러한 전략을 적절히 활용하면 빠른 시일 내에 판매 실적을 쌓아 새싹 등급을 달성할 수 있다.

■ 네이버 쇼핑라이브 진행을 위해 꼭 확인해야 할 사항

네이버 쇼핑라이브를 진행하기 위해서는 3개월 동안 판매 실적 100건 이상과 판매 금액 200만 원 이상을 충족해야 한다. 이때, 판매 금액뿐만 아니라 판매 건수도 함께 만족해야 라이브 방송이 가능하다. 간혹 판매 금액 요건은 충족했지만, 판매 건수가 100건 미만으로 라이브 진행이

불가능한 경우를 종종 접한다. 따라서 판매 실적을 관리할 때 금액뿐만 아니라 건수까지 꼼꼼하게 체크해야 한다.

(3) 네이버 쇼핑라이브 진입을 위한 필수 전략

네이버 쇼핑라이브를 진행하기 위해서는 단순히 스마트스토어를 개설하는 것만으로는 부족하다. 고객과의 신뢰를 쌓고, 판매 실적을 꾸준히 올릴 수 있는 전략적인 접근이 필요하다. 특히 인스타그램과 체험단 운영을 활용하면 효과적으로 스마트스토어 방문자를 늘리고 구매 전환율을 높일 수 있다.

① 네이버 쇼핑라이브와 인스타그램 라이브를 병행하는 것이 효과적이다

라이브 커머스는 단순히 제품을 판매하는 것이 아니라, 고객과 실시간으로 소통하면서 브랜드 신뢰도를 쌓는 과정이 중요하다. 인스타그램 라이브를 병행하면 더욱 자연스럽게 고객과 소통할 수 있으며, 스마트스토어 구매로 연결될 가능성이 높아진다.

- 인스타그램 라이브에서 제품을 직접 보여주면서 실시간 질의응답을 진행한다.
- 고객과의 소통을 통해 브랜드 신뢰도를 높이고, 제품의 장점을 강조한다.
- 라이브 방송 중 스마트스토어 링크를 공유하여 즉시 결제로 연결될 수 있도록 유도한다.

예를 들어, 인스타그램 라이브에서 "지금 스마트스토어에서 구매하시면 라이브 한정 특가 혜택을 드립니다!"와 같은 문구를 활용하면 즉각적인 구매 전환을 이끌어낼 수 있다.

② 체험단을 운영하여 신뢰도를 높이고 리뷰를 확보한다

고객이 상품을 구매하기 전에 가장 신뢰하는 요소 중 하나가 실제 사용 후기이다. 체험단을 운영하면 자연스럽게 긍정적인 후기가 쌓이며, 스마트스토어에서의 구매 전환율도 높아진다.

- 인스타그램을 통해 체험단을 모집하고, 제품을 사용한 후 실제 후기를 남기도록 유도한다.
- 체험단이 작성한 리뷰를 활용하여 스마트스토어에서 제품 신뢰도를 높인다.
- 후기와 함께 스마트스토어 구매 링크를 제공하여 자연스럽게 결제로 연결한다.

예를 들어, 인스타그램에서 "이 제품을 체험하고 싶다면 댓글로 신청하세요!"라는 게시물을 올려 체험단을 모집한 후, 체험 후기를 스마트스토어 상세페이지나 상품 리뷰란에 반영하면 신뢰도가 상승한다.

③ 다양한 혜택과 이벤트를 활용하여 구매를 유도한다

고객이 라이브 방송을 시청하면서 즉시 구매하도록 유도하는 방법 중 하나는 특별한 혜택을 제공하는 것이다.

- 라이브 방송 중 한정 수량 할인, 무료 배송, 선착순 쿠폰 지급 등의 이벤트를 진행한다.
- 인스타그램 스토리와 릴스를 활용하여 라이브 방송 혜택을 사전에 홍보한다.
- 고객이 스마트스토어에서 결제하도록 동선을 명확하게 설계한다.

예를 들어, "라이브 방송 중 구매하시는 분들께 무료 배송 혜택을 드립니다!"와 같은 문구를 활용하면, 고객이 즉시 결제하도록 유도할 수 있다.

📌새싹 등급을 달성하기 위한 실전 플랜

네이버 쇼핑라이브를 진행하기 위해서는 새싹 등급(3개월 내 판매 건수 100건 이상 & 판매 금액 200만 원 이상)을 충족해야 한다.

이를 달성하기 위한 실전 플랜을 정리하면 다음과 같다.

① 인스타그램에서 게시물, 스토리, 릴스를 활용하여 제품을 홍보한다.
② 스마트스토어로 연결되는 링크를 삽입하여 고객이 쉽게 결제할 수 있도록 유도한다.
③ 오프라인 매장이 있다면, QR 코드를 배치하여 고객이 직접 스마트스토어에서 결제하도록 유도한다.
④ 인스타그램 라이브를 활용하여 고객과 직접 소통하고, 체험단을 모집하여 신뢰도 높은 리뷰를 확보한다.
⑤ 3개월 동안 꾸준히 판매 실적을 관리하여 새싹 등급을 달성하는 것을 목표로 한다.
⑥ 네이버 쇼핑라이브를 진행하여 본격적인 라이브 커머스 시장에 진입한다.

이제 스마트스토어와 인스타그램을 적극적으로 활용하여 판매 실적을 쌓고, 네이버 쇼핑라이브를 준비할 차례이다.

3. 네이버쇼핑라이브 방송 세팅과 예고페이지 활용

네이버 쇼핑라이브를 진행하려면 방송 개설부터 상품 등록, 세팅까지 하나하나 준비해야 한다. 단순히 라이브를 켜는 것이 아니라, 상품을 효과적으로 소개하고 고객이 자연스럽게 구매하도록 유도하는 과정이 중요하다.

쇼핑라이브를 성공적으로 운영하려면 방송 제목, 설명, 썸네일 설정부터 라이브 예약 기능 활용까지 꼼꼼한 준비가 필요하다. 이제, 네이버 쇼핑라이브를 개설하는 과정을 하나씩 따라가 보며 실전에 적용해 보자.

(1) 네이버쇼핑라이브 방송 예약하기

해당 이미지는 네이버 쇼핑라이브 방송 예약하기 과정을 순서대로 시각적으로 보여주는 참고 이미지이다.

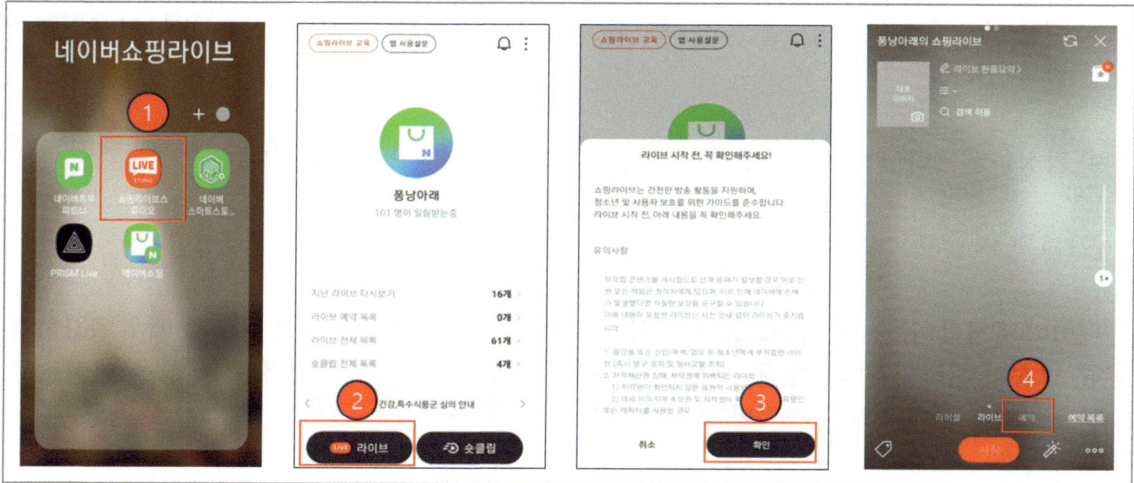

① 네이버 쇼핑라이브 스튜디오 앱 실행

먼저, 네이버 쇼핑라이브를 진행하기 위해 [쇼핑라이브 스튜디오] 앱을 실행한다. 네이버 스마트스토어 판매자는 이 앱을 통해 라이브 방송을 예약하고 진행할 수 있다.

② 라이브 버튼 클릭

앱이 실행되면 메인 화면에서 [라이브] 버튼을 클릭한다. 이곳에서는 지난 라이브 방송 다시보기, 예약된 라이브 목록, 전체 라이브 목록 등을 확인할 수 있다.

③ 방송 시작 전 확인 안내

라이브 방송을 시작하기 전에 필수 안내 사항을 확인하는 화면이 나타난다.

네이버 쇼핑라이브는 건전한 방송 문화를 지원하며, 부적절한 콘텐츠가 포함될 경우 제재될 수 있다. 특정 제품군(건강기능식품, 의약품 등)은 방송 전 심사를 통과해야 한다. 판매 금지 품목이나 저작권 문제가 없는지 확인한 후 [확인] 버튼을 눌러 진행한다.

④ 라이브 예약 설정

라이브 방송을 바로 시작할 수도 있지만, 예약 방송을 설정하려면 [예약] 버튼을 클릭한다.

- 예약 방송을 설정하면 미리 예고 페이지가 생성되며, 고객들이 방송 일정을 확인하고 알림을 받을 수 있다.

- 예약 설정 후 [시작] 버튼을 눌러 예약된 방송을 저장하거나, 필요한 경우 방송 설정을 수정할 수 있다.

이 과정을 완료하면 네이버 쇼핑라이브 방송 예약이 정상적으로 완료된다.

(2) 효과적인 사전 홍보 전략과 예약 타이밍

네이버 쇼핑라이브를 효과적으로 진행하기 위해서는 방송 예약과 사전 홍보가 매우 중요하다. 특히, 방송이 시작되자마자 높은 시청자 수를 확보하는 것이 판매 성과에 큰 영향을 미치므로, 사전 홍보를 충분히 진행하는 것이 필수적이다.

라이브 방송을 진행하기 위해서는 최적의 예약 시점을 고려해야 한다. 방송 예정일로부터 약 1주일 전에 예약하는 것이 가장 효과적이며, 이는 고객이 방송을 인지하고 기다릴 수 있는 충분한 시간을 제공한다. 너무 이른 예약은 고객의 관심이 지속되지 못할 수 있고, 너무 늦은 예약은 사전 홍보 효과를 극대화하기 어렵기 때문이다.

사전 홍보의 중요성과 효과

라이브 방송을 성공적으로 진행하려면 방송 시작 전에 고객들에게 충분한 정보를 제공하고 기대감을 높이는 것이 필수적이다. 사전 홍보를 하면 다음과 같은 효과를 기대할 수 있다.

- 초기 시청자 유입 증가
방송이 시작되었을 때 이미 많은 고객이 대기하고 있다면, 시청률과 판매 전환율이 함께 증가할 가능성이 높다. 이를 위해 방송 일정과 주요 혜택을 미리 노출하는 것이 중요하다.

- 충분한 홍보 시간 확보

최소 1주일의 홍보 기간을 확보하면 다양한 채널에서 방송을 홍보할 수 있으며, 고객들이 일정에 맞춰 방송을 시청할 가능성이 높아진다.

예약만으로는 부족하다. 이제 고객의 참여를 끌어내는 사전 홍보가 핵심이다. 라이브 방송 전 미리 준비해두면 좋은 홍보 방법은 다음과 같다.

① 네이버 쇼핑라이브 예고 페이지 활용

- 네이버 쇼핑라이브에서는 방송 예고 페이지를 제공하며, 이를 활용하면 고객에게 방송 일정, 소개할 상품, 라이브 중 제공할 혜택 및 이벤트 등을 사전에 안내할 수 있다.
- 고객은 방송 알림을 설정할 수 있어, 방송 시작 시 푸시 알림을 통해 쉽게 참여할 수 있다.
- 예고 페이지를 SNS, 문자 메시지 등을 통해 적극적으로 공유하면 홍보 효과를 극대화할 수 있다.

② SNS 및 기타 채널을 활용한 홍보

- 인스타그램, 페이스북, 블로그, 카페, 문자 메시지, 이메일 뉴스레터 등 다양한 채널을 활용해 방송을 사전 홍보할 수 있다.
- 스토리, 릴스, 게시물, 광고 등을 통해 방송 일정과 주요 혜택을 알리고 고객들의 기대감을 높인다.
- 인스타그램 광고를 활용하면 타겟 고객층에게 방송 홍보를 노출할 수 있어 효과적인 시청자 유입이 가능하다.

이처럼 방송 예약과 사전 홍보를 철저히 준비하면, 방송 초기 시청자 수를 효과적으로 늘리고 전체적인 라이브 성과를 향상시킬 수 있다. 다음은 방송 예약 시 반드시 입력해야 할 필수 항목을 살펴보겠다.

(3) 네이버 쇼핑라이브 예약 필수 항목 설정

네이버 쇼핑라이브 예약을 진행하기 위해 반드시 입력해야 하는 필수 항목들을 정리한다. 예약된 방송이 효과적으로 노출되기 위해서는 각 항목을 신중하게 설정하는 것이 중요하다.

① 대표 이미지 설정

라이브 방송을 대표하는 썸네일 이미지를 업로드하는 단계이다. 이 이미지는 방송 예고 페이지와 네이버 쇼핑 앱에서 고객들에게 가장 먼저 노출되므로 상품과 방송 주제를 효과적으로 전달할 수 있는 이미지를 선택해야 한다.

- 이미지 크기: 720 x 1280 픽셀
- 텍스트 포함 여부: 텍스트 포함 불가
  (텍스트가 포함되면 라이브 노출 제한 가능)
- 권장 이미지: 제품이 돋보이는 고화질 이미지 사용
- 주의사항: 저작권 위반, 과도한 노출 등 부적절한 이미지는 사용 불가

예시
- 의류 라이브: 모델이 착용한 전신 컷, 제품을 강조하는 클로즈업 이미지
- 가전제품 라이브: 제품의 주요 기능이 한눈에 보이는 이미지
- 뷰티 제품 라이브: 제품과 피부 표현이 강조된 이미지

② 상품 추가

라이브 방송에서 소개할 상품을 등록하는 단계이다.

- 방송 중 최대 30개의 상품을 추가할 수 있으며, 고정 노출 상품은 3개까지 설정 가능하다.
- 시청자가 쉽게 확인할 수 있도록 대표 상품을 상위에 배치하는 것이 좋다.
- 하단 왼쪽의 책갈피 모양 아이콘을 클릭하여 상품을 추가한다.

예시
- 화장품 라이브 방송: 쿠션, 립스틱, 아이섀도우 세트 등록
- 전자제품 라이브 방송: 노트북, 마우스, 액세서리 패키지 추가

③ 라이브 방송 제목 설정

방송 제목은 시청자의 관심을 끌어야 하므로 간결하고 핵심적인 문구를 사용해야 한다.
- 방송에서 제공하는 혜택을 강조하는 문구 활용
- 상품의 특장점을 명확하게 전달할 수 있도록 구성
- 한정 특가, 재고 소진 임박 등의 긴급성을 강조

예시
한정 특가 및 할인 유도

- 오늘만 특가! 방송 중 50% 할인
- 지금 사면 역대급 혜택! 라이브 단독가 제공
- 재고 소진 임박! 놓치면 후회할 특가
- 퀴즈 맞히면 선물! 실시간 이벤트 진행
- 방송 보면서 채팅하면 특별 혜택 제공
- 30분 안에 댓글 이벤트 참여하면 추가 할인

제품 특장점 강조

- 이거 하나면 끝! 베스트셀러 인기템 공개
- 스마트홈 기기, 오늘만 단독 특가 체험
- 봄맞이 패션 스타일링 제안

④ 라이브 한줄 요약 입력

라이브 한줄 요약은 방송의 핵심 내용을 요약하여 시청자들에게 방송의 목적과 주요 혜택을 명확하게 전달하는 역할을 한다.

- 검색 결과나 추천 목록에서 시청자의 클릭을 유도하는 요소이므로 짧고 강렬한 문구를 사용하는 것이 중요하다.

- 브랜드 이미지 강화를 위해 명확하고 인상적인 한줄 요약을 작성해야 한다.

예시
- 의류 라이브 방송: 봄 신상 50% 할인! 선착순 한정 사은품 증정
- 가전제품 라이브 방송: 오늘만 특가! 스마트 가전 최대 30% 할인
- 뷰티 라이브 방송: 촉촉한 피부 표현을 위한 필수템, 특별 구성 공개

⑤ 카테고리 설정

방송에서 판매할 상품의 카테고리를 설정하는 단계이다.

- 대표 상품을 추가하면 자동으로 카테고리가 설정된다.
- 검색 노출과 직접 연결되므로 상품과 가장 적합한 카테고리를 선택하는 것이 중요하다.
- 여러 종류의 상품을 진행하는 경우, 대표 상품 또는 첫 번째로 노출되는 상품의 카테고리를 기준으로 자동 설정된다.

⑥ 방송 시간 설정

라이브 방송의 날짜와 시간을 지정하는 단계이다.

- 최적의 방송 시간: 고객이 많이 접속하는 시간대에 방송을 설정하면 더 많은 시청자를 확보할 수 있다.
- 추천 시간대: 저녁 8시10시 또는 점심 12시1시
- 최소 3~7일 전 예약하여 사전 홍보를 충분히 진행하는 것이 좋다.

예시
- 저녁 시간대: 퇴근 후 쇼핑하는 고객을 타겟으로 설정
- 주말 오전: 여유롭게 쇼핑하는 고객을 위해 설정
- 점심시간: 점심시간 틈을 이용한 짧은 방송

⑦ 예약 완료

모든 항목을 입력한 후 [예약 완료] 버튼을 눌러 예약을 확정한다.

⑧ 예약 목록 확인하기

라이브 방송 예약을 마친 후에는, 고객을 사로잡을 수 있는 가격 전략을 설정하는 것이 필요하다. 지금부터 '라이브 특가 설정' 방법을 알아보자.

(4) 라이브 특가 설정

라이브 방송 중 시청자의 구매를 유도하기 위해 라이브 특가 설정을 활용할 수 있다. 이 기능을 통해 할인율, 적용 기간, 한정 수량 여부 등을 미리 입력하면, 라이브 방송이 시작됨과 동시에 자

동으로 특가가 적용된다.

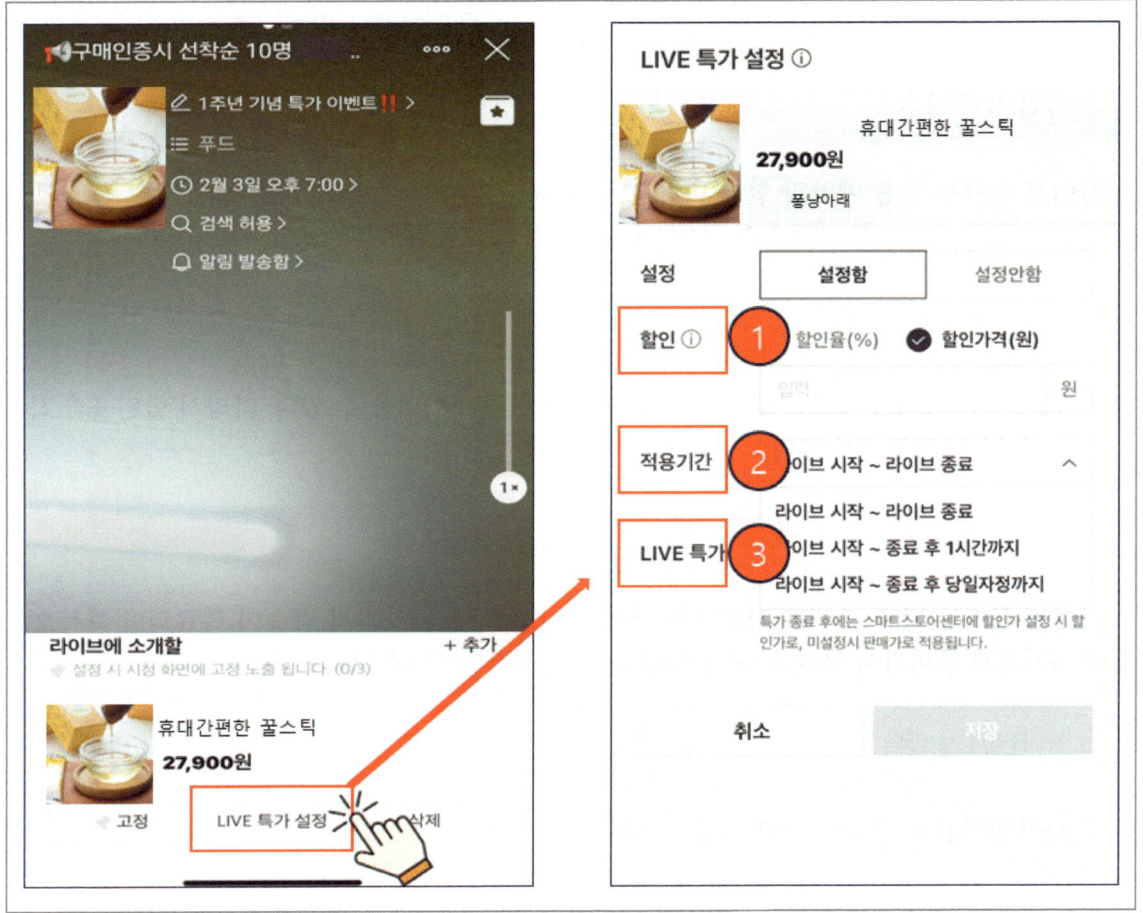

1) 라이브 특가 설정 방법

라이브 특가는 고객들에게 라이브 방송 중에만 제공되는 한정 할인 혜택으로, 방송을 예약할 때 미리 설정해 두는 것이 가장 효과적이다.

① 할인 유형 선택: 할인율(%) 또는 할인 가격(원) 중 선택 가능

② 할인 적용 기간:
- 라이브 시작 ~ 라이브 종료까지
- 라이브 시작 ~ 종료 후 1시간까지
- 라이브 시작 ~ 종료 후 당일 자정까지

③ LIVE 특가 적용: 방송이 시작되면 자동 적용되며, 방송 종료 후 원래 가격으로 복귀

2) 라이브 특가 설정 시 주의할 점

① 사전 설정 필수

라이브 특가는 방송 예약과 함께 미리 설정해 두는 것이 중요하다. 이를 통해 방송 전 고객들에게 라이브 특가 정보를 제공하여 구매 대기 고객을 확보할 수 있다.

② 변경이 어려울 수 있음

한 번 설정한 라이브 특가는 방송 중 실시간으로 변경이 어려울 수 있다. 따라서 할인율과 적용 기간을 신중하게 결정해야 한다.

③ 라이브 종료 후 가격 복귀

라이브 특가는 방송 중에만 적용되는 한정 할인 혜택이다. 따라서 방송이 종료되면 자동으로 원래 가격으로 돌아가며, 스마트스토어에서도 할인가가 자동 해제된다.

3) 라이브 특가 활용 전략

① 사전 홍보를 활용하여 고객 유입 극대화

라이브 특가를 미리 설정하고, SNS 및 네이버 쇼핑라이브 예고 페이지를 통해 고객들에게 방송 중 한정 특가가 제공된다는 점을 강조하면 구매 대기 고객을 확보할 수 있다.

② 한정 수량 설정으로 긴급성 강조

"선착순 100개 한정", "방송 중 구매자만 할인 적용" 등의 문구를 활용하면 고객들이 서둘러 구매하도록 유도할 수 있다.

③ 할인율을 효과적으로 설정

고객이 할인 혜택을 체감할 수 있도록 기존 가격 대비 할인율을 명확하게 표시하는 것이 중요하다. 예를 들어, "정상가 29,900원 → 라이브 특가 24,900원 (5,000원 할인)"과 같이 구체적인 가격 변화를 안내하면 구매 전환율을 높일 수 있다.

4) 라이브 특가 설정의 중요성

라이브 특가는 단순한 할인 수단이 아니라, 고객의 즉시 구매를 유도하는 중요한 마케팅 전략이다. 이를 효과적으로 활용하면 방송 중 실시간 구매율을 높이고, 방송 종료 후에도 브랜드 인지도를 강화하는 데 도움이 된다. 따라서, 라이브 방송 예약 시 미리 설정하고, 이를 적극적으로 홍보하는 것이 가장 효과적인 운영 방법이다.

네이버 쇼핑라이브에서 예약된 방송을 확인하고 관리하는 방법은 다음과 같다.

(5) 예약된 방송 시작하기

예약된 방송이 있다면, 네이버 쇼핑라이브 앱에서 예약 목록을 확인한 후 원하는 방송을 선택하여 시작할 수 있다.

- 네이버 쇼핑라이브 앱 실행 후 예약 목록으로 이동한다.
- 목록에서 진행할 라이브 방송을 선택한다.
- "LIVE 시작" 버튼을 클릭하면 방송이 즉시 시작된다.

(6) 예약된 방송 수정 및 삭제하기

해당 이미지를 보면, 예약된 방송의 정보를 일부 수정하거나 예약 자체를 취소할 수 있음을 확

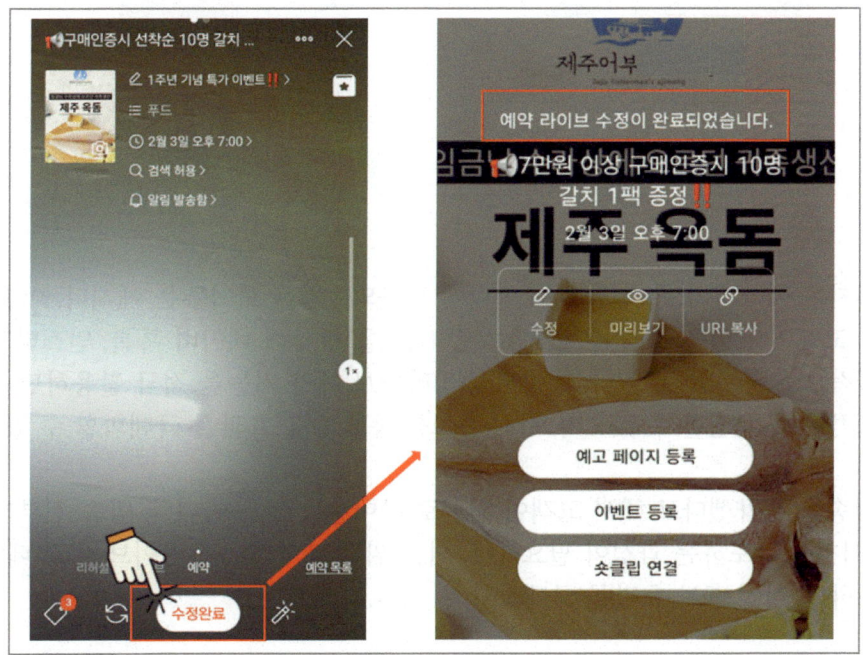

인할 수 있다.

- 방송 정보 수정: 예약된 라이브의 제목, 설명, 소개할 상품 등을 변경할 수 있다.
- 방송 삭제: 필요 없는 예약 방송은 삭제할 수 있으며, 삭제 후 다시 복구할 수 없으므로 신중하게 결정해야 한다.

(7) 예약된 방송 노출 확인

예약된 네이버 쇼핑라이브 방송은 네이버 쇼핑, 스마트스토어, 상품 상세페이지, 검색 결과, 추천 예고 페이지 등 다양한 위치에 노출된다. 이러한 노출은 고객이 방송 일정에 쉽게 접근할 수 있도록 도와주며, 방송 전 알림 신청 유도에도 효과적이다.

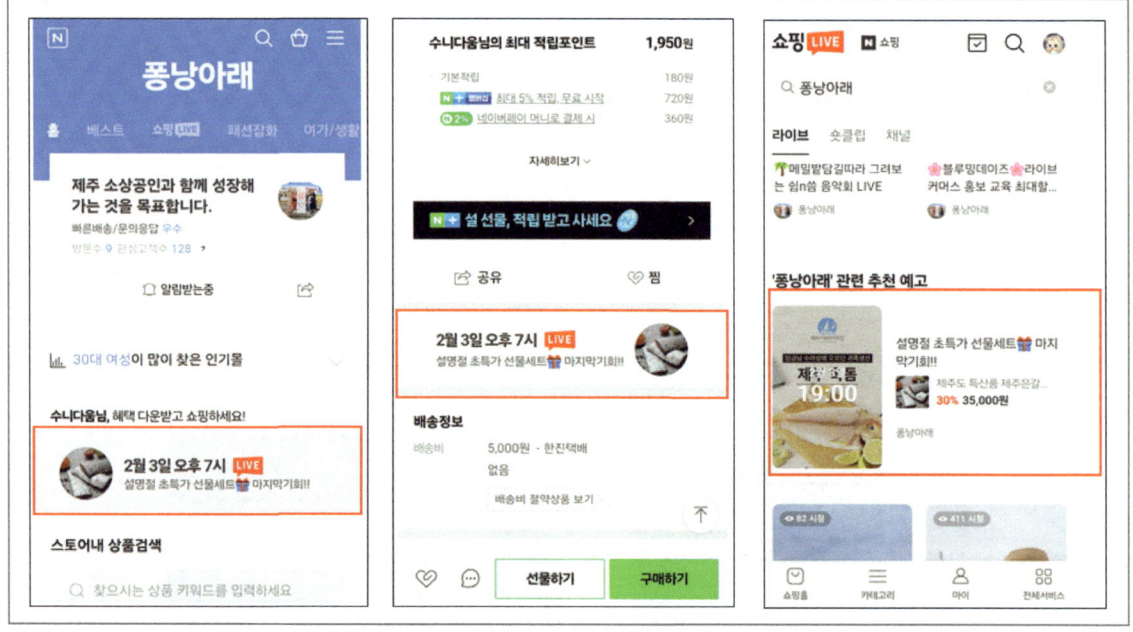

해당 이미지는 예약된 방송이 실제로 어디에 노출되는지를 보여주는 예시다. 이를 통해 방송 시작 전까지 고객의 유입을 늘릴 수 있고, 방송 URL을 복사해 네이버 톡톡, 인스타그램, 블로그 등에서 적극적으로 홍보할 수 있다. 네이버 쇼핑라이브 예약 기능을 적극 활용하면 보다 체계적으로 라이브 방송을 운영할 수 있으며, 사전 홍보를 통해 방송 효과를 극대화할 수 있다.

라이브 방송을 예약했다고 해서 고객이 저절로 찾아오는 것은 아니다. 방송 전부터 고객의 관심을 끌고, 시청을 유도하는 과정이 필요하다. 이를 위해 네이버 쇼핑라이브 예고 페이지를 적극적으로 활용하면, 사전 홍보 효과를 극대화할 수 있다.

(5) 네이버 쇼핑라이브 예고 페이지

예고 페이지를 활용하면 라이브 방송 일정, 방송 내용, 혜택 정보를 미리 알릴 수 있으며, 시청 예약 기능을 통해 관심 고객을 확보할 수 있다. 이제, 예고 페이지의 기능과 효과적인 활용 방법을 단계별로 살펴보자.

1) 예고 페이지 활용하기

네이버 쇼핑라이브의 예고 페이지는 방송 시작 전, 고객이 방송 정보를 미리 확인하고 시청 예약까지 할 수 있도록 지원하는 기능이다. 이 페이지를 활용하면 라이브 전부터 효과적인 홍보가 가능하며, 시청 예약자를 미리 확보하여 방송 참여율을 높일 수 있다.

◆ 예고 페이지 주요 기능

- 방송 일정 및 상세 정보 제공
라이브 방송의 날짜, 시간, 소개할 상품 내용을 명확하게 안내할 수 있다.

- 시청 예약 기능
고객이 [시청 예약]을 누르면 방송 시작 전 네이버에서 푸시 알림이 발송되어 자연스럽게 시청을 유도할 수 있다.

- 공유 및 홍보 기능
예고 페이지 URL을 복사해 SNS, 네이버 톡톡, 문자 등 다양한 채널로 공유하여 사전 홍보를 강화할 수 있다.

- 라이브 특가 정보 제공
방송 중 제공할 할인 혜택, 쿠폰, 한정 수량 상품 등의 정보를 강조하여 구매 전환을 유도한다.

라이브 방송을 예약하면 예고 페이지는 자동 생성되며, 이를 적극적으로 홍보에 활용하면 더 많은 고객이 라이브에 참여하고 구매로 이어질 가능성이 높아진다. 특히 고객이 시청 예약을 해두면, 방송 직전에 네이버가 자동 알림을 발송해 시청률을 높이는 데 매우 효과적이다.

네이버 쇼핑라이브를 진행하기 전, 고객들에게 미리 방송을 알리기 위해 예고 페이지 등록이 필요하다. 이를 통해 방송 정보를 사전에 홍보하고, 시청자들의 관심을 끌 수 있다. 다음은 예고 페이지를 등록하는 방법에 대한 설명이다.

2) 라이브 예고 페이지 등록 방법

해당 이미지는 네이버 쇼핑라이브 관리툴에서 예고 페이지를 등록하는 화면이다. 라이브 ID 입력부터 제목, 이미지 등록, 소개 작성까지 필수 항목을 입력하면 예고 페이지가 생성된다. 이미지 속 각 숫자는 예고 페이지 등록 절차를 단계별로 안내하고 있다.

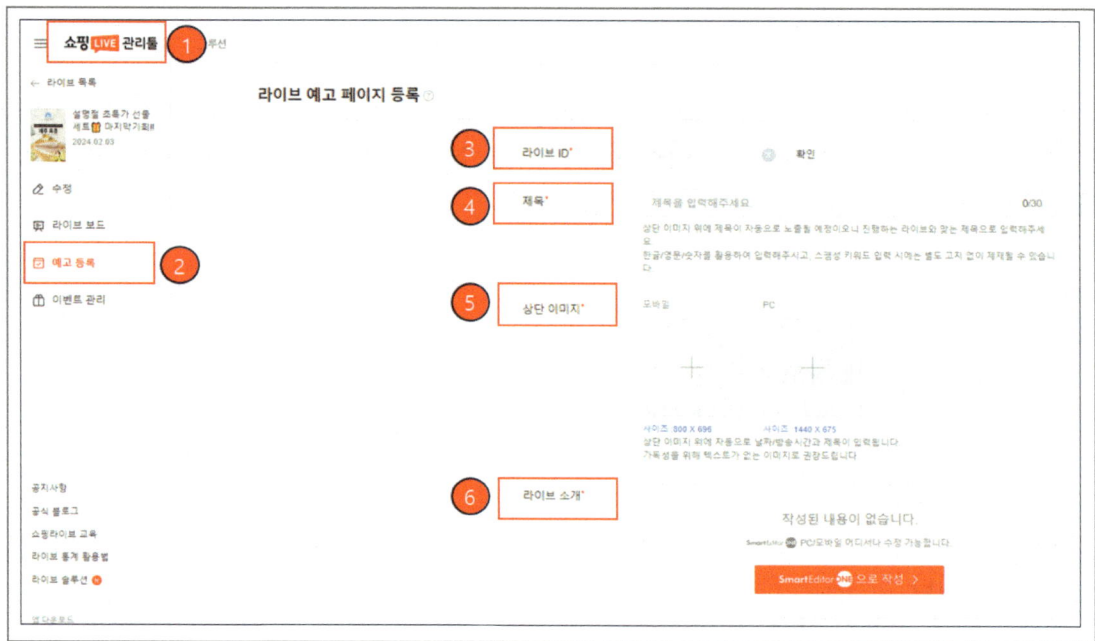

① 쇼핑라이브 관리툴 접속

네이버 쇼핑라이브 관리 툴에 접속한 후 좌측 메뉴에서 [예고 등록]을 선택한다. 이곳에서 새 라이브 방송의 예고 페이지를 생성하고, 기존 예고된 방송 목록을 관리할 수 있다.

② 라이브 예고 페이지 등록

예고 페이지를 만들기 위해 [예고 등록]을 클릭한다. 이 페이지에서는 라이브 방송의 기본 정보 및 홍보 콘텐츠를 입력할 수 있다.

③ 라이브 ID 입력

라이브 방송을 등록할 때, 자동으로 생성된 라이브 ID를 확인 후 입력해야 한다. 라이브 ID는 해당 방송을 식별하는 고유 번호이며, 라이브 방송을 진행하거나 홍보할 때 필요하다.

④ 제목 입력

방송의 제목을 입력하는 단계로, 최대 30자까지 작성 가능하다. 고객의 관심을 끌기 위해 핵심 키워드를 포함하고, 방송의 주제를 명확히 전달하는 제목을 설정하는 것이 중요하다.

예를 들어:

- 봄 신상 단독 특가전 – 30% 할인 혜택
- 오늘만 무료배송! 네이버 쇼핑라이브 단독 찬스
- 뷰티 전문가와 함께하는 신제품 체험 방송

이처럼 방송의 주제와 혜택이 명확하게 전달되는 제목이 효과적이다.

⑤ 상단 이미지 등록

예고 페이지에 표시될 대표 이미지를 업로드하는 단계이다.

- 모바일용 이미지(800x696 픽셀)
- PC용 이미지(1440x675 픽셀)

이미지는 고객이 한눈에 방송의 핵심 내용을 파악할 수 있도록, 명확하고 직관적인 디자인을 선택하는 것이 좋다. 텍스트가 많이 포함된 이미지는 피하고, 제품이 돋보일 수 있도록 깔끔한 이미지를 활용하는 것이 효과적이다.

⑥ 라이브 소개 입력(상세페이지)

라이브 방송의 상세한 내용을 작성하는 단계로, 방송에서 다룰 내용, 제품 특징, 진행자 정보, 이벤트 내용 등을 설명할 수 있다. 네이버 스마트에디터를 활용하면 PC와 모바일에서 쉽게 수정 가능하며, 라이브 방송의 핵심 내용과 혜택을 강조하는 문구를 포함하는 것이 좋다.

예를 들어:

- 이번 방송에서는 여름 시즌 신상 의류를 단독 공개합니다. 특별 할인과 더불어 방송 중 깜짝 이벤트도 진행될 예정이니 많은 관심 부탁드립니다.
- 라이브 방송 중 구매하시는 분들께 사은품 증정 이벤트를 진행합니다. 놓치지 마세요!
- 라이브 소개를 잘 작성하면 고객들의 관심을 유도하고, 방송 참여율을 높일 수 있다.

◆예고 페이지 등록 시 유의사항

- 방송 제목과 이미지가 고객의 관심을 끌 수 있도록 신중하게 선정해야 한다.
- 이미지 규격을 준수하여 모바일과 PC에서 최적의 해상도로 표시되도록 설정해야 한다.
- 방송 내용과 혜택을 명확하게 전달하여 고객이 쉽게 이해할 수 있도록 한다.
- 예고 페이지를 SNS, 스마트스토어, 네이버 톡톡 등을 통해 적극적으로 홍보하여 시청자 유입을 극대화한다.

3) 라이브 소개 상세페이지 작성 가이드

라이브 소개 상세페이지는 방송의 핵심 내용을 고객에게 효과적으로 전달하는 중요한 역할을 한다. 명확하고 매력적인 라이브 소개를 작성하면 고객의 관심을 끌고 시청을 유도할 수 있다. 아래와 같이 라이브 소개를 구성하면 효과적인 상세페이지를 만들 수 있다.

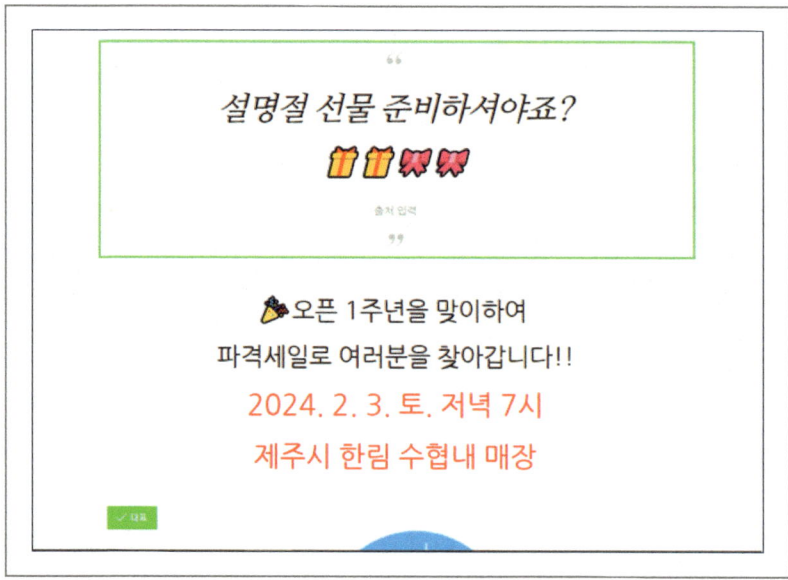

라이브 소개 필수 구성 요소

① 방송 개요

- 방송 일정: 방송 날짜 및 시작 시간을 기재한다.
- 진행자 소개: 쇼호스트 또는 브랜드 담당자가 직접 진행하는 경우 이를 강조한다.
- 방송 주제: 소개할 상품의 핵심 내용을 포함하여 짧고 강렬한 문장으로 정리한다.

예시
- 8월 31일 오후 7시! 단 하루만 진행되는 특별한 혜택!
- 100만 명이 선택한 화제의 제품, 라이브에서 직접 체험하세요!

② 라이브 혜택

- 할인 정보: 방송 중 제공하는 특별 할인을 강조한다.
- 사은품 제공: 방송 중 구매 고객에게 제공하는 사은품을 안내한다.
- 한정 수량 및 타임세일: 조기 마감될 수 있는 한정 특가 제품이 있는 경우 이를 강조한다.

예시
- 라이브 중 20% 즉시 할인!
- 방송 중 구매 시 무료배송 + 사은품 증정!
- 선착순 50명 한정 특별 쿠폰 지급!

③ 상품 정보

- 라이브에서 소개할 제품의 특징과 장점을 정리한다.
- 타 제품과의 차별점을 강조하여 구매 유도 효과를 높인다.

예시: 왜 이 제품을 추천할까요?

- 제주 특산품 고급 명절 선물 특가 행사!
특별한 날, 소중한 분께 드리기 좋은 제주 한정 구성

- 특허받은 기술로 더욱 강력한 기능!
기능성과 신뢰를 동시에 확보한 검증된 기술력

- 3중 필터 시스템으로 미세먼지 완벽 차단!
호흡기 건강까지 생각한 안전한 선택

- 피부 자극 없이 순한 성분으로 제작!
예민한 피부도 안심하고 사용할 수 있는 저자극 포뮬러

④ 시청자 참여 유도

- 실시간 채팅 참여, 퀴즈 이벤트, 댓글 이벤트 등의 정보를 포함하여 시청자의 참여를 유도한다.
- 방송을 보는 것만으로 혜택을 받을 수 있도록 유도하면 시청률이 증가한다.

예시: 라이브 방송 중 참여 혜택

- 실시간 댓글 참여 이벤트

방송 중 댓글을 남기면 추첨을 통해 경품 증정!

- 퀴즈 이벤트

방송 중 퀴즈 정답자에게 추가 할인 쿠폰 제공!

- 참여만 해도 혜택이!

라이브 방송에 참여하기만 해도 특별 쿠폰 즉시 지급!

4) 라이브 소개 상세페이지 최적화 전략

- 고객이 궁금해 할 정보를 미리 제공하여 기대감을 높인다.
- 방송의 혜택과 참여 이벤트를 강조하여 시청자 유입을 극대화한다.
- 가독성을 고려한 문장 구성과 이미지 활용으로 상세페이지의 효과를 극대화한다.

라이브 소개 페이지는 단순한 방송 안내가 아니라, 고객을 유입하고 구매로 이어지게 하는 중요한 요소이다. 철저한 사전 기획과 매력적인 콘텐츠 구성을 통해 성공적인 네이버 쇼핑라이브를 진행할 수 있도록 준비해야 한다.

라이브 소개 상세페이지 작성이 끝났다면 네이버 쇼핑라이브의 예고페이지를 등록하는 과정에서 반드시 확인해야 할 주요 설정 항목을 정리하였다. 아래의 내용을 참고하여 최적의 설정을 진행하도록 한다.

① 관련 숏클립 보기 설정

- 쇼핑라이브 예고페이지에 관련 숏클립(짧은 영상 콘텐츠)을 자동으로 전시할지 설정하는 항목이다.
- 전시 안 함: 숏클립을 예고페이지에 노출하지 않는다.
- 자동 전시: 해당 스토어에서 업로드한 최신 숏클립을 최대 10개까지 자동으로 노출한다.
- 수동 전시: 원하는 숏클립을 선택하여 노출할 수 있다.

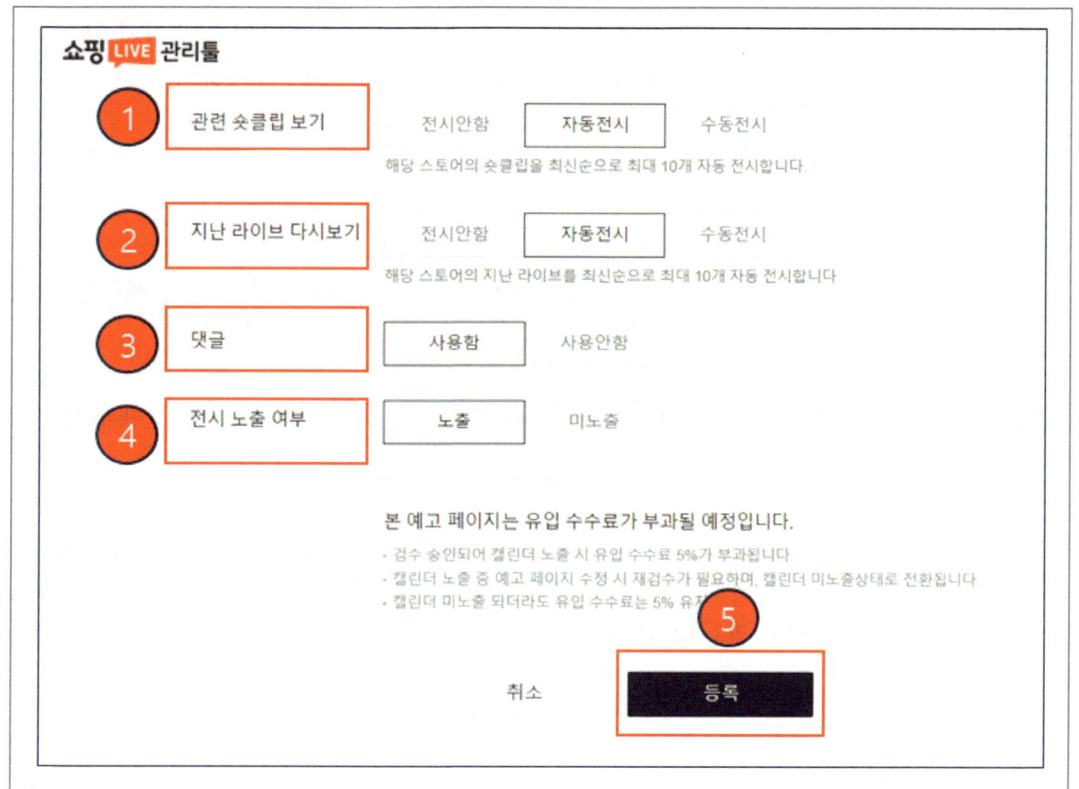

② 지난 라이브 다시보기 설정

- 예고페이지에 기존 라이브 방송 다시보기 영상을 포함할지 여부를 설정한다.
- 전시 안 함: 기존 라이브 방송 영상을 예고페이지에 표시하지 않는다.
- 자동 전시: 스토어에서 진행한 최근 라이브 방송을 최대 10개까지 자동으로 표시한다.
- 수동 전시: 원하는 기존 라이브 방송을 선택하여 노출할 수 있다.

③ 댓글 설정

- 예고페이지에서 고객이 댓글을 남길 수 있도록 할 것인지 선택하는 항목이다.
- 사용함: 예고페이지에서 댓글 기능을 활성화하여 고객과의 소통이 가능하도록 한다.
- 사용 안 함: 댓글 기능을 비활성화하여 예고페이지에서 댓글 작성이 불가능하도록 한다.

④ 전시 노출 여부 설정

- 예고페이지를 네이버 쇼핑라이브의 캘린더에 노출할지 여부를 결정하는 항목이다.

- 노출: 네이버 쇼핑라이브 캘린더에 표시되며, 유입 수수료(5%)가 부과될 수 있다.
- 미노출: 네이버 쇼핑라이브 캘린더에 표시되지 않으며, 유입 수수료가 발생하지 않는다.
- 라이브 방송의 홍보 효과를 극대화하려면 노출을 선택하는 것이 유리하다.

⑤ 예고페이지 등록 완료

- 모든 설정을 확인한 후 등록 버튼을 클릭하여 예고페이지를 최종 등록한다.
- 등록 후에도 일부 수정이 가능하지만, 라이브 방송 일정이 다가오면 수정이 제한될 수 있으므로 신중하게 설정하는 것이 중요하다.

이 과정을 완료하면 네이버 쇼핑라이브 예고페이지가 정상적으로 등록되며, 고객들에게 라이브 방송 정보를 미리 알릴 수 있다.

예고페이지를 네이버 쇼핑라이브 캘린더에 노출할 경우, 네이버 검색 및 쇼핑라이브 페이지를 통해 유입된 고객의 결제 금액에 대해 유입 수수료 5%가 부과된다. 하지만 캘린더 미노출을 선택하면 유입 수수료가 발생하지 않는다. 라이브 방송의 노출 효과와 비용을 고려하여 적절히 설정하는 것이 중요하다.

5) 예고 페이지 활용한 효과적인 홍보 전략

예고 페이지를 단순히 등록하는 것에서 그치지 말고, 다양한 채널을 통해 적극적으로 공유하고 고객의 기대감을 높이는 것이 중요하다. 특히 인스타그램 게시물과 스토리를 활용한 홍보는 도달률과 클릭 유도에 효과적이며, 예고 페이지 링크를 함께 배포하면 방송 시청 예약자 수를 증가시킬 수 있다. 해당 이미지는 예고 페이지를 활용한 실제 인스타그램 홍보 예시이다.

◆예고 페이지 홍보 방법

- 네이버 톡톡 활용: 예약 고객에게 자동 알림을 발송하여 시청을 유도한다.
- 예고페이지 URL: 다양한 채널에 공유해 고객 접근성을 높인다.
- 라이브 특가 & 혜택 강조: "라이브에서만 제공되는 혜택"을 명확하게 부각시켜 구매 욕구를 자극한다.
- 리마인드 메시지 발송: 방송 직전, 고객에게 다시 한번 알림을 보내 참여율을 높인다.

📌인스타그램 최신 업데이트된 스토리 링크 만드는 방법

① 스토리에 홍보할 영상이나 사진을 불러온다.

[인스타그램 게시물 홍보]

[인스타그램 스토리 홍보]

8장. 네이버 쇼핑라이브 실전 전략

② 스토리 홈 화면 상단에 있는 [이모티콘] 아이콘을 클릭한다.
③ 메뉴에서 [링크] 옵션을 선택한다.
④ 복사한 라이브 링크를 붙여넣습니다.
⑤ [스티커 텍스트]를 이용해 클릭을 유도하는 후킹 문구를 작성한다.
⑥ 스토리 화면에는 링크 대신, 스티커 텍스트에 작성한 문구가 표시된다.

성공적인 라이브 방송은 단순히 진행만 해서는 안 된다. 사전 예약부터 특가 홍보, 고객 유입 전략까지 함께 실행해야 실질적인 성과를 기대할 수 있다. 예고 페이지를 적극적으로 활용해 더 많은 고객 참여를 이끌어내자.

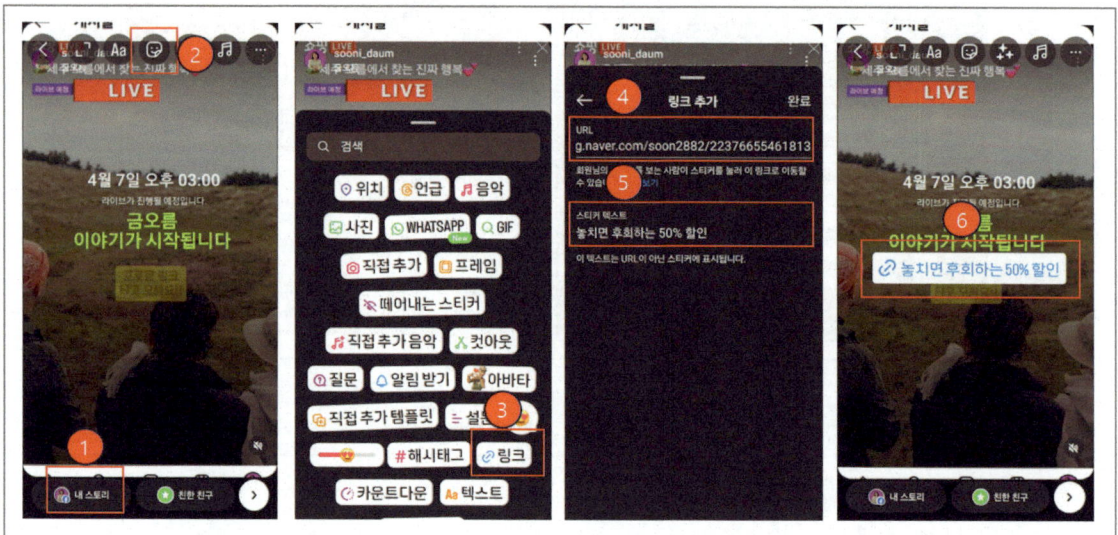

4. 라이브 방송의 완성도를 높이는 리허설 기능 활용법

(1) 리허설 기능 활용하기

라이브 방송을 원활하게 진행하려면 촬영 장비, 조명, 음향 등 방송 환경을 최적화하는 것이 중요하다. 특히, 방송 전 리허설 기능을 활용하면 예상치 못한 오류를 줄이고, 안정적인 송출을 할 수 있다. 네이버 쇼핑라이브에서는 리허설 기능을 제공하여 실전 방송 전에 미리 테스트할 수 있다.

1) 리허설 기능의 주요 장점

- 음향 & 화질 점검: 마이크 볼륨, 조명, 영상 해상도를 미리 테스트하여 방송 품질을 확인할

수 있다.
- 송출 환경 체크: 네트워크 상태 및 방송 지연 문제를 사전에 점검할 수 있다.
- 방송 레이아웃 테스트: 상품 노출 방식과 화면 구성을 조정하여 최적화할 수 있다.
- 실시간 댓글 반응 테스트: 고객과의 소통 방식을 미리 연습할 수 있다.

네이버 쇼핑라이브 리허설 진행 순서는 다음과 같다.

① 예약 목록 선택

라이브 예약을 해둔 경우, [예약 목록] 버튼을 클릭하여 예약된 방송을 선택할 수 있다. 이를 통해 미리 등록한 방송 정보를 불러와서 리허설을 진행하거나 바로 라이브를 시작할 수 있다.

② 리허설 모드 실행

방송 시작 전에 [리허설] 버튼을 클릭하여 사전 테스트를 진행한다. 리허설 모드는 실시간 방송과 동일한 환경을 제공하지만, 시청자에게 노출되지 않는다.

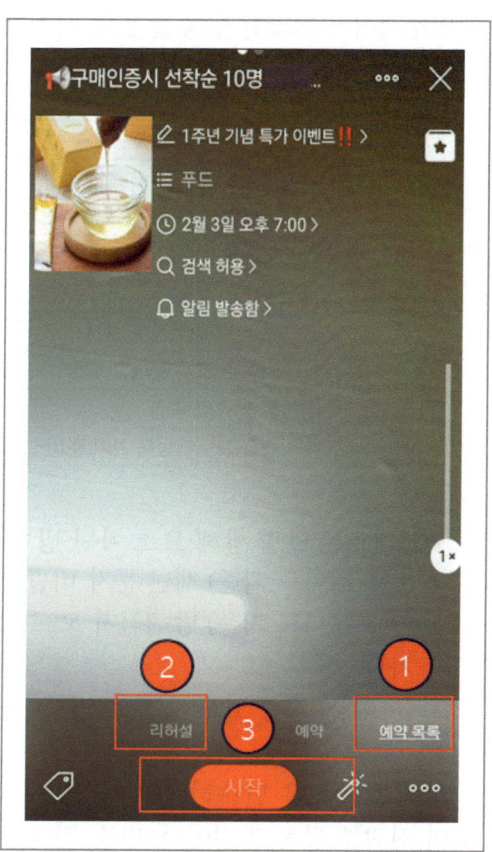

- 화면 구성이 정상적으로 표시되는지 확인한다.
- 음향, 조명, 네트워크 상태를 점검한다.
- 상품 노출 및 방송 진행 흐름을 사전에 연습한다.

③ 라이브 방송 시작

모든 설정이 완료되면 [시작] 버튼을 눌러 본방송을 진행한다.

- 리허설에서 확인한 내용을 반영하여 원활한 진행을 준비한다.
- 방송이 시작되면 사전 홍보한 고객들이 실시간으로 입장하여 참여할 수 있다.

이 과정을 통해 네이버 쇼핑라이브 방송을 안정적으로 운영할 수 있으며, 사전 리허설을 진행함으로써 예상치 못한 문제를 사전에 방지할 수 있다.

📌 리허설은 외부에 공개되지 않지만 리허설 링크를 복사해서 함께하는 멤버나 지인의 카톡으로 보내면 링크를 받은 사람은 실시간 이루어지는 리허설을 볼 수 있다. 리허설 기능을 통해 예상치 못한 문제를 사전에 발견하고 해결할 수 있어, 원활한 라이브 방송 진행에 큰 도움이 된다.

2) 라이브 방송 전 필수 체크리스트

안정적이고 원활한 방송을 위해 사전에 점검해야 할 주요 사항들을 다음과 같이 정리했다.

체크 항목	내용
핸드폰 사양	iOS 13이상(아이폰) / 안드로이드 9이상
저장 공간	최소 500MB 이상 확보
네트워크 상태	LTE, Wi-Fi 연결 상태 점검(유선 연결 추천)
방해금지 모드 설정	전화나 알림 방해 방지
마이크 설정	깨끗한 음성 전달을 위해 외장 마이크 활용
전면 카메라 좌우 반전	제품이 올바른 방향으로 보이도록 설정
카메라 초점 & 화질 설정	방송 구도를 미리 조정
방송 장비 확인	삼각대, 조명, 보조 배터리 준비
댓글 모니터링용 기기 준비	노트북 또는 태블릿 활용

◆ 스마트폰 알림 방해 요소 차단 방법
- (안드로이드 기준) 재난 문자 비활성화 설정 → 안전 및 긴급 → 재난 문자 OFF
- (안드로이드 기준) 방해금지 모드 활성화 설정 → 알림 → 방해금지 모드 → 전화 및 앱 알림 차단
- (아이폰) 집중 모드 설정: 설정 → 집중 모드 → 방해금지 모드 활성화

라이브 방송은 단순히 카메라 앞에서 제품을 설명하는 것이 아니라, 실시간으로 고객과 소통하며 신뢰를 쌓는 과정이다. 방송 전 철저한 준비와 방송 중 방해 요소 차단은 안정적인 진행을 위한 필수 요소이다.

(2) 네이버 쇼핑라이브 방송 세팅

네이버 쇼핑라이브를 전문적인 느낌으로 진행하려면 방송 환경을 제대로 준비하는 것이 중요하다. 고객들이 방송을 보고 즉시 구매로 이어질 수 있도록, 안정적이고 깔끔한 촬영 환경을 갖추는 것이 핵심이다. 아래는 라이브 방송 진행을 위한 기본 세팅 장비 예시이다.

기본 구성만 잘 갖춰도 방송 품질이 한층 높아진다.

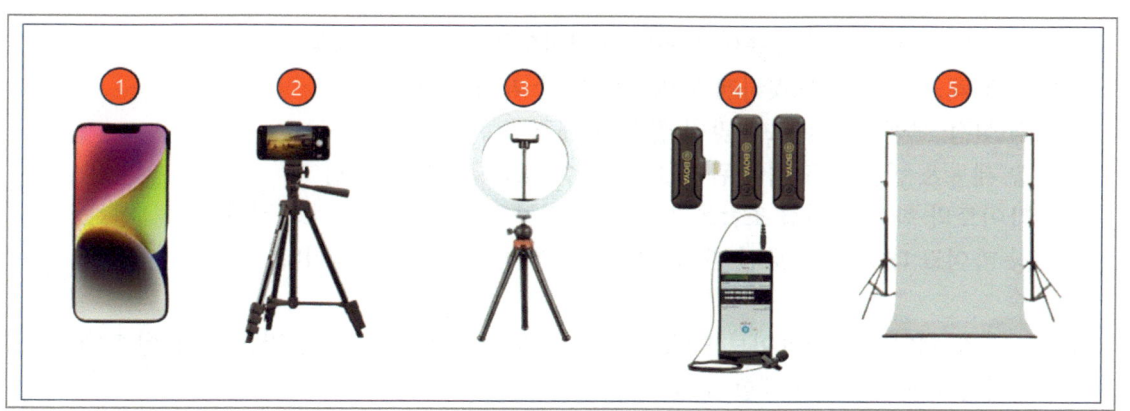

① 스마트폰 (카메라)
라이브 방송의 기본 장비이다. 최신 스마트폰은 고화질 촬영이 가능하여 방송용으로 충분하다.

② 삼각대
카메라를 안정적으로 고정시켜 흔들림 없는 화면을 유지할 수 있도록 도와준다.

③ 링라이트 (조명)
밝고 고르게 비춰주는 조명으로, 제품이나 인물을 선명하게 보여주는 데 효과적이다.

④ 무선 마이크 / 유선 마이크
청취자의 집중도에 영향을 주는 사운드 품질 향상을 위한 필수 장비이다. 이동이 많은 경우 무선, 고정된 촬영에는 유선 마이크를 활용할 수 있다.

⑤ 촬영 배경지 (백드롭 세트)
깔끔한 배경을 연출하여 시각적 완성도를 높이고, 상품 및 인물을 더욱 집중도 있게 보여준다.

이처럼 기본적인 장비만 갖춰도 네이버 쇼핑라이브 방송의 퀄리티를 충분히 끌어올릴 수 있다.

(3) 방송 환경 최적화

고객의 몰입도를 높이는 방송을 만들기 위해서는 촬영 장비, 조명, 음향, 배경 등 전반적인 환경 구성이 필수다. 특히 실시간으로 고객과 소통하며 제품을 자연스럽게 소개하려면 장비 간의 연동과 세팅도 중요하다.

- 카메라 & 조명: 얼굴과 제품이 선명하게 보이도록 밝은 환경 조성
- 마이크 체크: 음성이 또렷하게 들리도록 외장 마이크 활용
- 배경 설정: 브랜드 콘셉트에 맞춰 깔끔한 배경을 선택
- 방송 제목 & 썸네일: 고객이 관심을 가질 수 있도록 키워드 포함
- 링라이트와 화이트 배경 조합은 제품을 선명하게 보여주는 데 효과적이다.
- 내장 마이크 대신 외장 무선 마이크를 사용하면 음질이 안정적이다.

아래는 실제 네이버 쇼핑라이브 방송 환경을 구성한 사례이다. 각 장면을 통해 방송에 필요한 장비와 배치를 직관적으로 이해할 수 있다.

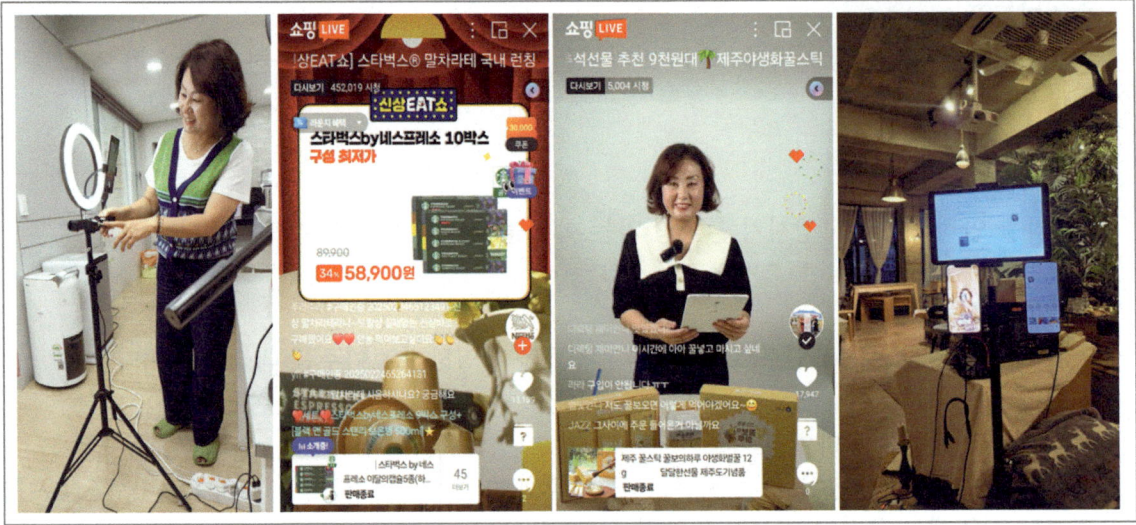

① 장비 세팅 준비 (왼쪽 첫 번째 이미지)
- 설명: 링라이트와 삼각대를 이용해 촬영 위치 및 조명을 조정하는 장면.
- 활용 포인트: 방송 전 미리 촬영 위치와 빛의 방향을 체크해 제품이 선명하게 보이도록 조율한다.

② 썸네일과 방송 화면 예시 (두 번째 이미지)
- 설명: 방송 제목, 가격, 할인율 등 구매 유도 요소가 실시간 채팅과 함께 노출되는 화면 구성.
- 활용 포인트: 제목과 특가 정보는 방송 시작 전부터 고객의 이목을 끌 수 있도록 구성하며, 썸네일은 눈에 띄는 디자인으로 준비한다.

③ 마이크, 댓글, 제품 위치 세팅 (세 번째 이미지)

- 설명: 무선 마이크 착용 후 태블릿으로 채팅창을 확인하며 방송을 진행하는 장면. 제품은 진행자 앞에 배치되어 카메라에 자연스럽게 노출됨.
- 활용 포인트: 마이크 위치가 말소리를 명확히 전달하는 위치에 있어야 하고, 제품은 방송 내내 시야에서 벗어나지 않도록 배치한다. 댓글 응답을 원활히 하기 위해 댓글 확인용 스마트폰(태블릿)을 준비해두는 것이 좋다.

④ 멀티기기 세팅 & 동시 송출 환경 (오른쪽 네 번째 이미지)
- 설명: 인스타그램과 네이버 쇼핑라이브를 동시에 송출하며, 각각의 디바이스로 댓글과 화면을 동시에 모니터링하는 구조.
- 활용 포인트: 1인 방송이더라도 멀티기기를 통해 실시간 반응과 화면 관리를 효율적으로 수행할 수 있다.

리허설 기능을 활용해 미리 점검하고, 촬영 장비 및 환경을 최적화하면 보다 안정적인 라이브 방송을 진행할 수 있다. 이제 장비 세팅이 끝났다면, 방송 중 고객과의 실시간 소통 전략을 살펴볼 차례다!

5. 네이버 쇼핑라이브 실전 노하우

네이버 쇼핑라이브는 단순히 제품을 소개하는 방송이 아니다. 고객과 실시간으로 소통하며 신뢰를 쌓고, 즉각적인 구매로 이어지도록 만드는 것이 핵심이다. 그렇다면 라이브 방송에서 어떻게 고객의 관심을 끌고, 참여를 유도하며, 매출을 극대화할 수 있을까? 아래는 네이버 쇼핑라이브를 효과적으로 운영하기 위한 실전 전략이다.

- 방송 시작과 동시에 고객의 시선을 사로잡는 후킹 멘트와 소통법
- 실시간 댓글을 적극 활용해 고객과 교감하고, 자연스러운 구매 전환 유도
- 쿠폰과 이벤트를 적절히 활용해 방송 중 전환율을 높이는 전략
- 인스타그램과의 연계를 통해 더 많은 고객을 라이브로 유입시키는 방법
- 방송 종료 후에도 매출을 이어가기 위한 지속적인 후속 관리 요령

이제 단순히 방송만 하는 것이 아니라, 실시간 소통을 통해 매출을 높이는 진짜 라이브 방송을 시작해 보자!

(1) 실시간 소통으로 매출 높이기

1) 시청자를 사로잡는 라이브 소통법

네이버 쇼핑라이브에서는 단순히 제품을 소개하는 것이 아니라, 고객과의 소통이 핵심이다. 고객과의 실시간 소통을 통해 신뢰를 형성하고, 구매 전환율을 높이는 것이 중요하다. 효과적인 소통을 위한 실전 노하우를 정리하면 다음과 같다.

① 고객의 관심을 끄는 멘트 활용
방송을 시작할 때 시청자의 주의를 끌 수 있는 강력한 멘트를 사용하면 고객의 집중도를 높일 수 있다.

예시:
- 지금 방송 중에만 드리는 특별 할인 기회입니다.
- 이 제품, 몇 분 안에 품절될 수도 있습니다.
- 방송이 끝나기 전에 구매하지 않으면 후회할 수 있습니다.

② 실시간 채팅을 활용한 소통
네이버 쇼핑라이브의 핵심은 고객과의 실시간 소통이다. 시청자들이 남긴 댓글을 적극적으로 읽고, 이름을 직접 불러주거나 궁금한 점에 즉각 반응하면 신뢰감과 친밀도가 높아진다.

해당 이미지는 실시간 방송 중 진행자가 고객과 댓글로 소통하는 장면을 담고 있다.

예시:
- 고객님이 남긴 질문을 확인해 보겠습니다.

- 이 제품이 어떤 점이 좋은지 더 궁금하시다면 지금 댓글로 남겨주세요.
- 댓글을 남겨주시는 분들 중 추첨을 통해 특별한 선물을 드립니다.

③ 쿠폰 및 이벤트를 활용한 판매 유도

라이브 방송 중 즉시 사용 가능한 할인 쿠폰, 한정 수량 증정 이벤트, 무료 배송 혜택 등을 제공하면 시청자들의 구매 결정을 빠르게 이끌어낼 수 있다. 이러한 이벤트는 실시간 방송에 몰입도를 높이고, "지금 구매해야 할 이유"를 만들어 주는 핵심 전략이다.

해당 이미지는 라이브 방송 중 쿠폰 및 이벤트를 활용해 실시간으로 판매를 유도하고 있는 장면을 보여준다.

예시:
- 지금 방송 중에 구매하시면 무료 배송 혜택을 드립니다.
- 첫 구매 고객님께만 특별 사은품을 증정합니다.
- 이 시간 안에 구매하시면 한정 특가로 만나보실 수 있습니다.

네이버 쇼핑라이브에서는 제품을 설명하는 것이 아니라, 고객과의 대화를 통해 신뢰를 형성하는 과정이 중요하다.

2) 네이버 쇼핑라이브로 고객 유입하는 방법

네이버 쇼핑라이브를 성공적으로 운영하기 위해서는 충분한 시청자 유입이 필수적이다. 단순히 라이브 방송을 진행하는 것만으로는 고객이 쉽게 모이지 않으므로, 인스타그램을 활용한 사전 홍보 전략이 필요하다. 인스타그램을 통해 네이버 쇼핑라이브로 자연스럽게 고객을 유도하는 세 가지 핵심 방법을 정리하면 다음과 같다.

① 릴스 및 쇼츠를 활용한 홍보
짧고 강렬한 티저 영상을 제작하여 라이브 방송을 홍보한다. 네이버 쇼핑라이브 일정과 혜택을 강조한 영상을 만들어 고객의 기대감을 높인다.

예시:
- 이번 주 ○○일 ○○시에 네이버 쇼핑라이브에서 한정 특가 진행합니다.
- 네이버 쇼핑라이브에서만 제공되는 특별 혜택을 놓치지 마세요.
- 이 제품, 실시간으로 사용해보는 모습을 보여드립니다.

짧고 직관적인 영상 편집을 활용하여 시청자의 관심을 끌어야 한다. 영상의 첫 3초 안에 핵심 메시지를 전달해야 한다.

예시:
- ○○일 ○○시 단 1시간 특가! 지금 알림 설정하세요.
- 라이브 방송에서 직접 보고 결정하세요. 놓치지 마세요.

② 인스타그램 스토리를 활용한 홍보
방송 일주일 전부터 꾸준히 스토리를 업로드하여 홍보 효과를 극대화한다. 스토리를 활용해 단계별로 정보를 전달하고, 고객의 기대감을 높인다.

예시:
- 첫 번째 스토리: 한정 특가, ○○일 ○○시 단 1시간!
- 두 번째 스토리: 이 제품의 특별한 점, 직접 확인하세요.
- 세 번째 스토리: 네이버 쇼핑라이브에서만 만날 수 있는 혜택! 지금 확인하세요.

라이브 당일 리마인드 스토리를 업로드해 시청을 유도한다.

예시:
- 방송 3시간 전: 드디어 오늘! ○○시 시작, 알림 맞춰두세요.
- 방송 30분 전: 곧 시작합니다! 지금 클릭하고 입장하세요.

스토리 하이라이트에 [라이브 방송 일정] 카테고리를 추가하면 고객이 한눈에 방송 정보를 확인할 수 있다. 또한, 스토리를 공유하면 추가 혜택을 제공하는 방식으로 참여율을 높일 수 있다.

③ 댓글 유도형 게시물 작성

• 고객이 참여할 수 있도록 퀴즈, 투표, 의견 공유 등의 형식으로 게시물을 작성한다.

예시:
- 이 제품의 색상 중 어떤 것이 더 마음에 드시나요? 댓글로 선택해주세요.
- 지금 방송 중 어떤 혜택이 가장 기대되시나요? 댓글로 남겨주세요.
- 댓글을 남기신 분들 중 추첨을 통해 특별한 혜택을 드립니다.

3) 네이버 쇼핑라이브와 인스타그램 라이브 동시 진행 전략

네이버 쇼핑라이브의 유입을 극대화하는 또 하나의 전략은 인스타그램 라이브와 동시 진행하는 것이다. 인스타그램 라이브는 기존 팔로워들과 실시간으로 소통할 수 있는 강력한 채널이며, 이를 활용하면 더 많은 고객을 네이버 쇼핑라이브로 자연스럽게 유입할 수 있다.

이 방법은 인스타그램에서 네이버 쇼핑라이브로 시청자들을 유도하는 다리 역할을 하며, 두 플랫폼에서 동시에 라이브 방송을 진행함으로써, 인스타그램 시청자들이 네이버 라이브로 쉽게 이동할 수 있도록 돕는다. 인스타 라이브에서 '지금 네이버 쇼핑라이브에서 특별 할인 방송을 진행 중입니다'라고 홍보하고, 링크를 통해 시청자들이 바로 네이버 쇼핑라이브로 이동할 수 있도록 유도한다.

  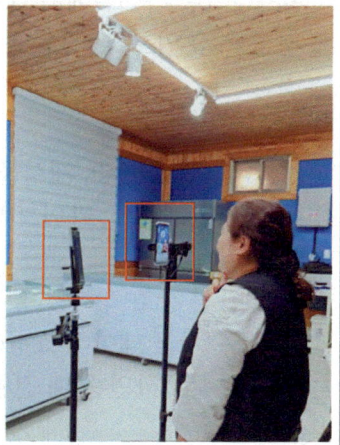

① 동시 진행을 위한 세팅 방법
- 스마트폰 두 대를 삼각대에 세팅한다.
- 한 대는 네이버 쇼핑라이브를 진행하는 용도로 사용하고, 다른 한 대는 인스타그램 라이브를 진행하는 용도로 활용한다.
- 방송 환경이 안정적일 수 있도록 조명과 음향을 미리 점검하고, 두 개의 방송이 원활하게 진행될 수 있도록 사전에 리허설을 진행한다.

② 동시 진행의 장점
- 팔로워 유입 증가

인스타그램 라이브를 통해 기존 팔로워들에게 네이버 쇼핑라이브 방송을 실시간으로 안내할 수 있다. 네이버 쇼핑라이브에 대한 사전 홍보가 부족하더라도 인스타그램 팔로워를 활용하면 초기 시청자를 확보하는 데 도움이 된다.

- 관객 전환 유도

인스타그램 라이브에서 실시간으로 "지금 네이버 쇼핑라이브에서 특별 할인 진행 중입니다. 프로필 링크를 클릭하세요" 등의 멘트를 활용하면 시청자들이 네이버 쇼핑라이브로 이동하도록 유도할 수 있다.

- 실시간 소통 강화

네이버 쇼핑라이브로 이동한 시청자들이 적극적으로 댓글을 남기고 구매에 참여하게 되면, 라이브 분위기가 더욱 활발해지고 판매 전환율도 상승할 가능성이 높아진다.

③ 효과적인 활용 팁
- 링크 고정

인스타그램 라이브에서 네이버 쇼핑라이브로 이동할 수 있는 링크를 고정해 두어, 시청자가 쉽게 접근할 수 있도록 한다.

- 사전 홍보 강화

인스타그램 스토리, 게시물, 릴스를 활용해 네이버 쇼핑라이브에서 특별 혜택이 진행된다는 내용을 미리 안내하고, 라이브 방송 시작 전에도 공지를 올려 시청을 독려한다.

- 긴급성 강조

방송 중 '지금 네이버 쇼핑라이브에서 30분 동안만 특별 할인 진행 중'과 같은 긴급성을 강조하는 멘트를 활용하면 구매 전환율을 높이는 데 효과적이다.

네이버 쇼핑라이브와 인스타그램 라이브를 동시에 진행하는 전략을 잘 활용하면, 한 번의 방송으로 두 개의 플랫폼에서 최대한의 효과를 얻을 수 있다. 이를 통해 더 많은 고객을 유입시키고, 브랜드의 신뢰도를 높이며, 최종적으로 매출을 극대화할 수 있다.

4) 실시간 소통으로 구매 전환율을 높이는 전략

네이버 쇼핑라이브에서 가장 중요한 요소는 실시간 고객 소통이다. 단순히 제품을 소개하는 것이 아니라, 고객과 적극적으로 소통하며 신뢰를 쌓는 것이 핵심이다. 고객과의 실시간 소통이 원활할수록 방송 참여도가 높아지고, 결국 구매 전환율 상승으로 이어진다.

① 라이브 방송 오프닝 멘트

방송 시작 후 10초가 가장 중요하다. 시청자는 이 짧은 시간 동안 방송을 계속 볼지 나갈지를 결정한다. 따라서 첫인상을 강하게 남길 수 있는 오프닝 멘트가 필수다.

◆효과적인 오프닝 멘트 예시
▪ 밝고 활기찬 인사와 방송 목적 강조
"안녕하세요! 네이버 쇼핑라이브에 오신 걸 환영합니다. 오늘 정말 특별한 혜택을 준비했어요!"

▪ 방송의 혜택을 명확히 전달
"오늘 방송 중에만 받을 수 있는 특별한 할인과 사은품이 준비되어 있으니까 끝까지 함께해 주세요!"

▪ 시청자의 참여 유도를 위한 멘트
"지금 들어오신 분들, 좋아요 버튼 한 번씩 눌러주시고 댓글로 인사 남겨 주세요!"

② 고객을 방송에 머무르게 하는 진행 방식

◆시청자와 친밀감을 형성하는 환영 멘트
▪ 고객이 입장하면 즉시 반응하기
"○○님, 오셨네요! 오늘도 함께해 주셔서 반가워요!"
"○○님 처음 오셨나요? 환영합니다! 방송 재미있게 봐 주세요!"

◆실시간 질문 응답으로 신뢰도 향상
▪ 고객의 질문에 빠르게 답변하기
"○○님, 이 제품은 모든 피부 타입에 잘 맞아요!"

"○○님, 배송 기간은 평균 2~3일 정도 걸려요!"

자주 묻는 질문은 큐시트에 미리 정리해 두고 신속하게 대응하면 더욱 매끄러운 진행이 가능하다.

◆고객의 적극적인 참여를 유도하는 질문
▪ 제품 선택을 돕는 질문
"이 색상 중에 어떤 게 더 마음에 드세요? 댓글로 알려주세요!"

▪ 경험 공유 요청
"혹시 이 제품 사용해 보신 분 계신가요? 후기가 궁금해요!"

▪ 투표형 질문 활용
"○○ 맛과 △△ 맛 중 어떤 걸 드셔보고 싶으신가요? 댓글에 1번 또는 2번 남겨주세요!"

이러한 질문을 던지면 고객이 단순히 시청하는 것이 아니라, 방송에 적극적으로 참여하며 재미를 느낄 수 있다.

◆즉각적인 이벤트 활용으로 참여 유도
▪ 깜짝 이벤트 진행
"지금 댓글 남겨주시면 3분 후 랜덤 추첨해서 깜짝 선물 드려요!"

▪ 방송 중 한정 특가 제공
"지금 방송 중 구매하시는 분께만 특별 사은품을 증정해 드려요!"

▪ 공유 이벤트 활용
"이 방송을 친구에게 공유하고 인증하면 추가 할인 쿠폰을 드려요!"

이벤트는 고객의 적극적인 반응을 유도하고, 방송 참여도를 높이는 효과적인 방법이다.

③ 마무리 멘트
방송이 끝난 후에도 고객과 지속적으로 소통하는 것이 중요하다. 이를 통해 충성 고객을 확보하고, 다음 라이브 방송으로 자연스럽게 연결될 수 있도록 한다.

▪ 고객과의 유대감 형성
"오늘도 함께해 주셔서 감사합니다! 다음 방송도 기대해 주세요!"

"○○님 덕분에 방송이 더 즐거웠어요! 다음에 또 뵈어요!"
"방송 종료 후에도 궁금한 점 있으시면 DM 주세요! 언제든 환영입니다."

네이버 쇼핑라이브는 단순한 판매 채널이 아니다. 꾸준한 고객 소통을 통해 브랜드를 인지시키고 신뢰를 쌓아가는 과정이 중요하며, 고객이 기다리고 다시 찾고 싶은 방송이 되도록 만드는 것이 성공적인 라이브커머스의 핵심이다.

지금까지 인스타그램 라이브부터 네이버 쇼핑라이브까지 실전 마케팅을 위한 다양한 전략을 살펴보았다. 처음에는 어렵게 느껴질 수 있지만, 직접 경험하며 익혀 나가면 점점 더 자연스럽게 진행할 수 있다.

라이브커머스는 단순한 상품 판매가 아니라, 브랜드를 알리고 고객과 신뢰를 쌓으며, 나만의 스토리를 만들어가는 과정이다. 시청자와 함께 호흡하고, 꾸준히 소통하며 기다려지는 방송을 만든다면, 이는 비즈니스 성장의 강력한 도구가 될 것이다.

"완벽해야만 시작할 수 있는 것이 아니다. 시작해야 성장할 수 있다."

완벽한 방송을 준비하려 하기보다, 작은 실전 경험을 쌓으며 점진적으로 개선하는 것이 성공적인 라이브커머스 운영의 핵심이다.

6. 협업을 활용한 성공 전략 및 사례 분석

(1) 함께하는 힘, 협업의 의미

사업을 하다 보면 혼자서 모든 것을 해결하는 것이 쉽지 않다. 나 역시 혼자였다면 지금까지 올 수 없었을 것이다. 그러나 인스타그램을 통해 태그니티라는 소통 방식을 배우고, 이를 활용해 제주 지역의 다양한 사람들과 연결되면서 큰 전환점을 맞이했다.

이 과정에서 오프라인 만남의 기회가 생겼고, 같은 목표를 가진 사람들이 자연스럽게 모이기 시작했다. 서로 돕고, 필요하면 홍보를 함께하는 작은 모임에서 출발했지만, 다양한 이해관계 속에서 크고 작은 도전이 따랐다. 쉽지 않은 과정을 거친 끝에, 뜻을 같이하는 사람들과 프리커머스 퐁낭아래협동조합을 설립하게 되었다.

이 협동조합은 단순한 네트워크가 아니다. [요망지게 배워서 남주자(잘 배워서 남에게 베풀자는 의미)]라는 슬로건을 내세우며, 제주의 소상공인들을 돕기 위한 명확한 목표를 가지고 출발했다.

제주는 전국적으로 소상공인 비율이 높은 지역 중 하나이며, 창업률 또한 높은 수준을 보이고 있다. 하지만 폐업률 역시 높은 현실 속에서, 단순한 창업 지원이 아니라 지속 가능한 성장을 위한 맞춤형 교육과 홍보 마케팅 지원이 절실했다. 이에 우리는 협동조합을 통해 소상공인들이 스스로 자립할 수 있도록 실질적인 도움을 제공하는 역할을 하고 있다.

① "혼자보다 함께"라는 단순한 진리

협업은 단순히 역할을 나누는 것이 아니라, 서로의 부족함을 채우고 강점을 극대화하는 과정이다. 다양한 경험과 재능이 모일 때 더 큰 시너지가 발휘된다. 예를 들어, 인스타그램 라이브커머스를 처음 시도하는 소상공인이 있다면, 우리는 촬영 방법과 스토리 구성, 마케팅 전략을 함께 고민하며 실행할 수 있도록 돕는다.

또한 협동조합을 통해 네트워크를 형성한 브랜드들은 서로의 제품을 함께 소개하고, 공동 프로모션을 진행하는 방식으로 시너지를 창출하고 있다. 이러한 협업 사례들은 단순한 개인의 성공을 넘어 지역 사회에 긍정적인 변화를 만들어 가는 데 기여하고 있다.

② 프리커머스퐁낭아래협동조합의 역할

현재 협동조합은 도움이 필요한 소상공인들에게 맞춤형 교육과 라이브커머스 지원을 제공하며, 단순한 제품 홍보를 넘어 브랜딩과 장기적인 판매 전략까지 함께 고민하고 있다.

우리는 '혼자는 어렵지만, 함께하면 할 수 있다'는 믿음 아래, 제주에서 더 많은 소상공인들이 자신감을 가지고 자립할 수 있도록 돕는 것을 목표로 삼고 있다. 이를 위해 앞으로도 네트워크를 확대하고, 보다 체계적인 지원 시스템을 구축해 나갈 계획이다.

③ 함께하는 라이브커머스

뜻이 맞는 사람을 만난다는 일은 결코 쉽지 않다. 그러나 인스타그램을 통해 소통하다 보면, 진정성이 느껴지는 진정한 친구들과 만나게 된다. 서로 도움이 필요할 때 서로에게 힘이 되어 줄 수 있는 그런 사람이 곁에 많다면 이미 반은 성공한 것이다.

우선, 그런 사람을 찾기 전에 내가 먼저 진심이 담긴 댓글 소통을 통해 상대방에게 꼭 필요한 존재가 되도록 노력해야 한다. 만약 인스타그램 친구가 라이브 방송 중이라면, 참여하여 댓글로 응원해 주고 필요한 물건이 있다면 즉시 구매하는 등 적극적으로 지지하면 더욱 큰 힘이 된다.

더 나아가, 지역 태그니티를 활용해 함께할 수 있는 연결고리를 찾아보자. 가까운 가족 구성원

뿐만 아니라, 자영업을 하는 매장의 경우 직원과 함께 역할을 나누어 진행하는 것도 좋은 방법이다.

함께할 때 업무는 훨씬 쉽고, 효과적이며, 체계적으로 이루어진다. 특히 라이브커머스를 처음 도전하는 사람이라면, 역할 분담을 통해 부담을 크게 줄일 수 있다. 라이브 방송 준비에는 사전 준비, 실시간 진행, 그리고 종료 후 사후 관리까지 많은 시간과 노력이 필요하다. 네이버 쇼핑라이브에서는 공동 작업자를 초대하여 댓글 관리, 방송 흐름 조율 등 다양한 역할을 분담할 수 있으며, 같은 장소에 있지 않아도 [채팅관리자 등록] 기능을 활용해 원격으로도 참여할 수 있으므로 이를 적극 활용하자.

(2) 라이브 방송에서 역할 분담의 중요성

라이브 방송을 성공적으로 진행하기 위해서는 각자의 역할을 명확히 나누고, 원활한 협업이 필요하다. 역할을 분담하면 방송이 더욱 자연스럽고 효율적으로 진행될 수 있으며, 시청자들의 참여도를 높이는 데도 도움이 된다.

① 쇼호스트(진행자)

라이브 방송의 중심 역할을 맡아 제품을 소개하고, 시청자들과 소통하며 방송을 이끌어간다. 명확한 발음과 적절한 말의 속도를 유지하는 것이 중요하며, 시청자의 관심을 끌 수 있도록 생동감 있는 표현을 활용해야 한다.

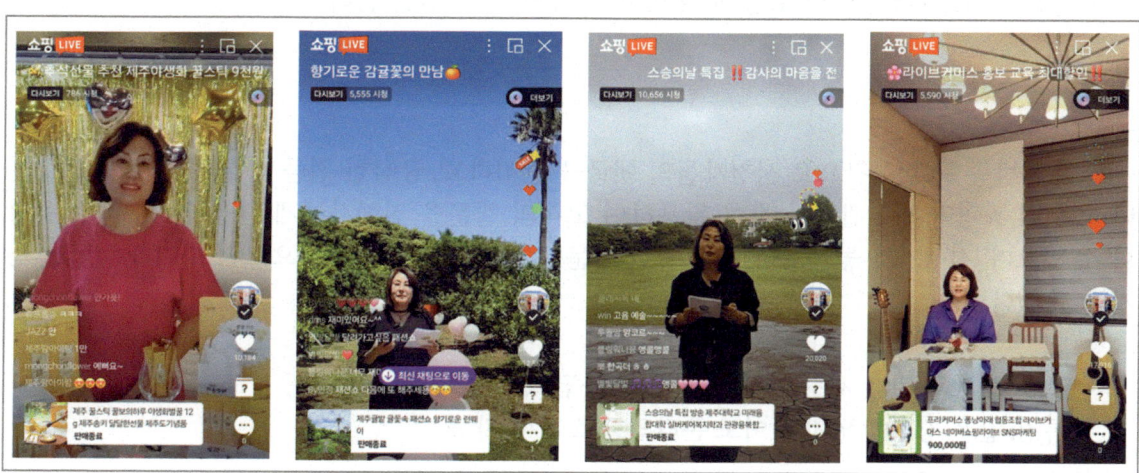

- 주요 역할: 제품 특징 소개, 실시간 질문 응답, 방송 흐름 조율
- 예시 멘트: "여러분, 지금 라이브 방송 중에만 적용되는 특별 할인 혜택을 준비했습니다! 놓

치지 마세요!"

② 카메라 & 세팅 담당

　방송 중 시각적인 요소를 조정하는 역할로, 스마트폰 또는 카메라를 삼각대에 고정하고, 조명과 배경을 세팅하여 최적의 방송 환경을 만든다. 방송 진행 중 제품을 보다 효과적으로 보여주기 위해 카메라 각도를 조정하거나 줌인/줌아웃 기능을 활용할 수 있다.

 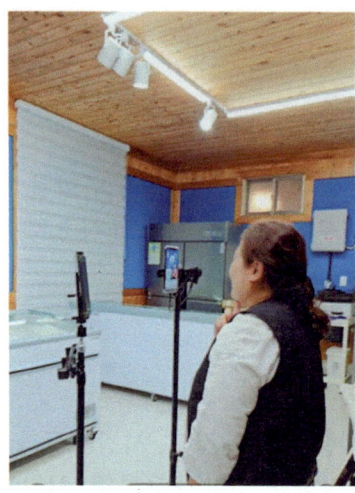 

- 주요 역할: 카메라 앵글 조정, 조명 및 배경 세팅, 화면 전환 관리

③ 채팅 관리자

　라이브 방송 중 실시간으로 시청자들의 댓글을 관리하고, 궁금한 점을 해결해 주는 역할을 한다. 네이버 쇼핑라이브 관리자 툴을 활용하여 고객의 질문을 진행자에게 전달하거나 직접 응답할 수 있으며, 진행자가 놓칠 수 있는 중요한 질문에 대해 빠르게 답변함으로써 소비자 이탈을 방지할 수 있다.

- 주요 역할: 실시간 채팅 관리, 고객 질문 응답, 진행자와의 소통
- 특징: 같은 장소에 있지 않아도 온라인으로 참여 가능

　라이브 방송의 성공은 단순히 제품을 소개하는 것이 아니라, 팀워크를 통해 시청자들에게 신뢰를 주고 몰입도를 높이는 데 있다. 각자의 역할을 충실히 수행하여 효과적인 라이브 커머스를 운영하는 것이 중요하다.

◆ 라이브 채팅 관리자 등록 방법

　실시간 댓글이 활발한 방송에서는 채팅을 전담으로 관리할 관리자 지정이 매우 중요하다. 채팅 관리자(스텝)를 등록하면 방송자는 상품 설명에 집중할 수 있고, 관리자는 시청자의 질문에 즉각적으로 응답할 수 있어 방송의 완성도를 높일 수 있다. 해당 이미지는 라이브 채팅 관리자 등록 과정을 보여준다.

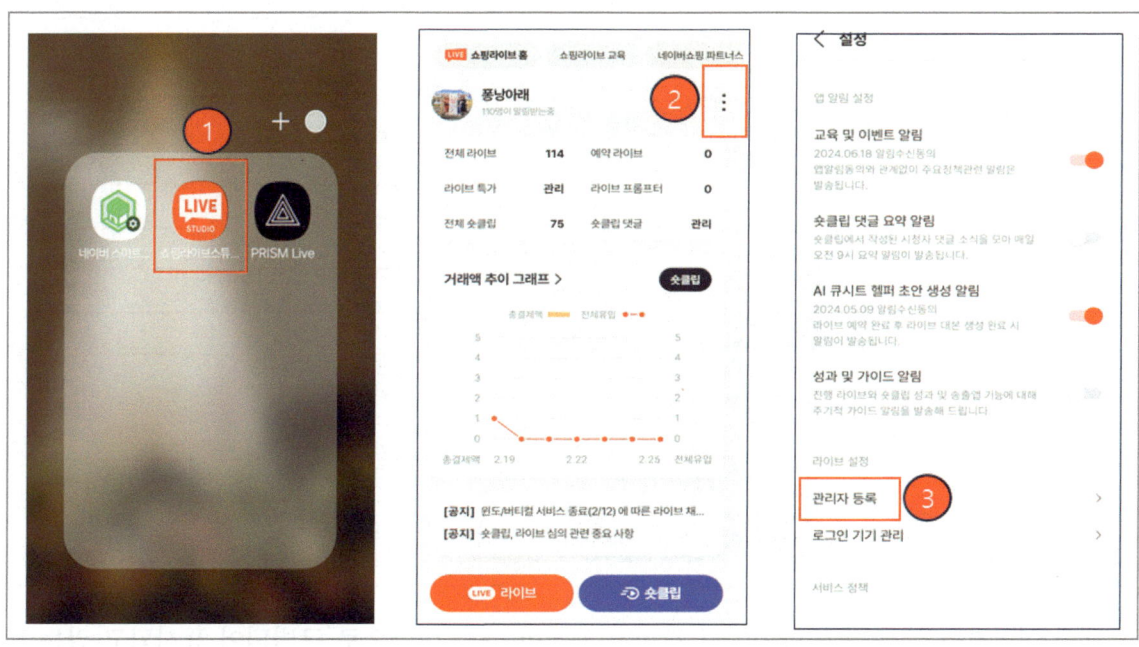

- ① 쇼핑라이브 스튜디오 앱을 실행하고
- ② 우측 상단 메뉴(:) 에서 설정으로 진입한 뒤

- ③ [관리자 등록] 메뉴에서 관리할 스탭의 네이버 아이디를 입력하면 등록이 완료된다.

해당 설정은 방송 시작 전에 미리 등록해두는 것을 권장하며, 방송 중 원활한 소통과 문의 응답을 위해 필수적인 과정이다.

◆ 채팅 관리자 추가 및 역할

라이브 방송 중 원활한 소통을 위해 채팅 관리자(스탭)를 등록하면 실시간 댓글 응답과 정보 전달이 훨씬 수월해진다. 관리자는 고객의 질문에 빠르게 답하고, 이벤트 안내나 상품 정보를 명확하게 전달하는 역할을 맡는다.

- 입력한 네이버 아이디는 쇼핑라이브 채팅 관리자로 등록된다.
- 등록된 아이디로 로그인하면 해당 계정이 방송 중 채팅에 참여할 수 있다.
- 관리자가 남긴 댓글은 일반 시청자의 채팅과 구별되는 색상으로 표시되어 눈에 잘 띄며, 방송 흐름을 자연스럽게 돕는다.

채팅 관리자는 최대 3명까지 등록 가능하며, 상황에 맞춰 역할 분담이 가능하다.

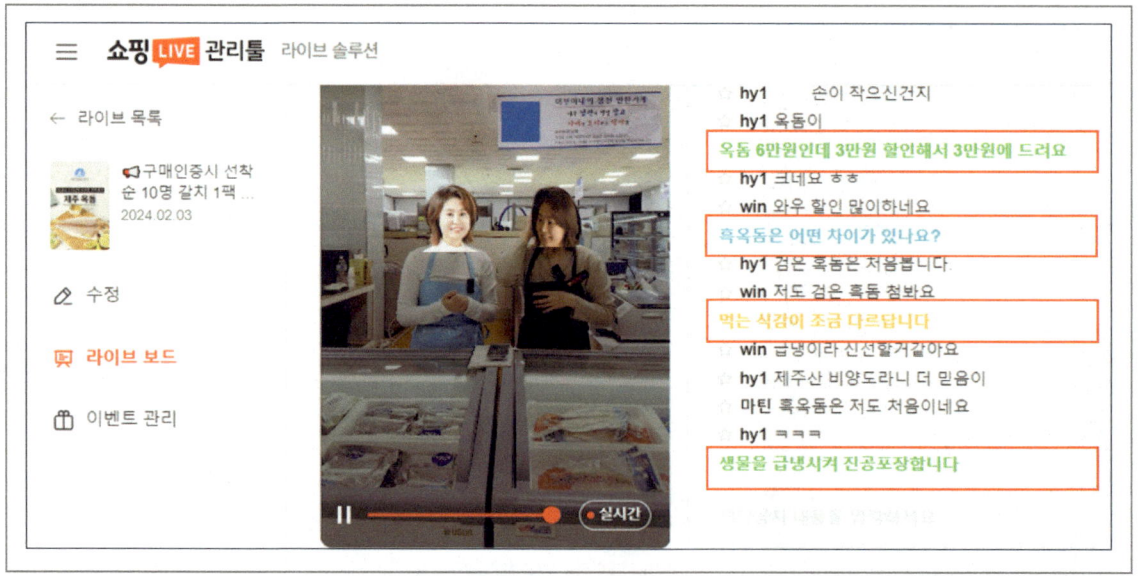

해당 이미지는 실제 방송 화면에서 관리자 채팅이 다른 색상으로 구별되어 표시되고 있는 모습을 보여준다. 할인 정보, 상품 차이점 안내, 배송 포장 안내 등 중요한 정보를 실시간으로 전달해주는 역할을 하고 있다.

④ 기획 및 방송 감독

라이브 방송이 매끄럽게 진행되기 위해서는 현장 중심의 기획과 감독 역할이 필수적이다. 방송 감독은 전반적인 흐름을 조율하며 진행자와 소통하고, 돌발 상황에 신속하게 대응하는 중요한 역할을 수행한다.

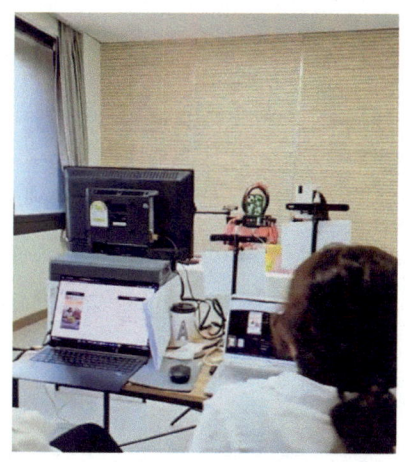

● 주요 역할 : 방송 흐름 전반 모니터링 및 실시간 조율, 진행자의 실수나 누락된 정보를 보완, 제품 정보, 이벤트 등 주요 포인트를 미리 전달해 방송에 반영

● 특징: 현장에서 실시간으로 라이브 상황을 파악하고 조정, 예기치 못한 상황이 발생했을 때 즉각적으로 문제 해결 가능, 진행자가 콘텐츠에 집중할 수 있도록 전반적인 운영을 안정적으로 뒷받침

라이브커머스는 단순히 제품을 소개하는 것이 아니라, 팀워크를 기반으로 한 체계적인 운영이 핵심 요소다. 쇼호스트, 카메라 담당, 채팅 관리자, 방송 감독 등 각자의 역할을 명확히 분담하면 방송이 더욱 자연스럽고 효과적으로 진행되며, 시청자들의 몰입도와 신뢰도도 높아질 수 있다.

특히, 라이브 방송에서 즉각적인 고객 반응과 소통이 중요한 만큼, 원활한 진행을 위해 큐시트를 활용하는 것이 필수적이다. 큐시트는 방송 흐름을 체계적으로 정리하고, 주요 멘트와 판매 전략을 미리 계획하여 실수를 줄이는 역할을 한다.

이제 다음 장에서는 큐시트를 활용하여 라이브커머스의 매출을 극대화하는 전략을 구체적으로 살펴볼 차례다. 성공적인 큐시트 작성법부터, 효과적인 멘트 관리, 그리고 실전 라이브 진행법까지 체계적으로 익혀 보다 완성도 높은 라이브 방송을 만들어보자.

Part 4

매출 극대화를 위한
사후관리법

9장.

라이브커머스 매출을 극대화하는 방송 운영 전략

라이브커머스를 성공적으로 운영하기 위해서는 즉흥적인 진행이 아닌 체계적인 준비와 전략적인 운영이 필수적이다. 단순히 제품을 소개하는 것을 넘어, 고객과의 실시간 소통을 극대화하고, 매출로 연결되는 방송을 만들기 위해서는 명확한 진행 계획이 필요하다.

특히, 방송 흐름을 정리하고 원활한 진행을 돕는 큐시트와 멘트 전략을 활용하면 실수를 줄이고 더욱 효과적인 방송 운영이 가능하다. 언제 고객과 소통해야 하는지, 할인 이벤트는 어떤 타이밍에 강조해야 하는지, 시청자 참여를 높이기 위해 어떤 질문을 던져야 하는지 등을 미리 계획해두면, 보다 자연스럽고 설득력 있는 방송을 진행할 수 있다.

이 장에서는 큐시트 작성법과 방송 운영 전략을 중심으로, 실전에서 활용할 수 있는 멘트 관리법과 진행 스킬을 소개한다. 이제, 단순한 제품 소개를 넘어 전략적으로 라이브커머스를 운영하고 매출을 극대화하는 방법을 함께 알아보자.

1. 성공하는 큐시트 작성 방법과 예시

큐시트(Q-Sheet)는 방송, 공연, 이벤트, 라이브 커머스 등 다양한 분야에서 진행 흐름을 체계적으로 정리한 문서이다. 각 장면(Scene)이나 순서(Order)에 따라 어떤 내용이 진행될지, 필요한 장비, 음향, 조명, 연출 요소 등이 명확하게 정리되어 있다.

(1) 큐시트의 주요 요소

순서(Sequence): 프로그램의 전체적인 흐름과 순서 정리
시간(Timecode): 각 부분의 예상 진행 시간 및 타임라인
내용(Content): 발표 내용, 진행 멘트, 영상 또는 오디오 큐
연출(Production Notes): 조명, 음향, 화면 전환 등의 기술적 지시
책임자(Responsibility): 해당 부분을 담당하는 진행자, 연출자, 기술 스태프 지정

큐시트는 라이브 방송, 공연, 이벤트에서 원활한 진행을 돕는 필수 도구이며, 라이브 커머스에서도 체계적인 방송 운영을 위해 반드시 활용해야 한다.

※ 분야별로 큐시트 작성 방식은 다를 수 있지만, 기본적인 흐름과 원칙은 같다.

1인 방송의 경우에도 간단한 큐시트를 작성하면 멘트 실수 방지, 시간 관리, 매끄러운 진행이 가능해진다. 짧은 방송이라도 방송 목표, 주요 내용, 마무리 멘트등을 정리해 두면 하나의 자료가 된다.

(2) 체계적인 큐시트 작성 방법

라이브커머스를 성공적으로 운영하려면 체계적인 큐시트 작성이 필수다. 잘 정리된 큐시트가 있으면 방송이 매끄러워지고, 고객과의 소통도 자연스러워져 판매 효과를 극대화할 수 있다. 다음은 큐시트를 구성할 때 고려해야 할 주요 요소들이다.

구성요소	설명
일시	방송 날짜 및 시간 설정, 라이브 진행 일정 조율
제품명, 가격구성, 이벤트	판매 제품 상세 정보(제품명, 옵션, 패키지 구성), 가격 정보(할인율, 프로모션), 특별 이벤트(사은품, 한정 특가)
쇼호스트	진행자(쇼호스트) 정보, 진행 방식 및 역할 분담
타겟	주 고객층 설정(연령대, 성별, 관심사), 맞춤형 멘트 및 홍보 전략
준비물	방송에 필요한 제품, 소품, 시연 도구 준비, 사전 테스트(조명, 마이크, 촬영 장비)
장소	라이브 방송 촬영 장소 선정(스튜디오, 매장, 외부), 네트워크 환경 및 세팅 확인
상품특장점	제품의 차별화된 강점 및 주요 특징 정리, 경쟁 제품과의 차이점 강조
셀링포인트(소구점)	고객이 구매를 결정할 핵심 포인트 정리, 실용성·희소성·가성비·후기 강조
모니터링 후 피드백	방송 종료 후 성과 분석(조회수, 판매량, 고객 반응), 개선점 및 피드백 정리

잘 정리된 큐시트가 있으면 방송이 매끄러워지고, 고객과의 소통도 자연스러워져 판매 효과를 극대화할 수 있다. 그렇다면 실제 큐시트를 어떻게 구성해야 할까? 아래는 라이브커머스를 위한

큐시트 작성 시 고려해야 할 핵심 요소들이다.

(3) 라이브커머스 큐시트 작성 방법

① 방송 흐름 정리하기
오프닝 → 제품 소개 → 실시간 Q&A → 이벤트 공지 → 마무리 멘트 등 전체적인 진행 순서를 작성한다.

② 예상 시간 배분하기
각 단계별 소요 시간을 설정해 방송이 너무 길거나 짧아지는 것을 방지한다.
예) 오프닝(3분) → 제품 설명(10분) → 이벤트 공지(5분)

③ 주요 내용 및 멘트 정리하기
제품 특징, 강조할 혜택(할인, 무료배송, 사은품), 고객 참여 유도 질문 등을 미리 정리하면 실수를 줄일 수 있다.

④ 연출 요소 및 장비 점검
카메라 이동, 음향, 조명, 그래픽(할인 배너 등)과 같은 연출 계획을 포함한다.
마이크, 조명, 인터넷 연결 등 방송 장비도 사전에 점검해야 한다.

⑤ 필요 소품 & 준비물 체크리스트 작성
제품, 데모용 소품, 경품, 물병, 태블릿(댓글 확인용) 등 방송 중 필요한 물품을 빠짐없이 정리한다.

(4) 라이브커머스 큐시트 작성 시 주의사항

- 계획을 너무 빽빽하게 세우지 않기
유연한 진행을 위해 일정에 여유를 두고 예상치 못한 상황에 대응할 수 있도록 한다.

- 제품 정보만 나열하지 않기
단순한 정보 전달이 아닌 고객과의 소통 포인트(질문 유도, 이벤트 참여)를 포함하여 방송의 몰입도를 높인다.

- 연출 계획을 빠뜨리지 않기
방송 중 화면 전환, 효과음, 할인 배너 등의 시각적·청각적 요소를 활용하여 시청자의 관심을 끌 수 있도록 한다.

- 사전 리허설 없이 진행하지 않기

큐시트에 따라 실제 방송을 리허설하며 진행 흐름을 점검하고, 예상되는 문제점을 미리 보완한다.

큐시트는 방송을 체계적으로 운영하는 중요한 도구이지만, 지나치게 경직된 계획은 오히려 방송의 자연스러움을 해칠 수 있다. 유연한 구성과 철저한 준비가 조화를 이루는 것이 핵심이다.

2. 효과적인 방송 멘트 관리법

라이브커머스 방송에서 멘트를 체계적으로 준비하고 전달하는 것은 고객과의 소통과 구매 전환에 직접적인 영향을 미친다. 네이버 쇼핑라이브에서는 방송을 보다 원활하게 진행할 수 있도록 프롬프트 기능과 AI 큐시트 헬퍼 두 가지 도구를 제공한다.

- 프롬프트는 진행자가 직접 입력한 방송 멘트를 실시간으로 참고할 수 있는 기능이며,
- AI 큐시트 헬퍼는 AI가 자동으로 큐시트를 생성하고, 주요 멘트를 추천해주는 도구다.

두 기능을 함께 활용하면 초보자도 체계적인 방송 진행이 가능하고, 실수 없이 메시지를 전달할 수 있다.

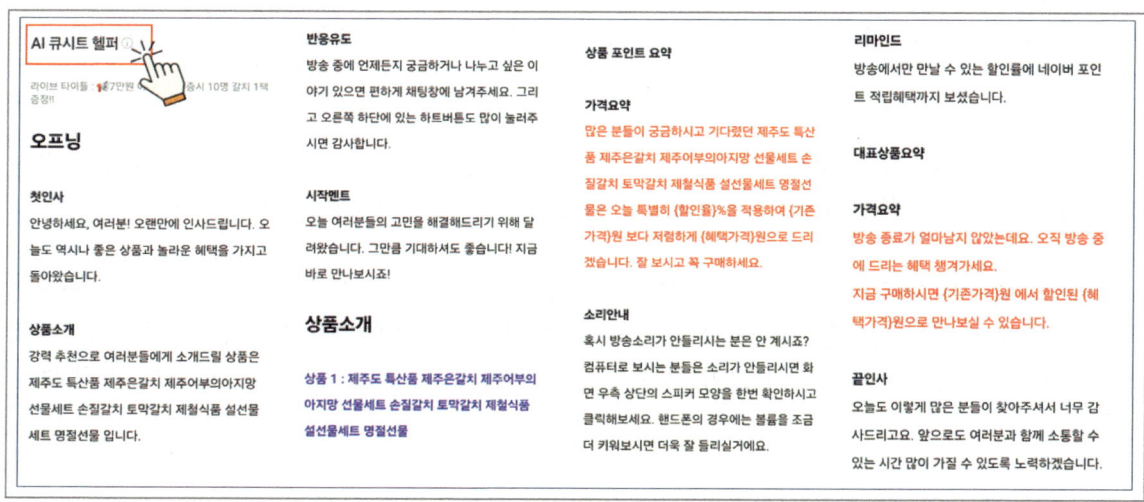

해당 이미지는 실제 생성된 큐시트 예시 화면이다. 라이브 방송을 예약하고 상품 정보를 등록하면, AI 큐시트 헬퍼를 통해 오프닝 멘트부터 상품 소개, 구매 유도 멘트까지 자동으로 생성된다. 이를 수정하거나 복사하여 프롬프트에 활용할 수 있다.

(1) 프롬프트와 AI 큐시트 헬퍼

아래 표는 프롬프트와 AI 큐시트 헬퍼의 주요 차이점을 정리한 것이다. 두 기능의 특징과 활용 시점을 이해하면 방송 준비와 진행에 훨씬 도움이 된다.

구분	프롬프트 (Prompt)	AI 큐시트 헬퍼
정의	실시간 방송 중 멘트를 진행자가 직접 입력하여 참고하는 기능	AI가 자동으로 방송 멘트를 추천하고 큐시트를 생성하는 기능
목적	방송 흐름 유지를 위한 실시간 멘트 참고	방송 스크립트 구성 및 멘트 준비 지원
작성 주체	진행자 또는 담당자가 직접 작성	AI가 자동 생성 후 수동 편집 가능
접근 위치	방송 예약 및 설정 화면 내 '프롬프트' 항목	예약한 방송의 'AI 큐시트 헬퍼' 버튼 클릭
사용 시점	방송 중 실시간 참고	방송 전 큐시트 준비 단계에서 활용
연동 가능 여부	AI 큐시트 헬퍼의 멘트를 복사하여 프롬프트로 활용 가능	프롬프트 기능과 연계해 사용 가능

(2) 직접 큐시트 작성하기

AI 큐시트 헬퍼를 활용하더라도, 방송에 익숙해지면 직접 큐시트를 작성하는 것이 더욱 유연하고 효과적이다.

- 제품의 특징, 타겟 고객, 방송 흐름 등을 반영하여 나만의 큐시트를 구성할 수 있다.
- AI 추천 멘트와 직접 구성한 내용을 적절히 병행하면 브랜드 톤과 메시지를 일관되게 유지할 수 있다.

AI 큐시트 헬퍼를 참고하면서도, 직접 만든 큐시트를 활용하는 방식이 가장 이상적이다. 라이브 방송을 처음 시작하는 분들도 따라하다 보면 실제 방송이 어렵지만은 않을 것이다.

아래의 내용은 제주산 고등어 판매 라이브를 위한 기획안과 큐시트 예시이다. 라이브커머스 진행을 위해 사전에 작성한 기획안과 대본 구성 예시를 보여준다. 방송 목적, 시간, 구성, 멘트 흐름 등이 체계적으로 정리되어 있어 방송 흐름과 역할 분담, 멘트 준비까지 한눈에 파악할 수 있다.

- 목표: 제주산 고등어의 신선함과 맛을 강조하여 실시간 판매 유도
- 타깃 고객: 해산물을 좋아하는 30~60대, 건강한 식생활에 관심 있는 고객층
- 판매 포인트: 국내산 100%, 신선한 당일 손질, 무료배송 혜택 제공
- 이벤트: 방송 중 구매 고객 대상 할인 쿠폰 제공 & 선착순 50명 사은품 증정

제주산 고등어 라이브커머스 기획안

일시	2025년 5월 20일 20:00 ~ 21:00 (1시간)
라이브커머스 플랫폼	네이버 쇼핑라이브 (스마트스토어 연동)
진행 인력	MC: 수니다움, PD: 연화민서, 채팅관리자: 비앙카
제품 (이름, 구성, 가격, 이벤트)	제품 이름: 제주산 손질 고등어 제품 구성: 3마리 세트, 5마리 세트, 10마리 세트 가격: 3마리 18,000원 / 5마리 28,000원 / 10마리 49,000원 이벤트: 방송 중 구매 시 무료배송 + 50명 한정 손질 고등어 1팩
타깃 (성별, 연령)	30~60대 / 주부 / 건강한 식생활에 관심 있는 고객층
준비물	샘플 고등어, 손질용 도마, 조리 사진, 아이스팩, 거치대, 노트북, 마이크, 조명
장소	제주 한림수협 직영 매장
상품 (특징, 장점, 유사품과 비교)	- 제주 바다에서 당일 손질한 국내산 100% 고등어 - 선도 유지 포장 → 냉장/냉동 배송 가능 - 고등어 특유의 비린내를 최소화한 숙성 방식 - 타 지역 고등어에 비해 기름기 적당하고 담백한 맛 - 크기 선별을 통해 구이나 조림용으로 적합한 사이즈 구성
셀링포인트 (왜 사야만 하나?)	- 당일 손질된 국내산 100% 제주산 고등어만을 사용, 신선도 보장 - 조리법이 간편 – 에어프라이어, 팬 구이, 조림 모두 활용 가능 - 선도 유지 포장 방식 – 냉장/냉동으로 안심 배송 - 비린내 걱정 NO! – 숙성 및 손질 과정에서 잡내 최소화 - 방송 중에만 적용되는 할인 혜택 & 무료배송 - 선착순 구매자 사은품 증정 – 주방 소품 또는 간편 레시피 카드 - 리뷰 호평 인증 상품 – "비린내 없고 고소해요", "재구매 의사 100%" - 가정식 요리에 최적화된 구성 – 1~2인 가구도 부담 없이 소포장 제공
모니터링 후 피드백	조회수 및 판매량 분석 (예: 300명 시청, 50세트 판매) 고객 후기 반영 → "신선하다", "비린내 없다" 등 긍정 피드백 개선사항: 방송 초반 멘트 약함 → 오프닝 멘트 강화 필요 다음 방송 시, 구이 활용법 시연 장면 추가 예정

아래 큐시트는 방송 흐름과 멘트를 예시로 정리한 것이다. 전체 방송 시간을 기준으로 각 단계별 소요 시간을 나누고, 제품 특징과 이벤트, 고객과의 실시간 소통 포인트를 고려해 멘트를 구성하였다. 사전 기획안과 연계하여 멘트 흐름까지 미리 준비하면, 방송 중에도 일관성 있고 매끄러운 진행이 가능하다.

네이버 쇼핑라이브에서는 특정 시청자의 입·퇴장을 알 수 없지만, 방송 중에 새로운 시청자가 유입되기도 하고 기존 시청자가 이탈하기도 한다. 따라서 중간에 새로 들어온 시청자들도 방송의 핵심 내용을 놓치지 않도록, 총 방송 시간을 적절히 배분하고 주요 내용을 반복적으로 멘트하는 것이 중요하다.

- "지금 들어오신 분들, 환영합니다!" 등의 멘트를 활용해 자연스럽게 참여를 유도한다.
- 오프닝과 마무리를 제외한 핵심 내용(상품 소개, 이벤트, 구매 유도 등)을 일정 간격으로 반복 안내하여 새로운 시청자도 쉽게 이해할 수 있도록 한다.
- 상품 설명만 나열하는 것이 아니라, 고객과 실시간으로 소통하며 신뢰를 형성하는 것이 핵

심이다.
- 채팅을 적극 활용하여 질문에 답변하고, 고객 반응을 즉각적으로 반영해 더욱 친근한 방송 분위기를 만든다.

순서	시간(분)	내용	멘트 예시
오프닝	2분	인사 및 방송 소개	안녕하세요! 신선한 제주산 고등어를 소개할 수니다입니다! 오늘 특별한 혜택도 준비했으니까 놓치지 마세요~
제주산 고등어 소개	5분	원산지, 신선도 강조	이 고등어는 제주 바다에서 갓 잡아올린 국내산 100%! 당일 손질로 신선함을 보장합니다!
고등어 손질 및 활용법	7분	요리 활용법 및 시식	간단하게 굽기만 해도 맛있고, 조림이나 찌개용도 최고예요. 직접 한번 보여드릴게요!
고객 소통	5분	실시간 댓글 응답	지금 구매하시면 무료배송 혜택! 궁금한 점 있으면 바로 질문 주세요. 실시간으로 답변 드립니다~
구매 유도 & 이벤트 안내	5분	방송 특가 & 사은품	지금 구매하면 추가 할인 + 선착순 50명 특별 사은품까지! 기회 놓치지 마세요~
Q&A	3분	자주 듣는 질문 정리	배송은 언제 되나요? 손질 상태는 어떤가요? 자주 등장하는 질문을 정리해서 답변 드릴게요!
마무리	2분	방송 종료 및 다음 방송 예고	오늘 함께해주셔서 감사합니다! 다음에도 좋은 제품과 함께 찾아올게요!

이렇게 하면 새롭게 유입된 시청자들이 방송을 이해하고 적극적으로 참여할 수 있는 환경을 조성할 수 있다.

◆ 판매보다 더 중요한 것은 신뢰

많은 판매를 달성하는 것이 목표지만, 한 번의 방송으로 끝나는 것이 아니라 꾸준히 상품을 알리고 신뢰를 쌓아가는 과정이 더욱 중요하다.

- 고객과의 소통을 통해 브랜드를 자연스럽게 각인시키고, 신뢰를 구축하는 것이 장기적인 성공의 핵심이다.
- 단순히 제품을 판매하는 것이 아니라, 시청자들과 함께 만들어가는 방송을 목표로 하여 지속적인 관심과 유입을 유도한다.
- 한 번 보고 잊히는 방송이 아니라, 다음 방송이 기다려지는 라이브가 될 수 있도록 꾸준히 성장해 나가자.

신뢰를 기반으로 한 라이브 방송은 단기적인 판매를 넘어, 지속적인 고객 관계 형성과 브랜드 가치를 높이는 강력한 도구가 될 수 있다.

(3) 방송 멘트, 전부 외워야 하나요?

방송을 진행할 때 많은 진행자들은 멘트를 외우려고 하지만, 사실 그럴 필요가 없다. 오히려 멘트를 외우려다 보면 긴장해서 실수할 가능성이 높아진다. 나는 방송할 때마다 큐시트를 직접 들고 진행한다.

해당 이미지에서처럼 멘트를 외우기보다는, ① 큐시트를 보며 자연스럽게 말하는 것이 훨씬 편하고 안정적이다. 실제로 전문 MC들도 큐시트를 참고하며 방송을 진행하는 경우가 많다. 하지만 판매 종목에 따라 큐시트를 들고 진행하기 어려운 경우도 있다. 이럴 때는 시선을 카메라에서 벗어나지 않도록 ② 카메라 위나 아래쪽에 키워드만 적어 놓은 메모를 배치하거나, ③ 노트북을 앞에 두고 프롬프트에 작성해 놓은 멘트를 참고하면서 진행하는 방법도 있다. 상황에 맞게 자신에게 편한 방식을 선택하면 된다.

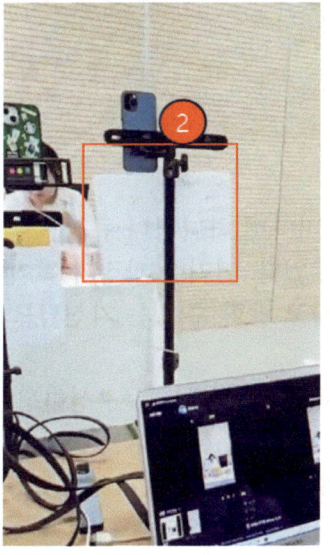

라이브 방송 중 중요한 멘트를 놓치지 않도록 큐시트를 적극 활용하자. 멘트를 외우려고 하기보다는 큐시트를 참고하며 자연스럽게 진행하는 것이 오히려 더 프로페셔널한 느낌을 준다.

- 방송 초보자도 큐시트를 보면서 진행하면 긴장감을 줄이고 실수를 방지할 수 있다.
- 네이버 쇼핑라이브를 성공적으로 운영하려면 체계적인 방송 흐름이 필수적이다.
- AI 큐시트 헬퍼를 활용하는 것도 좋은 방법이지만, 자신만의 큐시트를 작성해 진행하면 더욱 안정적인 라이브가 가능하다.

큐시트를 활용하는 것은 프로페셔널한 진행자의 자세이며, 초보자라도 실수 없이 라이브를 진행할 수 있는 중요한 팁이다

◆ 큐시트 한 장이 만든 뜻밖의 기회

해당 이미지는 라이브 방송을 준비하며 하나하나 큐시트를 작성하고 진행했던 경험이 판매 방송을 넘어 새로운 기회를 만들어 주었다. 이러한 과정이 쌓이면서 행사 진행 MC의 기회가 주어졌을 때도 망설임 없이 "해보겠다"라고 말할 수 있는 자신감으로 이어졌다.

라이브 방송을 위해 기획서를 보고 직접 멘트를 구성하고 진행해 온 경험은, 행사진행에서도 즉흥적으로 상황을 조율하며 자연스럽게 소통할 수 있는 힘이 되었다. 쇼핑라이브에서 고객과 대화하며 신뢰를 쌓아온 것이 현장에서 관객과 호흡하는 능력으로 연결된 것처럼, 작은 도전이 또 다른 기회를 만들어 주는 것이다.

처음부터 완벽할 필요는 없다. 중요한 것은 직접 경험해 보고, 조금씩 성장하는 것이다. 이제, 여러분도 나만의 큐시트를 만들어 실전에 도전해 보길 바란다. 그 작은 한 장의 큐시트가 뜻밖의 기회를 열어줄지도 모른다.

3. 매출을 만드는 라이브 진행법

라이브커머스에서 가장 중요한 것은 자연스러운 진행이다. 제품 정보를 단순히 전달하는 것이 아니라, 시청자와 직접 대화하는 느낌을 주면서 신뢰를 형성해야 한다. 그래야 사람들이 방송에 머무르고, 소통하며 구매로 이어진다.

라이브 방송은 사전 제작된 영상과 달리 즉흥성이 강한 만큼, 방송을 어떻게 풀어나가느냐에 따라 매출이 크게 달라질 수 있다. 그렇다면 어떻게 하면 보다 자연스럽고 효과적인 라이브커머스를 진행할 수 있을까? 다음 다섯 가지 핵심 전략을 통해 구체적으로 알아보자.

(1) 라이브커머스 진행의 기본 이해

라이브커머스는 TV 홈쇼핑과 다르다. 홈쇼핑은 일방적으로 제품 정보를 전달하는 방식이지만, 라이브커머스는 소셜미디어의 실시간 소통 방식과 유사하다. 시청자들이 채팅을 통해 반응하고, 진행자는 이에 즉각적으로 응답하며 방송을 함께 만들어간다.

그래서 라이브 방송에서는 격식을 차린 진행보다 친근한 대화 방식이 더 효과적이다. 마치 친구에게 제품을 추천하는 것처럼 이야기하면 시청자들이 편하게 느끼고 참여도가 높아진다.

예를 들어,

"이 제품은 아주 뛰어난 품질을 자랑하며, 사용감이 우수합니다."
→ 너무 형식적이고 딱딱한 느낌

"저도 이거 처음 써보고 깜짝 놀랐어요. 진짜 부드럽고 촉촉하더라고요!"
→ 친근하고 자연스러운 느낌

이처럼 정형화된 멘트 대신, 자신의 실제 경험과 감정을 담아 이야기하는 것이 중요하다. 그래야 시청자도 공감하고 제품에 더 관심을 갖게 된다.

1) 첫인상이 결정한다! 강력한 오프닝

라이브 방송의 첫 3분은 가장 중요한 순간이다. 이때 시청자를 사로잡지 못하면 쉽게 이탈할 가능성이 크다. 방송 시작과 동시에 흥미를 유발하는 요소를 던져야 한다. 방송 초반에 꼭 들어가야 할 핵심 요소는 다음과 같다.

- 방송 핵심 내용 요약
  - 오늘 소개할 제품과 혜택을 짧고 임팩트 있게 전달
  - 예: "오늘은 제주산 고등어를 단독 특가로 소개합니다!"

- 시청자를 붙잡을 한마디
  - 이벤트, 한정 수량, 특별 혜택 등 강한 메리트를 먼저 언급

- 예: "지금 방송 중 구매하시면 선착순 50명에게 사은품을 드립니다!"

- 진행자의 에너지
  - 밝고 활기찬 목소리와 표정으로 긍정적인 첫인상 전달
  - 분위기를 업시켜 시청자의 몰입을 유도

시청자는 라이브 방송을 길게 볼지 아닐지 처음 몇 분 만에 판단한다. 따라서 방송 시작을 지루하게 끌지 말고, 핵심을 빠르게 전달하는 것이 중요하다.

2) 현장감 높이는 연출과 진행 스킬

해당 이미지와 같이 라이브커머스의 강점은 현장감이다. 단순히 제품을 설명하는 것이 아니라, 생생한 경험을 전달하는 것이 중요하다. 제품을 직접 사용해 보면서 실시간으로 반응을 보여주면 신뢰도를 높이고 구매로 이어지는 결정적인 요소가 된다.

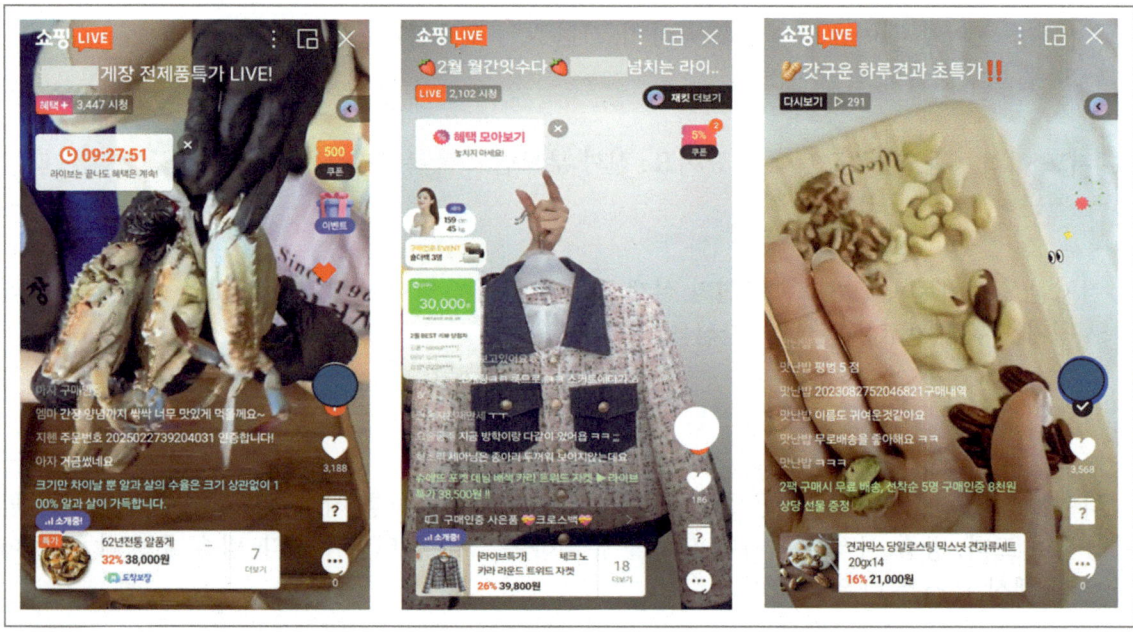

- 제품을 손으로 직접 보여주기
예: 게장을 손으로 잡고 가까이 보여주며 "알이 꽉 찼죠? 이 크기 그대로 보내드려요~"
→ 실물 느낌을 그대로 전달, 믿음 형성

- 모델 착용 또는 사용 장면 강조

예: "이 자켓은 키 159cm 모델이 입은 핏이에요~ 어깨 딱 맞고, 여유감 있는 트위드예요!"
→ 구매자에게 실질적 비교 기준 제공

• 제품 특징을 손가락으로 짚으며 설명
예: 견과류를 하나씩 짚으며 "이건 캐슈넛, 이건 피칸이에요. 2팩 구매 시 사은품도 드려요~"
→ 구성 이해 + 혜택 강조

• 실시간 반응 응답하기
라이브 방송의 장점은 실시간 소통이다. 시청자가 질문을 하면 바로 답변해 주는 것이 좋다.
예: "OO님 지금 주문하셨어요~ 감사합니다!"
→ 시청자 참여도 상승, 몰입 유도
예: 지금 김○○님이 "이거 무겁지 않나요?"라고 질문하셨는데요, 직접 들어볼게요. 보세요, 한 손으로도 쉽게 들 수 있을 만큼 가볍습니다!

• 카메라 연출 활용하기

한 가지 각도만 고정하는 것보다, 클로즈업(디테일한 부분 강조)과 와이드샷(전체적인 분위기 전달)을 적절히 활용하면 더 몰입감 있는 방송이 된다.

이처럼 라이브 방송에서는 단순히 설명하는 것이 아니라, 직접 보여주고 소통하는 것이 핵심이다.

3) 실시간 후기 활용, 신뢰를 만드는 법

시청자가 구매를 결정하는 데 가장 큰 영향을 미치는 요소 중 하나는 다른 사람들의 실제 후기다. 사람들은 직접 제품을 보지 못하는 라이브커머스에서 다른 고객의 경험을 통해 신뢰를 쌓는다.

• 방송 중 시청자의 댓글을 읽어주기
예: 지금 박○○님이 '저 이거 써봤는데 진짜 좋아요!'라고 남겨주셨어요. 역시 직접 써보신 분들이 강력 추천해 주시네요!

• 기존 구매자의 리뷰를 적극 활용하기
예: 이 제품은 리뷰 평점이 4.9점이에요. 구매하신 분들 대부분이 만족하셨고, 특히 '건조한 피부에 정말 좋아요'라는 후기가 많았습니다!

- 실제 사용 후기를 기반으로 제품 설명하기

단순한 홍보 멘트보다, 소비자들의 생생한 경험담을 활용하면 더 신뢰도가 높아진다.

라이브커머스에서 신뢰는 곧 매출로 연결된다. 시청자가 '이 제품이 정말 괜찮구나'라고 느낄 수 있도록, 실제 후기를 적극적으로 활용하는 것이 중요하다.

4) 지금 여기서 사야 하는 이유!!

라이브 방송에서는 즉시 구매를 유도하는 요소가 필요하다. 그냥 제품을 소개하는 것만으로는 사람들이 바로 결제하지 않는다. 지금 이 순간 구매해야 할 이유를 만들어야 한다.

- 방송 중에만 제공되는 혜택 강조하기

예: 이 제품, 방송 끝나면 정상가로 돌아갑니다. 지금 구매하셔야 이 가격에 가져가실 수 있어요!

- 한정 수량 또는 선착순 혜택 활용하기

예: 오늘 방송에서만 선착순 50분께 추가 사은품을 드립니다. 남은 수량이 많지 않으니까 서둘러 주세요!

- 긴급성을 강조하는 멘트 활용하기

예: 지금 주문하시면 내일 바로 출고됩니다. 빠르게 받아보고 싶다면 지금 결제하세요!

시청자가 '나중에 사야지'라고 생각하지 않도록, 즉시 구매를 유도하는 요소를 반드시 포함해야 한다.

5) 자연스러움이 곧 경쟁력이다

라이브커머스는 단순한 제품 소개 방송이 아니다. 시청자와 직접 소통하고, 제품의 매력을 생생하게 전달하면서 신뢰를 형성하는 과정이다. 너무 형식적인 진행보다, 대화하듯 자연스럽게 진행하는 것이 오히려 더 경쟁력이 된다.

이제, 직접 라이브 방송을 준비해 보고, 나만의 자연스러운 진행 스타일을 만들어 보자.

(2) 방송 시작! 카테고리별 맞춤 진행법

라이브커머스에서 중요한 것은 판매하는 제품에 따라 진행 방식을 다르게 적용하는 것이다.

같은 방식으로 모든 제품을 소개하는 것이 아니라, 각 카테고리에 맞는 연출과 진행 전략이 필요하다.

예를 들어, 뷰티 제품과 가전제품은 시청자가 원하는 정보가 다르고, 전달 방식도 달라야 한다.

주요 카테고리별로 라이브 방송을 효과적으로 진행하는 방법을 살펴보고, 각 제품에 맞는 진행 팁과 주의할 점을 정리해 보자.

1) 뷰티 & 화장품 라이브 진행 전략

뷰티 제품은 사용감, 발림성, 피부 표현이 중요하다. 단순한 설명보다는 직접 시연하며 변화 과정을 보여주는 방식이 가장 효과적이다.

[신뢰를 높이는 진행법]
- 제품을 얼굴, 손등, 팔 등에 직접 발라보며 사용감 설명
- 조명 & 카메라 각도를 활용해 피부 톤 변화, 광채 효과 강조
- 일반 제품과의 비교 시연 (예: 커버력, 밀착력 비교)
- "이거 발라보니까 너무 촉촉해요! 보이시죠?" 같은 생생한 리액션 표현

[추천 멘트 예시]
- "이 제품이 왜 인기 있는지 직접 보여드릴게요!"
- "한쪽만 발라서 차이를 비교해 보겠습니다."
- "지금 구매하시면 특별한 사은품을 드립니다!"

[주의할 점]
- 조명은 자연광 느낌으로 조절해야 실제 발색이 왜곡되지 않음
- 색조 제품은 피부 톤에 따라 발색이 달라질 수 있으므로 다양한 피부톤 고려
- 손등 발색과 얼굴 발색이 다를 수 있으므로 실제 얼굴에 테스트하는 것이 신뢰도 상승

2) 패션 & 액세서리

패션 제품은 착용감, 핏, 스타일링을 시각적으로 자연스럽게 전달하는 것이 중요하다. 시청자가 마치 직접 입어본 듯한 느낌을 받을 수 있도록 연출한다.

[생동감을 더하는 진행법]

- 직접 착용하고 걸어보며 핏과 활동성을 자연스럽게 보여준다
- 다양한 코디 조합 제안 (예: 청바지 / 정장 / 원마일웨어 등)
- "제가 165cm인데 이렇게 맞아요" 등 사이즈 비교 & 추천
- 다양한 색상 옵션을 한 화면에 함께 노출해 선택 폭을 넓힌다

[추천 멘트 예시]
- "이 원피스, 캐주얼에도 잘 어울리지만 정장 스타일에도 찰떡이에요!"
- "사이즈 고민 많으실 텐데, 제가 직접 입어보고 비교해 드릴게요."
- "이 제품은 한정 수량이라 사이즈가 빠르게 품절될 수 있어요."

[주의할 점]
- 카메라 구도 조절 필수: 너무 멀거나 가까우면 핏이 왜곡됨
- 천의 소재에 따라 조명 색상 다르게 보일 수 있음 → 자연광 vs 인공광 차이도 설명
- 사이즈 정보는 명확히 전달: 키/몸무게/신체 비율 등 체형별 비교가 큰 도움

패션 제품은 착용감, 핏, 스타일링 조합을 시청자들이 쉽게 이해할 수 있도록 보여줘야 한다.

3) 식품 & 건강식품

식품은 신선도, 맛, 원재료를 직접 체험하듯 전달하는 것이 중요하다. 먹는 장면과 리액션이 핵심이며, 조리법과 활용법도 함께 보여주면 신뢰도와 참여율이 상승한다.

[신뢰를 높이는 진행법]
- 제품을 직접 먹어보며 맛과 식감을 생생하게 표현
- "바삭한 소리 들리시죠?"처럼 청각적인 효과(ASMR) 활용
- 원재료, 유통기한, 인증 정보를 강조해 신뢰 구축
- "간단하게 전자레인지에 2분이면 끝!" 등 활용도 높은 조리법 제안

[추천 멘트 예시]
- "진짜 부드러워요, 입안에서 사르르 녹아요!"
- "이거 재료가 100% 국내산이라 더 믿음이 가죠."
- "지금 방송 중 구매하시면 무료 배송 혜택을 드립니다!"

[주의할 점]
- 시식 전에 포장 상태와 구성부터 먼저 보여주기
- 바삭함, 육즙 등 소리(ASMR)를 활용해 현장감 높이기

- 유통기한, 보관 방법, 알레르기 유발 성분 등 꼭 언급하여 신뢰 확보
- 식품은 맛, 신선도, 원재료, 조리법 등을 강조해야 하며, 직접 먹어보는 리액션이 매우 중요하다.

4) 가전 & 전자기기

전자기기는 고객이 직접 만져볼 수 없기 때문에 기능 시연과 비교 설명이 핵심이다. 실제 작동 모습, 편의성, 성능 차이를 눈에 보이게 보여주는 것이 중요하다.

[신뢰를 높이는 진행법]
- 제품의 전원을 켜고 주요 기능을 직접 시연
- "기존 모델보다 30% 더 조용해요" 등 비교 중심 설명
- 소음, 속도, 작동 방식 등을 실시간으로 보여주며 기능 전달
- "이렇게 버튼 하나면 끝!"처럼 간단한 사용법 강조

[추천 멘트 예시]
- "기존 모델과 비교해서 얼마나 조용한지 직접 테스트해 보겠습니다."
- "이 버튼만 누르면 자동으로 세척까지 완료됩니다. 정말 간편하죠?"
- "오늘 방송 중 구매하시면 10% 추가 할인 혜택 드립니다!"

[주의할 점]
- 시연 없는 설명은 기능 전달력 저하 → 반드시 실연 필수
- 배터리 제품은 완충 후 방송 시작 → 도중에 꺼지는 실수 방지
- 설명은 누구나 따라할 수 있을 정도로 쉬운 언어로 표현
→ 초보자도 이해하고 구매할 수 있도록 유도

가전제품은 실제 사용 모습을 보여주는 것이 핵심이다. 시청자들이 제품을 직접 만져볼 수 없기 때문에, 기능을 잘 이해할 수 있도록 실연하는 것이 중요하다.

5) 리빙 & 생활용품

리빙 제품은 일상 속 불편함을 어떻게 해결하는지를 강조해야 한다. 직접 사용해보는 시연과 문제 해결 포인트를 생생하게 전달하는 것이 중요하다.

[실용성을 강조하는 진행법]
- 제품을 직접 사용하며 전후 비교를 보여주기

- "이전에는 불편했는데, 이걸 사용하면 해결됩니다!"처럼 문제 해결 중심 멘트 활용
- 수납, 정리, 공간 활용법을 실제로 시연하며 설명
- 다양한 활용법 제시 (예: "캠핑용으로도 활용 가능합니다!")

[추천 멘트 예시]
- "이 제품 하나만 있으면 정리가 훨씬 쉬워집니다!"
- "한 번만 설치하면 평생 편하게 사용할 수 있어요."
- "지금 방송 중 한정 특가로 만나보세요! 기회는 지금뿐입니다!"

[주의할 점]
- 사용 전후 변화를 명확히 비교해서 보여주기
- 설치가 필요한 제품은 사전 연습 후 자연스럽게 시연
- 공간 활용이 중요한 제품은 다양한 환경(집, 캠핑, 사무실 등)에서의 활용법 제안

각 제품의 특성을 이해하고, 적절한 연출과 진행 방식을 적용하면 더 설득력 있고 매력적인 라이브커머스를 만들 수 있다. 카테고리에 맞는 전략을 활용해 보다 효과적인 방송을 진행해 보자.

4. 네이버 프리즘을 활용한 고품질 라이브 방송 만들기

(1) 프리즘(PRISM)이란?

프리즘은 네이버 쇼핑라이브의 기본 방송 기능을 한 단계 업그레이드한 고급 영상 제작 도구로, 네이버가 자체 개발한 방송/편집용 소프트웨어다. 스마트폰과 PC 각각의 사용 환경에 맞게 최적화된 기능을 제공하며, 사용자가 언제 어디서나 전문적인 라이브커머스 방송을 진행할 수 있도록 지원한다.

해당 이미지처럼 스마트폰에 설치한 PRISM 앱은 설치가 간단하고, 사용법도 직관적이어서 누구나 쉽게 라이브 방송을 시작할 수 있다.

1) 프리즘의 주요 기능 및 차별점

네이버 프리즘은 영상 연출, 소스 구성, 시청자 소통 등 다양한 기능을 제공하며 라이브커머스 방송의 시각적 완성도와 운영 유연성을 높여준다.

① 실시간 다중 소스 편집

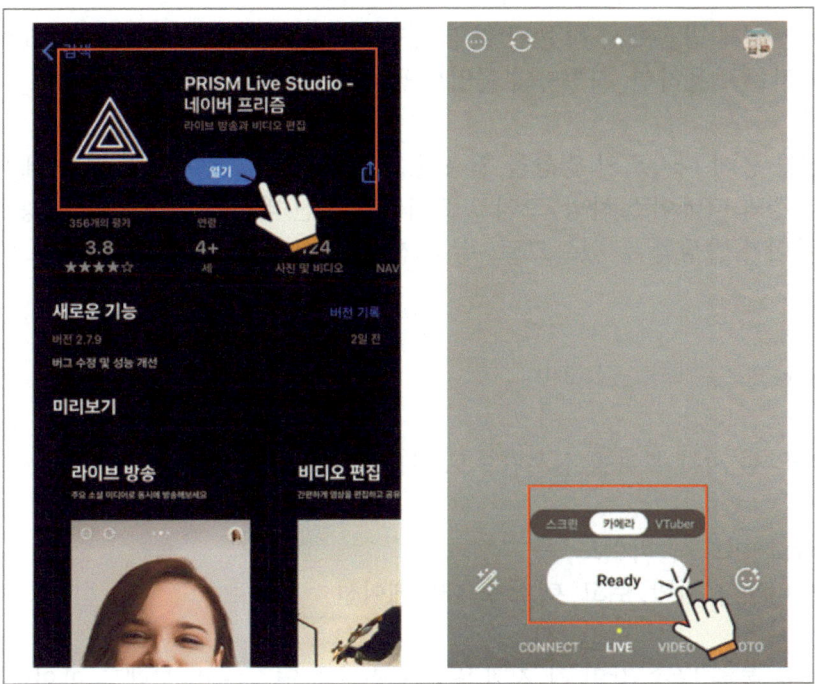

여러 개의 영상 소스(스마트폰, 웹캠, DSLR 등)를 동시에 연결하여, 화면 분할, 멀티뷰 구성을 통해 다양한 각도에서 촬영한 장면을 실시간으로 송출할 수 있다. 최대 4대의 스마트폰을 연결할 수 있으며, 이는 제품을 여러 각도에서 동시에 보여주는 데 탁월한 효과를 발휘한다.

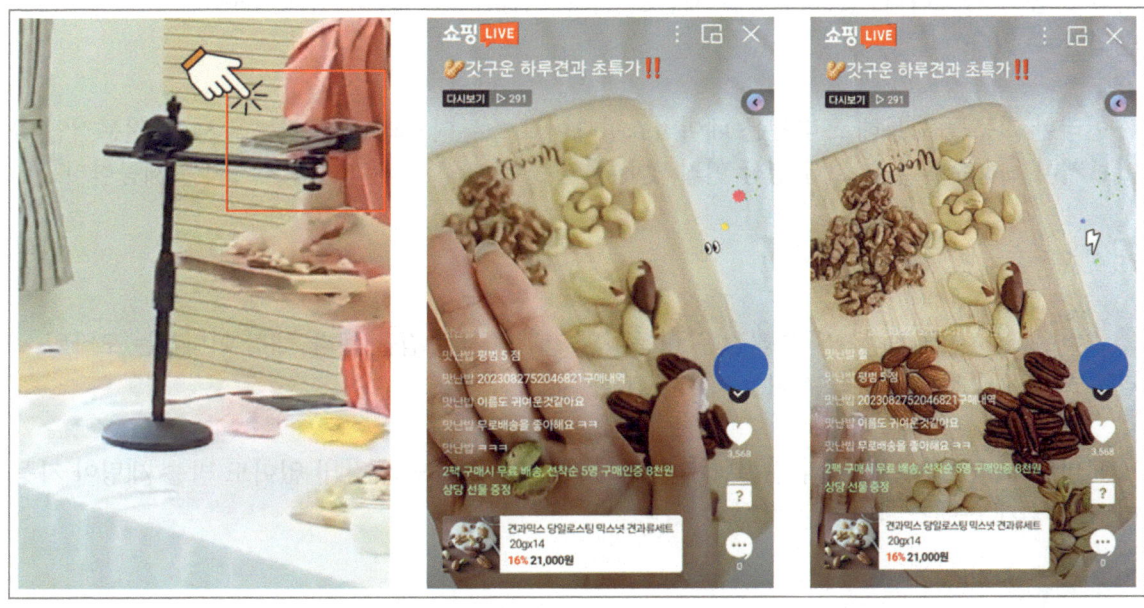

해당 이미지는 실제 방송에서 사용된 촬영 세팅 장면이다. 제품을 다양한 각도에서 보여줄 수 있는 카메라 배치를 활용하면, 시청자의 몰입도와 이해도를 동시에 높일 수 있다.

이러한 구성을 통해 다각도의 영상을 활용한 보다 풍성하고 전문적인 방송 제작이 가능하다. 단, 네트워크 환경과 디바이스 사양, 그리고 프리즘의 최신 버전에 따라 연결 가능한 스마트폰 수에는 약간의 차이가 발생할 수 있으므로, 방송 전 사전 테스트와 공식 업데이트 공지 확인은 필수적이다.

② 고급 전환 효과와 그래픽 오버레이

PRISM은 다양한 시각 효과를 실시간으로 적용할 수 있다.

- 전환 효과: 페이드, 슬라이드, 줌
- 그래픽 오버레이: 자막, 로고, 텍스트, 애니메이션

이러한 기능을 통해 방송 장면 간 전환을 자연스럽게 연결하고, 브랜드 아이덴티티를 시각적으로 표현할 수 있다.

③ 실시간 소통 및 피드백

프리즘은 채팅창 연동, 하트 버튼, 실시간 댓글 확인 기능 등을 통해 방송 중 시청자와의 즉각적인 소통이 가능하다. 댓글에 맞춰 제품을 클로즈업하거나, 질문에 답변하며 실시간 피드백을 반영할 수 있다.

이러한 기능들을 통해 프리즘은 네이버쇼핑라이브 스튜디오의 기본 기능을 넘어, 전문적인 라이브커머스 방송을 위한 고급 영상 편집 및 실시간 소통 도구로서 차별화된 가치를 제공한다.

2) 스마트폰에서의 프리즘 역할

스마트폰 환경에 최적화된 프리즘은 이동성과 간편함에 중점을 둔다. 해당 이미지는 모바일 프리즘 화면에서 자주 활용되는 기능 예시를 보여준다.

모바일 프리즘은 이동성과 간편함에 최적화되어 있다. 별도의 장비 없이도 방송 세팅이 가능하며, 손쉽게 콘텐츠 제작을 시작할 수 있다.

① 원활한 소통

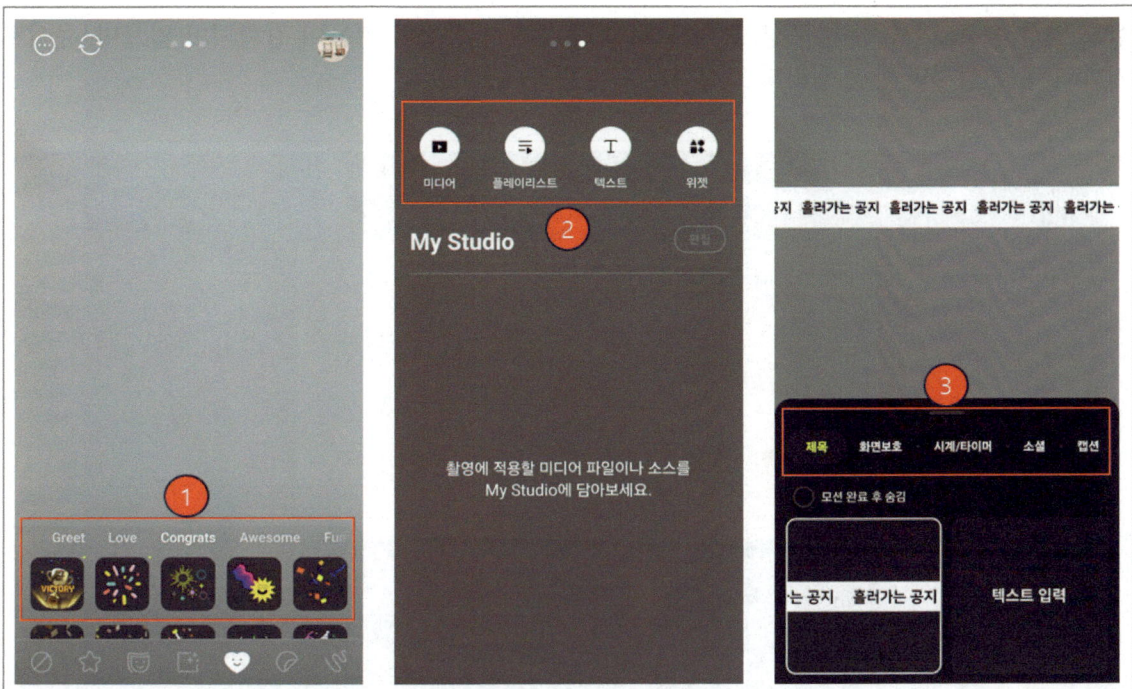

이미지의 ①번 영역은 하단 이모티콘 메뉴로, 시청자 반응(하트, 환호, 축하 등)을 실시간으로 표현할 수 있다. 실시간 하트, 채팅 반응, 시각 이펙트가 시청자와의 몰입도 있는 소통을 가능하게 하며, 손쉬운 터치만으로 다양한 분위기를 연출할 수 있다.

② 즉각적인 관리

②번 영역은 영상 콘텐츠에 필요한 요소들을 불러올 수 있는 'My Studio' 영역이다. 텍스트, 미디어 파일, 위젯, 플레이리스트 등을 실시간으로 화면에 배치할 수 있으며, 방송 중에도 별도의 장면 전환 없이 자막, 이미지, 음악 등을 빠르게 삽입할 수 있다.

③ 유연한 운영

③번 영역은 방송 중 사용할 자막, 공지, 타이머, 화면보호, 소셜 연결 등의 도구를 설정하는 인터페이스다. 이 기능을 통해 이벤트 마감 시간 안내, 팝업 공지, 시계 표시 등을 간편하게 설정하여, 예상치 못한 상황에도 빠르게 대응할 수 있다.

3) PC에서의 프리즘 역할

PC 기반의 프리즘은 모바일보다 더 세밀하고 전문적인 방송 제작 환경을 제공한다. 특히 고해

상도 영상 송출, 다중 장면 구성, 오디오 믹싱 등 연출자 중심의 기능이 강화되어 있으며, 큐시트 기반의 구조 설계와 방송 퀄리티 조절까지도 가능하다.

① 정교한 편집

방송에서 사용할 여러 장면(Scene)을 미리 구성하는 공간이다. 각 장면마다 다른 화면 구성이나 오버레이 요소를 설정할 수 있으며, 방송 중 원하는 장면으로 자유롭게 전환할 수 있다.

예: 오프닝 → 제품 소개 → 이벤트 → 마무리 화면 등.

② 편집 미리보기 화면

현재 선택된 장면을 확인하고 조정할 수 있는 편집 미리보기 화면(EDIT) 이다. 라이브 화면(LIVE)으로 전환되기 전, 연출을 미리 시뮬레이션할 수 있어 큐시트 기반 방송 설계에 특히 유용하다. 사전 준비부터 실시간 조정, 방송 후 피드백 반영까지 방송 전반의 흐름을 체계적으로 관리할 수 있는 핵심 기능이다.

③ 다중 소스 관리

방송 화면에 삽입할 소스를 구성하는 공간이다. 이미지, 텍스트, 웹페이지, 비디오, 화면 캡처, 오디오 등 다양한 요소를 해당 장면에 적용할 수 있다. 이곳에서 추가된 소스는 장면 구성의 핵심 구성 요소로 작동한다.

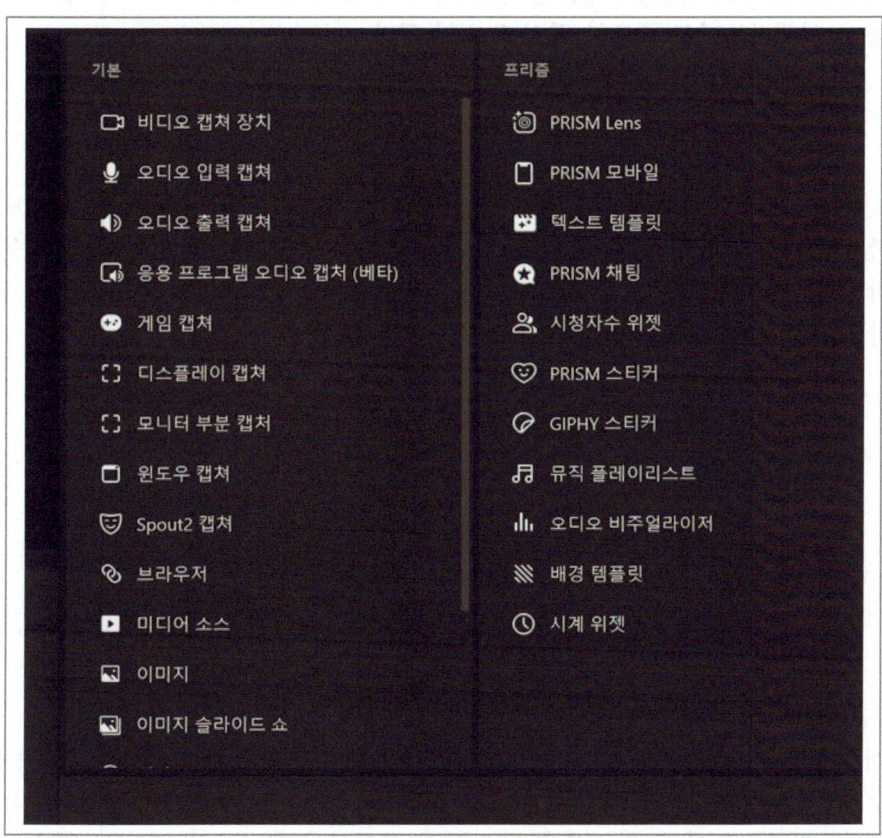

해당 이미지는 소스 추가 시 나타나는 목록 화면이다. 비디오, 이미지, 디스플레이 캡처, 텍스트 템플릿, 스티커, 뮤직 플레이리스트 등 다양한 입력 항목을 선택할 수 있다.

④ 오디오 믹서

마이크 입력과 컴퓨터 내 소리(데스크탑 오디오)를 조절할 수 있는 공간이다. 각각의 볼륨을 실시간으로 조절하거나 음소거할 수 있으며, 시청자에게 전달되는 소리의 품질을 결정하는 중요한 요소다. 방송 시작 전 오디오 상태를 꼭 점검해야 한다.

⑤ 방송 시작 / 녹화 시작

방송을 실제로 송출하거나, 녹화 파일로 저장을 시작하는 버튼이다. '방송 시작'은 실시간 라이브로 송출을, '녹화 시작'은 송출 없이 파일만 저장하는 용도다. 테스트 송출이나 리허설에는 녹화 기능을 활용하는 것이 좋다.

앞서 살펴본 PRISM의 기능은 다양한 방송 상황에 맞게 활용할 수 있지만, 실제 방송 환경에서는 어떤 툴을 선택하느냐도 중요한 결정 요소가 된다.

4) 네이버 쇼핑라이브 스튜디오와의 차별성

네이버쇼핑라이브 스튜디오는 기본적인 방송 송출과 콘텐츠 관리에 중점을 두는 반면, 프리즘은 고급 영상 편집 및 다양한 연출 효과를 지원한다. 프리즘을 활용하면 사용자가 원하는 대로 방송 흐름과 화면 구성을 조정할 수 있으며, 실시간 소통과 피드백에 따라 즉각적인 영상 전환과 그래픽 효과 적용도 가능하다.

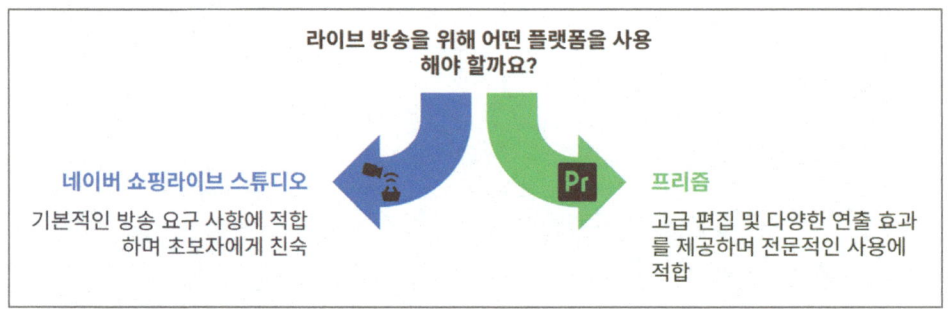

특히 스마트폰과 PC 환경 모두에 최적화되어 있어, 상황과 필요에 따라 방송 환경을 유연하게 최적화할 수 있다. 또한, PC 기반에서는 방송을 보다 전문적으로 설계할 수 있으며, 유튜브, 페이스북 등 다른 플랫폼으로의 동시 송출도 지원하여 확장성이 뛰어나다. 라이브 방송의 목적과 수준에 따라 적절한 툴을 선택하는 것이 중요하다. 초보자는 네이버 쇼핑라이브 스튜디오로 방송에 익숙해진 후, PRISM을 활용해 연출력과 완성도를 점진적으로 확장해 나가는 접근도 추천할 만하다.

10장.

방송 후에도 매출은 계속된다

1. 다시보기와 하이라이트로 추가 매출 올리기

라이브 방송이 끝났다고 해서 판매도 함께 종료되는 것은 아니다. 방송 종료 후에도 다양한 방법을 통해 판매를 지속적으로 이어갈 수 있다. 이번 장에서는 라이브 방송 종료 후 판매를 증진시키는 전략과 네이버 쇼핑라이브의 기능을 활용하는 방법을 알아보자.

1) 방송 끝? 다시보기로 매출을 늘려라

라이브 방송 종료 후에도 다시보기 기능을 통해 추가적인 판매를 유도할 수 있다. 네이버 쇼핑라이브에서는 방송 종료 후 해당 이미지처럼 [다시보기]를 저장하면, 해당 영상이 쇼핑라이브 서비스에 노출되어 더 많은 고객이 시청할 수 있다.

[다시보기 활용 방법]

- 다시보기 저장: 방송 종료 후 반드시 다시보기를 저장하여 고객들이 언제든지 시청할 수 있도록 한다.

• 하이라이트 설정: 방송의 중요한 부분을 하이라이트로 지정하여 시청자들이 핵심 내용을 빠르게 파악할 수 있게 한다.

• SNS 공유: 다시보기 영상을 다양한 소셜 미디어 플랫폼에 공유하여 더 많은 잠재 고객에게 도달하도록 한다.

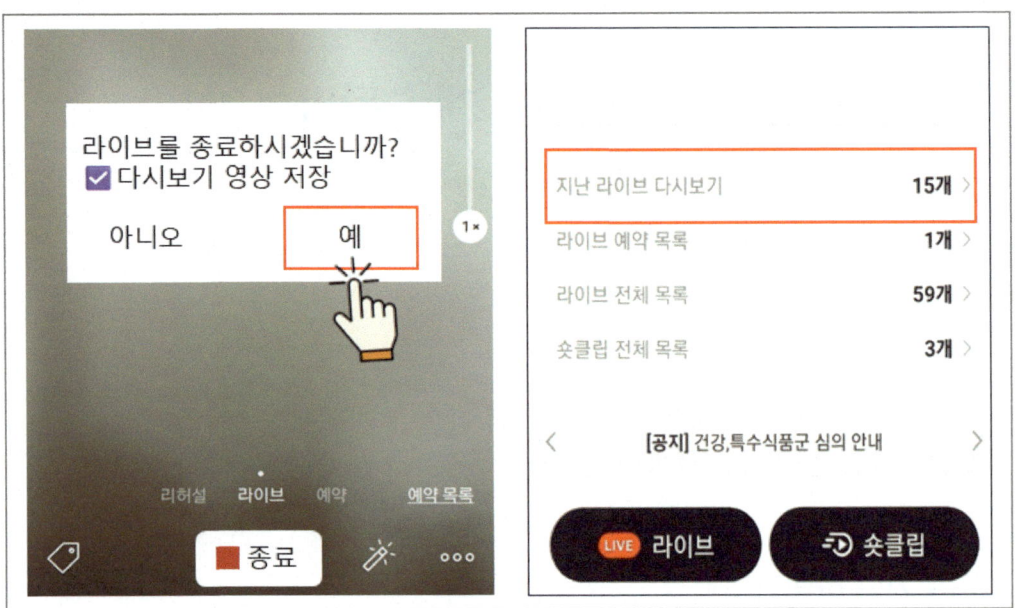

2) 깔끔한 방송 마무리가 추가 구매를 만든다

방송 종료 시점의 마무리는 시청자에게 긍정적인 인상을 남기고, 추후 구매로 이어지게 하는 중요한 요소이다.

[효과적인 방송 마무리 방법]

• 감사의 인사: 시청해준 고객들에게 진심으로 감사의 인사를 전한다.

• 재방송 안내: 다시보기 영상이 제공될 예정이니 놓친 고객들은 확인해달라고 안내한다.

• 다음 방송 예고: 다음 라이브 방송 일정과 내용을 간략하게 소개하여 시청자들의 관심을 유도한다.

3) 다시보기, 하이라이트로 판매 기회를 잡아라

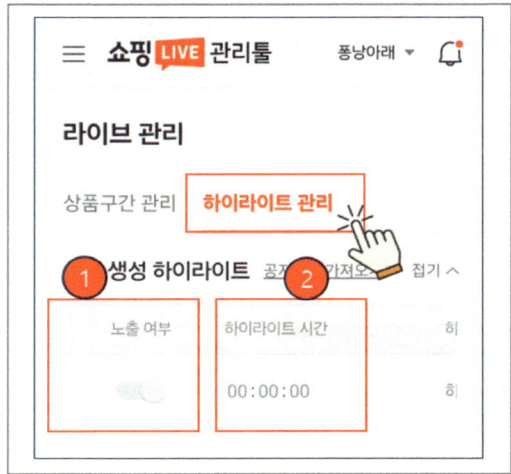

라이브 방송 종료 후, 하이라이트 기능을 활용하면 시청자들이 방송 중 중요한 장면을 쉽게 찾아볼 수 있어 구매 전환율을 높일 수 있다. 네이버 쇼핑라이브에서는 하이라이트를 설정하여 특정 장면으로 직접 이동할 수 있도록 지원한다.

해당 이미지는 쇼핑라이브 웹관리툴을 통해 하이라이트를 설정하는 화면이다. [하이라이트 관리] 메뉴를 클릭한 뒤, ① 노출 여부를 선택하고 ② 원하는 하이라이트 시간을 입력하여 중요한 장면을 등록할 수 있다.

4) 라이브 편집, 짧게 만들수록 강하다

긴 라이브 방송을 짧고 핵심적인 영상으로 편집하면 시청자들의 관심을 끌 수 있으며, 다양한 채널에서도 활용도를 높일 수 있다.

[편집된 영상 활용 방안]

- 상품별 소개 영상 제작
  각 상품의 특징과 장점을 강조하는 짧은 영상을 제작하여, 상세페이지나 SNS 채널에 효과적으로 활용할 수 있다.

- 프로모션 영상 제작
  특별 할인, 이벤트 등 주요 프로모션 내용을 담은 영상을 제작하여 고객들의 참여를 유도하고 구매 전환을 촉진할 수 있다.

2. 짧고 강력한 숏클립 제작법과 플랫폼별 활용법

숏클립(Short Clip)은 1~3분 내외의 짧은 영상으로, 제품의 핵심 정보를 빠르게 전달하여 고객의 관심을 끌고 구매를 유도하는 강력한 도구다. 긴 라이브 방송을 처음부터 끝까지 다시 보긴 부담스러운 고객들에게 압축한 숏클립은 효율적인 마케팅 수단이 된다. 최근에는 네이버 쇼핑라이브뿐 아니라 인스타그램 릴스, 유튜브 쇼츠, 틱톡 등 숏폼 콘텐츠 시장이 급성장하면서, 쇼핑 콘텐츠도 짧고 강렬한 포맷이 점점 더 중요해지고 있다.

네이버 쇼핑라이브에서도 '숏클립' 탭을 통해 인기 콘텐츠가 따로 노출되며, 아래와 같이 실시간 조회수와 함께 소비자의 반응을 확인할 수 있다.

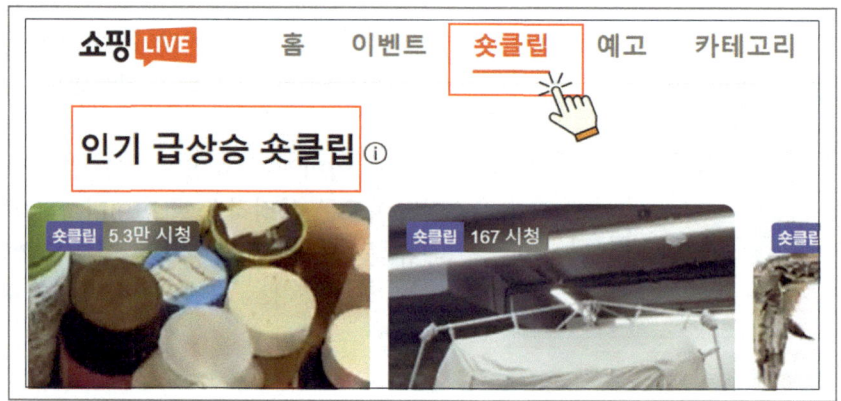

네이버 쇼핑라이브의 숏클립 탭에서는 인기 급상승 콘텐츠가 별도 분류되어 더 많은 노출 기회를 제공한다. 실시간 시청자 수, 클릭 수 등을 통해 고객 반응을 빠르게 파악할 수 있어 마케팅 전략을 보완하거나 콘텐츠 방향을 조정하는 데 유용하다. 이처럼 라이브 방송 이후 숏클립을 별도로 제작하여 업로드하면 짧은 시간에 더 많은 노출을 유도하고, 브랜드와 상품을 효과적으로 각인시킬 수 있다.

1) 숏클립의 기대 효과

숏클립을 활용하면 다음과 같은 효과를 기대할 수 있다.

① 구매 전환율 증가

짧은 시간 안에 제품의 매력을 강조하여 즉각적인 구매 결정을 유도할 수 있다. "이 제품, 오늘만 30% 할인!"처럼 긴급성(FOMO, 놓치면 안 될 기회)을 부각할 수 있다.

② 콘텐츠 재활용으로 마케팅 비용 절감

기존 라이브 방송 영상을 활용하여 추가 촬영 없이 간단한 편집만으로 새로운 콘텐츠를 제작할 수 있다. SNS, 상세페이지, 광고 등 다양한 플랫폼에서 멀티 채널 마케팅이 가능하다.

③ 잠재 고객 유입 확대

긴 라이브 방송을 보지 않더라도, 짧은 클립을 통해 더 많은 사람들이 제품을 접할 수 있다.

SNS에서 바이럴될 가능성이 높아지고, 검색 노출 기회가 증가한다.

④ 브랜드 신뢰도 상승

짧은 영상이지만, 제품 사용 모습과 고객 반응을 포함하면 신뢰도가 올라간다. 기존 고객들의 실제 후기 영상과 결합하면 추천 효과가 극대화된다. 아래는 네이버 쇼핑라이브 관리툴에서 숏클립을 등록하고 관리하는 화면이다.

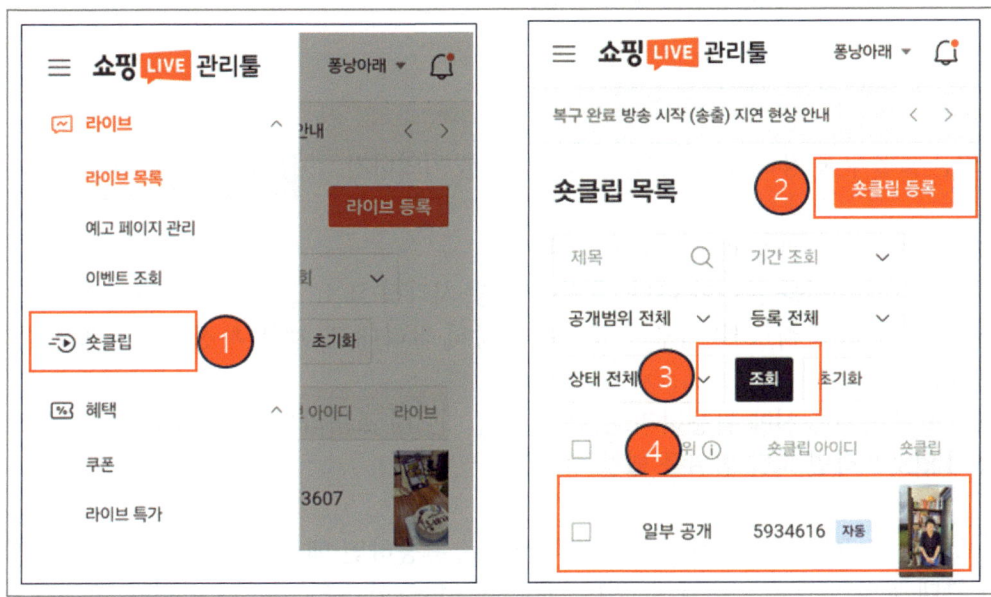

왼쪽 메뉴에서 ① '숏클립' 항목을 선택하면 오른쪽 상단의 ② '숏클립 등록' 버튼을 통해 새로운 클립을 추가할 수 있다. 공개범위나 상태 조건을 설정한 뒤 ③ 조회 버튼을 누르면, 등록된 ④ 숏클립 목록을 확인하고 관리할 수 있다.

2) 숏클립, 반드시 전략적으로 활용하자

숏클립을 단순히 만드는 것만으로는 충분하지 않다. 각 플랫폼의 성격에 맞게 전략적으로 활용해야 더 많은 노출과 전환을 기대할 수 있다.

[플랫폼별 숏클립 활용법]

- 네이버 쇼핑라이브: 상품 상세페이지 및 다시보기 내 숏클립 탭 활용
- 인스타그램 릴스: 해시태그(#)와 트렌드 음악 삽입으로 리치 확장

- 유튜브 쇼츠: "라이브에서 가장 많이 궁금해 한 질문!" 등 제목으로 궁금증 유도
- 틱톡: 재미 요소 + 챌린지나 인기 트렌드에 탑승하여 노출 증가

[업로드 시 체크 포인트]

- 영상 제목에 키워드 포함 → 검색 노출 향상
- 설명란에 구매 링크 삽입 → 즉각 구매 유도
- 썸네일 디자인은 강렬하게 → 클릭률 향상

3) 효과적인 숏클립 제작을 위한 핵심 정리

숏클립은 짧을수록 강하다. 다음의 핵심 포인트를 기억하자.

- 15~60초 이내로 핵심 메시지를 담는다.
- 첫 3초 안에 시선을 끌어야 한다. 강렬한 문장, 시각적 요소, 표정 등을 활용한다.
- 편집은 간결하고 빠르게! 지루한 장면은 과감히 잘라내고, 제품 특징이나 혜택을 중심으로 구성한다.
- 여러 플랫폼에 동시에 활용하라. 같은 영상을 네이버 쇼핑라이브, 인스타그램, 유튜브, 틱톡 등에 업로드하면 도달 범위를 넓힐 수 있다.

라이브 방송이 끝난 후에도 숏클립을 적극적으로 활용하면 매출 증가, 브랜드 인지도 상승, 고객 유입 확대 등의 효과를 기대할 수 있다. 숏클립은 단순한 요약 영상이 아니라, 고객의 구매 결정을 빠르게 도와주는 핵심 마케팅 도구가 된다. 이제, 라이브 방송이 끝났다면 가장 강력한 한 컷을 뽑아 숏클립을 만들어보자. 숏클립 하나가 또 다른 고객을 불러오고, 더 많은 매출을 만들어낼 수 있다.

3. 라이브 방송 후 주문관리와 고객 피드백 관리 방법

라이브 방송이 끝났다고 해서 모든 과정이 종료된 것은 아니다. 방송 이후의 관리가 곧 다음 라이브의 성공을 결정짓는 핵심 요소다.

라이브 방송 이후에는 주문 및 발송 관리, 성과 분석, 고객 피드백 반영, 다음 라이브 준비까지 체계적으로 점검해야 한다. 네이버 쇼핑라이브에서는 방송 후 관리를 효율적으로 할 수 있도록 다양한 기능을 제공한다. 이제 사후 관리의 핵심 요소와 어디에서 확인할 수 있는지 자세히 살펴보자.

1) 주문 및 발송 관리 빠르고 정확하게!

라이브 방송을 통해 제품을 구매한 고객은 "내 주문이 잘 처리되고 있을까?"를 가장 궁금해한다. 따라서 주문이 완료된 직후부터 신속하고 체계적인 발송 관리가 필수적이다.

2) 주문 및 발송 상태 확인 - 어디에서 확인할 수 있을까?

해당 이미지는 네이버 스마트스토어센터의 주문·발송 확인 화면이다. ① 왼쪽 메뉴에서 [판매관리] 클릭 ② 발주(주문)확인/발송관리]를 클릭하면, ③ '신규주문(발주 전)' 상태에서 몇 건의 주문이 들어왔는지를 바로 확인할 수 있어 빠른 발송 처리에 유용하다.

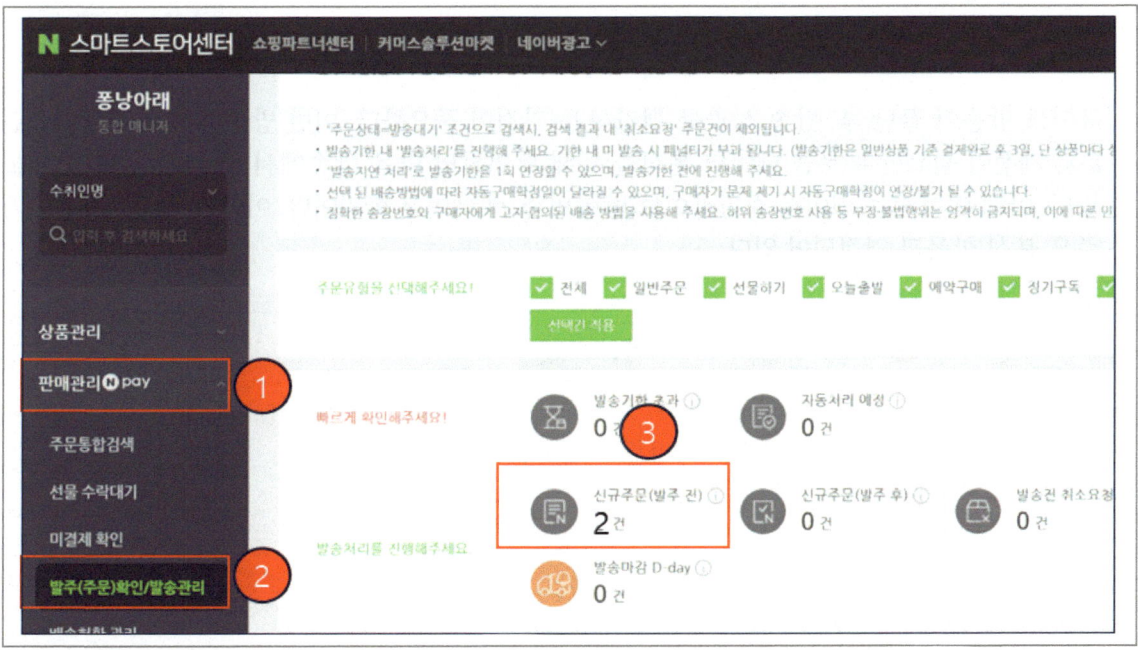

3) 주문 후 필수 체크리스트

- 주문 내역 확인 후 발송 일정 조율 및 신속한 배송 처리
- 배송 관련 문의 증가에 대비하여 예상 배송일을 사전에 안내 (네이버 톡톡 활용)
- 라이브 특가나 한정 이벤트 상품은 별도로 관리하여 정확한 발송 진행

4) 신뢰를 높이는 발송 관리 방법

- 배송 알림 문자/SMS 발송

예시: "고객님! 주문하신 제품이 출고되었습니다!"

- 배송 진행 상황 모니터링 및 업데이트 제공
실시간으로 배송 상태를 확인하고, 고객이 배송 현황을 쉽게 확인할 수 있도록 안내

빠른 배송 처리는 단순한 서비스 제공을 넘어 고객 신뢰를 쌓는 중요한 요소가 된다. 정확하고 체계적인 발송 관리로 고객 만족도를 높이는 것이 중요하다.

4. 성과 분석과 다음 방송을 위한 인사이트 도출 방법

(1) 데이터 분석은 어디에서 확인할 수 있을까?

라이브 방송이 끝난 후, 방송 성과를 평가하는 과정이 중요하다. 이번 방송에서 효과적이었던 부분과 개선이 필요한 부분을 데이터 분석을 통해 확인하면 다음 방송에서 더 나은 전략을 세울 수 있다. 아래 이미지는 네이버 쇼핑라이브 방송의 통계 데이터 화면이다. 이미지 속 각 숫자 구역은 주요 분석 항목과 연결되어 있다.

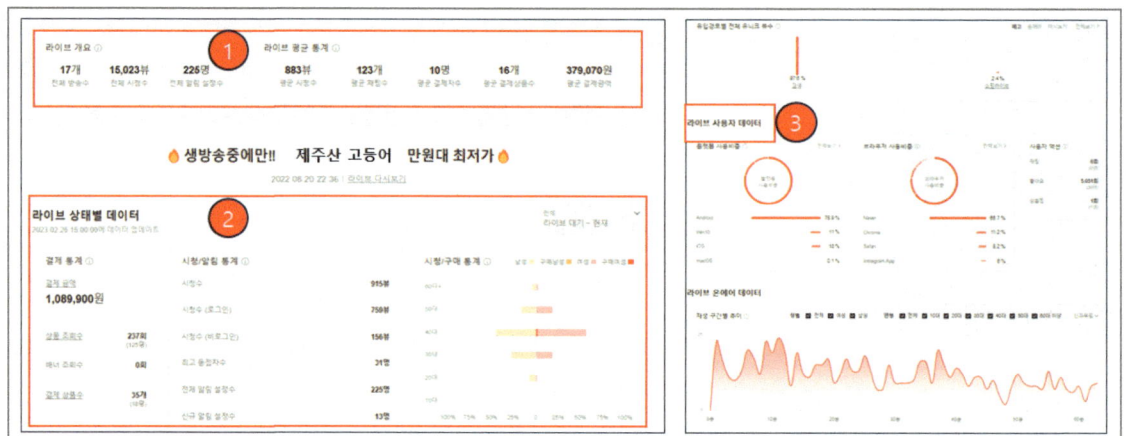

① 라이브 개요 및 평균 통계

총 방송 수, 전체 시청자 수, 알림 설정 수, 평균 결제수 등 기본적인 성과를 종합적으로 확인할 수 있다.

② 상태별 상세 데이터

결제 금액, 상품 조회 수, 알림 설정 및 시청수 등을 항목별로 보여주며, 방송 중 실시간 통계를 분석해 어떤 부분이 성과로 이어졌는지 파악할 수 있다.

③ 사용자 데이터

브라우저 사용 비율, 디바이스 접속 비율, 시청자 활동(좋아요, 채팅 등) 정보 등을 기반으로 어떤 경로로 유입되었고, 어떤 행동을 했는지를 분석할 수 있다.

1) 방송 성과 데이터 확인 – 꼭 체크해야 할 핵심 지표

- 총 방문자 수 → 이번 방송에 몇 명이 유입되었는가?
- 최고 동시 시청자 수 → 가장 많은 시청자가 접속한 순간은 언제인가?
- 총 판매 수량 & 매출 → 라이브 방송으로 얼마만큼의 매출을 올렸는가?
- 댓글 및 참여율 → 고객들의 반응과 질문이 많았는가?
- 구매 전환율 → 시청자 대비 실제 구매한 비율은 어느 정도인가?

2) 통계 분석을 활용하는 방법

- 잘 팔린 상품이 있다면?
→ 다음 방송에서 메인 상품으로 활용한다.

- 구매 전환율이 낮다면?
→ 상품 설명 방식, 할인 혜택, 방송 구성 방식을 점검한다.

- 시청자 이탈 타이밍 분석
→ 사람들이 방송을 떠난 시간대를 확인하여 원인을 파악하고 개선한다.

데이터 분석은 막연한 '감'이 아닌, 구체적인 전략 수립의 핵심 도구다. 라이브 방송의 성공을 위해 반드시 성과 분석 → 개선 → 재구성의 흐름이 반복되어야 한다.

(2) 어디서 고객 반응을 확인할까?

라이브 방송은 단순히 제품을 판매하는 것이 아니라, 고객과의 관계를 형성하는 과정이다. 고객의 피드백을 듣고 이를 반영하면 브랜드 신뢰도를 높이고, 충성 고객을 확보하는 데 도움이 된다.

1) 고객 피드백 확인 – 어디에서 확인할 수 있을까?

- 네이버 쇼핑라이브 스튜디오 → 방송 중 댓글 및 리뷰 확인
- 네이버 톡톡 → 고객 문의 확인 및 응대
- 네이버 스마트스토어센터 → 상품 후기 관리

2) 방송 후 고객 반응 체크 포인트

- 고객 의견 수집 → "방송 어땠나요?" 네이버 톡톡 및 인스타그램에서 피드백 받기
- 리뷰 분석 → 방송을 본 고객 리뷰 확인 및 자주 등장하는 질문 정리
- 부정적인 피드백 대응 → 문제점을 빠르게 파악하고 개선책 마련

3) 리뷰 & 후기 관리 전략

- 구매 고객 후기 작성 유도 → 리뷰 작성 시 특별 쿠폰 증정!
- 베스트 리뷰어 선정 → 정성스러운 리뷰 작성 고객에게 소정의 혜택 제공
- 긍정적인 리뷰 활용 → SNS 및 스마트스토어에 공유하여 신뢰도 상승

고객 피드백은 단순한 반응이 아니라 브랜드 성장의 나침반이다. 꾸준히 소통하고 개선하면 다음 방송의 재방문율과 재구매율이 자연스럽게 올라간다. 라이브커머스의 핵심은 판매보다 신뢰라는 점을 잊지 말자.

(3) 다음 라이브 준비 – 무엇을 확인해야 할까?

라이브 방송이 끝난 후에도 지속적인 홍보와 사전 준비가 필요하다. 지난 방송의 콘텐츠를 재활용하고, 다음 방송을 미리 공지하면 더 많은 시청자를 유입할 수 있다.

1) 지난 라이브 콘텐츠 재활용 – 어디에서 활용할 수 있을까?

- 네이버 쇼핑라이브 스튜디오 → 숏클립 기능 활용하여 짧은 영상으로 편집
- SNS 채널 (인스타그램, 유튜브 등) → 지난 방송 하이라이트 편집 후 홍보

2) 다음 방송 준비 – 어디에서 확인하고 설정할까?

- 네이버 스마트스토어센터 → 다음 방송 일정 공지
- 네이버 쇼핑라이브 스튜디오 → 방송 예약 설정

- 네이버 톡톡 → 고객들에게 다음 방송 일정 안내

3) SNS를 활용한 사전 홍보 & 리마케팅

- 지난 방송에서 인기 많았던 제품을 다시 소개

"이번 방송에서 가장 인기 있었던 제품! 다음 방송에서도 특별 혜택을 드립니다."

- 스토리, 릴스, 게시물을 활용하여 다음 라이브 예고

고객이 기대감을 가질 수 있도록 미리 알림 설정 유도

방송이 끝난 후에도 꾸준한 소통이 이루어져야 브랜드가 성장한다. 다음 라이브를 미리 준비하고 홍보하면 시청자 재방문율과 매출 증가로 이어질 수 있다. 라이브 커머스는 '방송 이후 관리'가 핵심이다.

네이버 쇼핑라이브는 단순한 판매 채널이 아니라, 고객과의 신뢰를 쌓는 과정이다.

방송 후 관리를 제대로 하면 다음 방송에서 더 나은 결과를 기대할 수 있다. 스마트스토어센터, 네이버 쇼핑라이브 스튜디오, 네이버 톡톡을 활용해 주문 처리, 통계 분석, 고객 피드백 반영, 다음 라이브 준비까지 철저히 진행하자!

이제, 라이브 방송 후 관리까지 완벽하게 준비해서 브랜드를 성장시켜 보자!

모든 준비가 끝났다면? 이제 라이브 버튼을 눌러, 성공적인 쇼핑라이브를 시작해 보자!

[부록] 라이브커머스 운영 정책 & 문제 해결 Q&A

1. [다시보기] 저장 확인하기

방송 종료후 [다시보기]에 저장한 내역만 네이버쇼핑라이브 영역에 노출된다.

2. [다시보기] 저장했는데 노출되지 않는 경우

'운영정책 위반으로 인한 라이브 노출 제한'이 발생한 경우, 자세한 사유와 안내 사항은 라이브에 연동된 네이버 계정의 메일에서 확인할 수 있다.

네이버 쇼핑라이브에서 부적합한 콘텐츠를 사용하면 운영정책 위반으로 간주될 수 있으므로 주의가 필요하다.

운영정책 위반 사례

- 대표 이미지에 타 브랜드 로고나 텍스트 포함 금지
- 초상권 및 캐릭터 저작권을 위반하는 이미지 사용 금지
- 저작권이 확보되지 않은 음원 사용 금지
- 광고성, 선정적인 내용 등 부적합한 콘텐츠 사용 금지

3. 그 외 노출이 제한되는 경우

- 제품만 보여주고 방송에 변화 없이 진행하는 경우
- 미리 촬영한 영상을 반복 송출하는 경우
- 홍보/광고 영상을 반복 재생하는 경우
- 리허설 기능 없이 테스트 송출하는 경우
- 진행자가 라이브를 방치하거나 방송 중 말을 하지 않는 경우

라이브 콘텐츠가 정책을 준수하도록 사전에 점검하고, 원활한 방송 운영을 위해 주의해야 한다.

라이브 방송은 단순히 카메라 앞에서 제품을 설명하는 것이 아니라, 실시간으로 고객과 소통하며 신뢰를 쌓는 과정이다. 방송 전 철저한 준비와 방송 중 방해 요소 차단은 안정적인 진행을 위한 필수 요소이다.

이제 체크리스트를 활용하여 실전에 대비하고, 방송 후에도 중요한 사항들을 놓치지 않도록 꼼꼼히 확인하자.

단계	체크리스트 항목
방송 전 준비	☐ 네이버쇼핑라이브 예약하기
	☐ 예고페이지 등록하기
	☐ 마케팅 메세지 보내기
	☐ SNS홍보하기: 인스타 스토리, 게시물, 틱톡, 블로그, 카페 등
방송 장비 및 제품 확인	☐ 마이크
	☐ 핸드폰 충전 상태 확인
	☐ 조명
	☐ 거치대
	☐ 제품상태확인
	☐ 시연도구, 조리도구
	☐ 방송중 필요한 사진, 영상, 배너
방송하기	☐ 네이버쇼핑라이브 리허설 하기 (방해모드 설정)
	☐ 네이버쇼핑라이브 켜기
	☐ 인스타그램 라이브 켜기
방송 후	☐ 주문확인 및 발주처리
	☐ 이벤트 당첨자 확인하기
	☐ 송장번호 입력하기
	☐ 반품, CS 확인하기
	☐ 제품 수령 확인 및 제품 만족도 확인과 함께 후기 작성 유도 톡톡 보내기
	☐ 다시보기와 통계 리포트 분석하기
	☐ 다음 방송 준비하기

에필로그

새로운 시작, 이제 당신 차례다

이 책을 쓰면서 나는 여러 번 과거의 나 자신과 마주쳤다. 처음 라이브커머스를 시작할 때의 막막함, 작은 스마트폰 화면을 보며 긴장했던 그 순간들이 떠올랐다. 당시 나는 새로운 기술과 빠르게 변화하는 세상 앞에서 위축되어 있었다. 하지만 돌이켜보면 바로 그 순간들이 지금의 나를 만들어 주었다. 내게는 작지만 소중했던 한 걸음 한 걸음이 쌓여 오늘날의 성과를 이뤘다.

당신 역시 이 책을 선택했다는 것은 변화를 꿈꾸고 있다는 의미일 것이다. 어쩌면 아직도 마음속에는 두려움과 망설임이 있을지 모르겠다. 내가 잘할 수 있을까, 이미 늦은 건 아닐까, 라는 생각이 머릿속을 떠나지 않을 수도 있다. 하지만 확실히 말할 수 있는 것이 있다. 누구든 변화 앞에서는 두렵고 망설여진다는 것이다. 중요한 것은 그 두려움을 이기고 작은 한 걸음을 내딛는 것이다.

이 책은 라이브커머스를 그저 '하나의 판매 방법'으로만 바라보지 않았다. 오히려 나만의 브랜드를 세우고 사람들과 진심으로 소통하는 과정이라고 강조했다. 나의 경험을 바탕으로 SNS의 기본적인 활용법부터 고객과 신뢰를 쌓는 방법, 지속 가능한 라이브커머스 운영 전략까지 꼼꼼히 담으려 노력했다. 당신이 실질적인 성과를 낼 수 있도록 최신의 정보와 트렌드를 최대한 반영하여, 누구나 쉽게 따라 할 수 있는 명확한 가이드라인을 제공했다.

라이브커머스는 단지 유행하는 판매 방식이 아니다. 개인과 소상공인에게 주어진 강력한 기회이며, 작은 아이디어 하나만으로도 큰 성과를 만들어 낼 수 있는 혁신의 도구다. 나 역시 라이브커머스를 통해 나만의 브랜드를 확립하고, 수많은 고객과 소통하며 디지털 세상에서 새로운 가능성을 발견했다. 이 책을 통해 당신이 같은 경험을 할 수 있기를 진심으로 바란다.

이제 책장을 덮고 난 후, 다음 단계로 나아갈 시간이다. 중요한 것은 완벽함이 아니다. 시작하는 용기이며, 꾸준히 지속하는 힘이다. 당신이 스마트폰 화면을 켜고 처음 라이브 방송 버튼을 눌렀을 때, 놀라운 경험을 하게 될 것이다. 고객의 즉각적인 반응과 피드백, 실시간으로 전해지는 생생한 소통은 지금까지 경험하지 못했던 새로운 세계를 열어줄 것이다.

에필로그

　나의 이야기가 당신의 이야기가 되기를 바란다. 처음에는 누구나 서툴 수밖에 없다. 하지만 그 서툶 속에서도 진심과 진정성이 전달될 때 고객들은 당신의 브랜드에 공감하고 응원하게 될 것이다. 꾸준함과 진정성 있는 소통을 잊지 말고 한 걸음씩 나아가라. 당신은 곧 자신만의 길을 발견하고 멋진 성과를 이루게 될 것이다.

　이제 당신 차례다. 라이브커머스를 통해 새로운 변화를 만들어 가자. 처음 그 시작의 순간이 바로 지금이다.

　그러니, 망설이지 말고 도전하자. 작은 도전이 큰 변화를 만든다. 오늘, 첫걸음을 내딛어 보자.